U0459725

本书为教育部人文社会科学研究规划基金"清末民初晋北庙会与地方社会"（11YJA770070）项目成果

鼓楼史学丛书·区域与社会研究系列

清末民初晋北庙会与地方社会

——以忻州为中心的考察

赵新平○著

中国社会科学出版社

图书在版编目（CIP）数据

清末民初晋北庙会与地方社会：以忻州为中心的考察/赵新平著. —北京：
中国社会科学出版社，2018.3
ISBN 978 - 7 - 5203 - 1625 - 5

Ⅰ.①清…　Ⅱ.①赵…　Ⅲ.①庙会—研究—忻州—近代　Ⅳ.①K892.1

中国版本图书馆 CIP 数据核字（2017）第 299615 号

出 版 人	赵剑英	
责任编辑	宋燕鹏	
责任校对	王　龙	
责任印制	李寡寡	

出　　版	中国社会科学出版社	
社　　址	北京鼓楼西大街甲 158 号	
邮　　编	100720	
网　　址	http://www.csspw.cn	
发 行 部	010 - 84083685	
门 市 部	010 - 84029450	
经　　销	新华书店及其他书店	

印　　刷	北京明恒达印务有限公司	
装　　订	廊坊市广阳区广增装订厂	
版　　次	2018 年 3 月第 1 版	
印　　次	2018 年 3 月第 1 次印刷	

开　　本	710×1000　1/16	
印　　张	16.5	
插　　页	2	
字　　数	260 千字	
定　　价	68.00 元	

凡购买中国社会科学出版社图书，如有质量问题请与本社营销中心联系调换
电话:010 - 84083683
版权所有　侵权必究

目　录

绪　论

一　问题提出与概念界定

（一）问题提出

庙会是以寺庙为依托，集祭祀神灵、交易货物、休闲娱乐于一体的综合性社会文化现象，是地方社会变迁的晴雨表。庙会的形成与我国远古时代的宗庙社郊制度有关。宗庙社郊是指祭祀神灵的信仰形式。远古社会信仰的神灵，既包括氏族或民族的祖先，即创始大神，如盘古、伏羲、女娲、黄帝、颛顼、喾、禹等，也包括部落内部所崇祀的祖先，即普通的英雄神。这些大大小小的祖先神，共同构成了远古人心目中的神灵世界。①

宗庙社郊中的"宗庙"，《释名》解释为："宗，尊也；庙，貌也，先祖形貌所在也。"②"宗"与"庙"相列，就是指对祖先的崇拜。"宗"与"庙"结合，形成宗庙制，则是宗法社会制度的产物。《礼记·祭义》中讲"建国之神位，右社稷左宗庙"。郑玄《注》曰："周尚左也。"宗庙在国家社会中的文化地位相当重要。以西周为代表的我国古代宗庙制度，直接影响了后世庙会的发展和变化。其太庙、亲庙、祢庙、祧庙、考庙等概念，是早期庙会文化的基本概念。③

"社"在卜辞中与"土"为一体，在《说文解字》中，与"示"为一体。《礼记·郊特牲》孔颖达疏："大社为松，东社为柏，南社为梓，西社为栗，北社为槐。"《周礼·大司徒》曰："设其社稷之而树之田主，

---

① 高有鹏：《庙会与中国文化》，人民出版社 2008 年版，第 3 页。
② 余和祥：《论宗庙祭祀及其文化特征》，《中南民族学院学报》2001 年第 5 期。
③ 高有鹏：《庙会与中国文化》，人民出版社 2008 年版，第 4—5 页。

各以其野所宜木，遂以名其社与其野。"《后汉书集解》引《白虎通》道："天子社广五丈，诸侯半之。其色，东方青，南方赤，西方白，北方黑，上冒以黄土。故将封东方诸侯，取青土，苴以白茅，各取其面以为封社。"可见，"社"是一个地区或一个时代的保护神，是神性化的自然。《礼记·祭法》中说："王为群姓立社，曰大社；王自为立社，曰王社；诸侯为百姓立社，曰国社；诸侯自为立社，曰侯社；大夫以下成群立社，曰置社。"①"社"不仅是一种信仰单位，还是一种行为单位，是社会的基本组成单位。从后世庙会中名目繁多的香火社、鼓乐社等民间社会团体，可见其渊源关系。社神即土地神，"为了保证对土地之神的祭祀，就要把一定的人群组织起来祭社"。②与社祭相连相应的是郊祭。"郊"是地理概念，指都城以外的地方，有远郊与近郊之分。一般以五十里为界限。郊祭的场所通常在五十里以内的区域。郊祭主要祭天地、日月。郊祭是社祭的延伸，也是宗庙制度的补充。③

远古的宗庙社祭制度已带有了后世庙会的某些文化元素，因此学界通常将庙会的起源追溯到宗庙社祭制度。如朱越利认为，庙会是中国传统的节日形式，它的渊源，"可以一直上溯到古老的社祭"。④庙会的实质是民间信仰，其核心是神灵的祭祀。而神灵的居处就是寺庙，不过最初的寺庙不一定是我们现在所见的巍峨宫殿或者残破不堪的小庙，可以是一个山洞，也可以是一个由几块石头垒砌成的石窝。人们认为自己能够居住的地方，神灵也可以居住。寺庙是庙会形成的最基本条件。据考古专家推测，庙会应该出现于仰韶文化时期。夏商周之前的庙会，是氏族成员共同参与的，之后的庙会则经历了由全民到专祀的重要转变，真正意义上的民间庙会则是后来才逐步生成的。祖先崇拜和自然崇拜在商周时期的庙会中尤为重要，神权统治成为统治者惯用的政治手段。战国时期百家争鸣的文化思想，影响到庙会文化，特别是道家文化在相当长的

---

① 赵世瑜：《明清华北的社与火——关于地缘组织、仪式表演以及二者的关系》，《中国史研究》1999 年第 3 期。

② 同上。

③ 高有鹏：《庙会与中国文化》，人民出版社 2008 年版，第 6—8 页。

④ 王永平：《唐代长安的庙会与戏场——兼论中古时期庙会与戏场的起源及其结合》，《河北学刊》2008 年第 6 期。

历史时期，对民间文化起到绝对的影响作用。秦统一中国后的"封禅"，是以国家的名义表达对于天地神灵的态度，从而使民间文化得到另外一种意义上的发展。汉代庙会空前繁盛，其庙祀制度、宗教政策、民间信仰观念等，对后世庙会的发展产生重要影响。特别是宗教力量的加强，从根本上改变了传统庙会的格局。民间文化包括民间庙会逐渐完成了从单一世俗化向世俗化与宗教并存的多元化转变，基本确立了后世民间庙会的规模与内容。① 魏晋南北朝时期，出现了各民族文化的大融合、大交流。佛教文化成为统治阶级文化和政治生活中最重要的内容。寺庙林立、石窟兴建、佛事盛行，形成佛教、道教和儒教三教并举的文化生态。梁武帝以佛化治国，葛洪、寇谦之等人改革民间道教，自然灾害、战争、豪强压迫、统治者的愚民政治，使社会出现了烟雾弥漫的神道氛围。百姓面对现实社会中的种种黑暗和罪恶，无处诉说，只能向虚幻的神灵倾诉。庙会既是百姓狂欢和展示才艺的场合，又是他们宣泄情感的盛会，借助神灵"法"的保护人们获得一定的自由。从此，庙会不再是统治者所独有的祭祀天地神灵的权利，民间庙会具有了更加丰富的功能，民间百姓获得更加广泛的文化权利。② 隋唐时期，统治者继续实行愚民政策。隋朝大力提倡兴佛，各地出现五花八门的造神现象，崇佛庙会大盛。唐朝是中古宗教的大发展时期，随着全国各地佛寺、道观的大量兴建，庙会作为专门的娱乐场所迅速地发展和成熟起来。佛教徒为了吸纳善男信女，在庄严的佛事活动中，加入了许多歌舞、百戏和杂耍的内容，民众通过这些游戏活动正好满足了其对休闲娱乐生活的需求。③ 宋代庙会得到进一步的发展，出现了又一次大繁荣，尤以江南地区较为繁盛。社火和神戏构成庙会中民间文艺的基本内容，也是人们敬神娱神媚神悦己的基本方法。元代，道教的全真道在北方达到鼎盛，道教庙会繁多，庙会演出与元杂剧等艺术结合。明代，庙会与统治者政治措施的联结更为紧密。为了从灵魂深处愚弄和驯服人民，明王朝不仅重视宗教庙会，而且

① 高有鹏：《庙会与中国文化》，人民出版社 2008 年版，第 31—35 页。
② 同上书，第 37—41 页。
③ 王永平：《唐代长安的庙会与戏场——兼论中古时期庙会与戏场的起源及其结合》，《河北学刊》2008 年第 6 期。

更重视中国原始诸神庙会，其中城隍庙会在明代最盛。明代，由于手工业的高度发展，使庙市更加兴旺。而大量"会馆""公所"的兴起，又使庙会更具有秩序性和活力，出现全国性的大繁荣景象。清代庙会继承了明代庙会的基本内容，但在庙会的祭礼仪式方面更为复杂。相对发达的南北交通和商业贸易促进了庙会的繁荣，再加上中下层统治者对庙会的有效倡导，使庙会成为地方性社会文化重阵，极大地影响着民众的物质和精神世界。① 民初（民国元年到全面抗战爆发前）的庙会与晚清大致相同，仍处于极盛时期。但随着抗战的全面爆发，全国各地的庙会均遭到不同程度的破坏，很快走向低潮。新中国成立后，传统庙会得到有效的改造，许多庙会被改造成了物资交流会。综上可知，庙会的发展和演变是传承性和变异性的统一，庙会是一定时期社会政治、经济和文化发展的反映。

晋北庙会，特别是忻州庙会既是全国庙会的缩影，又具有自身的特殊性。20 世纪 80 年代，随着文化热的出现和宗教政策的落实，忻州各地修庙之风兴起，数座庙宇的村庄不少，一座庙宇的村庄常见，更令人不解的是庙宇与学校、庙宇与村级管理机构（村委会）共处一隅。随着庙宇的重建，各地庙会开始复兴。在庙会复兴的背后，出现许多促人深思的问题。比如，村民对村中按人口摊派的起会钱十分愿意交纳，但对村里其他公益活动的用钱却极不情愿。有些村的寺庙修得十分富丽堂皇，但校舍却破烂不堪（当然近几年随着政府对校安工程的投入，学校的硬件设施有了较大的改善）。民众对庙会为什么那么热衷？庙会究竟能给民众带来什么？庙会作为民众的公共生活空间和生活方式又是如何影响民众的思维方式和行为意识？现世庙会又是如何发展而来的？等等。

清末民初是社会大变革、大转型时期。此时期的晋北庙会在地方社会变迁中扮演着重要角色。以忻州为中心，考察和思考清末民初晋北庙会是深化区域社会史研究的重要视角。再加上笔者从小生活在农村，对民间庙会有着特殊的情结，于是从 2007 年就开始关注晋北庙会，并相继完成山西省社科联和山西省高校哲学社会科学有关庙会研究的课题，希

---

① 　高有鹏：《庙会与中国文化》，人民出版社 2008 年版，第 57—58 页。

望继续通过对晋北庙会的研究，为全方位、多层次解读历史时期地方社会的发展和变化探求新的路径。

（二）概念界定

本书所指的忻州是一个区位概念，位于山西中北部，即现在忻州市所辖的十四个县市区（包括原平市、忻府区、定襄县、五台县、代县、繁峙县、宁武县、神池县、五寨县、岢岚县、静乐县、河曲县、保德县、偏关县）在清末民初的地域范围。清代，忻州境内分属太原府和宁武府。忻州、代州、保德、岢岚四州，隶属太原府。雍正二年（1724）代州升直隶州，直属山西布政使司，领五台、崞县、繁峙三县。同年，忻州升直隶州，领定襄、静乐，属雁平道。保德州升直隶州，辖河曲、兴县，属雁平道。雍正三年（1725）偏关所改为偏关县，神池堡改为神池县，五寨堡改为五寨县。宁武、神池、五寨、偏关属宁武府。民国元年（1912）各州、府均废，境内忻县、定襄、五台、代县、崞县等十四个县均直属省府。民国三年（1914）复置道，除岢岚属冀宁道外，其余各县均直属雁门道。民国十六年（1927），又废道，各县直属山西行政公署。民国二十六年（1937）山西省划分为七个行政区，忻州境域分属第一、二行政区。第一行政区辖境包括忻县、定襄、五台、崞县、代县、繁峙，第二行政区辖有宁武、神池、五寨、岢岚、河曲、保德、偏关和静乐。其中崞县于1958年改成原平县，1993年撤县改市。忻县于1983年撤县设市，2001年改为忻府区。本书使用的是现今忻州市所辖的县市区在清末民初的行政区划概念。

二　研究现状与选题价值

（一）研究现状

目前，国内不同学科包括历史学、民俗学、文学、人类学、社会学等对庙会都有一定的研究。从内容上看，主要有庙会文化、城市化进程与庙会、庙会与民俗文化、庙会与民间信仰、庙会与村际关系、庙会与村落生活等研究。比如，王建光[①]认为作为一种传统民俗的表现形式，

---

① 王建光：《张力与裂变：地方性视野中的庙会文化及其转型》，《华南农业大学学报》2011年第3期。

庙会在本质上是宗教精神、区域特色、生活习惯、人文传承和经济活动等地方性元素融合的产物。在长期的文化积淀中，庙会反映了一种神圣与世俗的融合，表达了特定地区居民群体的情感诉求。历史上，通过对某种仪式的不断重复与改进，庙会得以融入一定区域的社会生活和群体心理之中，并深刻地体现出一种强烈的地方性的品格。今天，在现代性的文化力量和解读方式的推动下，在神圣与世俗的张力作用下，庙会的文化角色发生了现代性的裂变。中国传统庙会已经表现出了一种崭新的文化角色和形象，其中的"地方性"品格也面临全球性文化力量的解构和多元对话的压力。刘晓静、马知遥①认为城市化让中国的城市现代化水平得到极大提高，但城市化对正在进行的文化遗产保护是致命的。城市化包括城市现代化和乡村城市化，城市现代化让众多物质文化遗产遭到破坏，乡村城市化让非物质文化的最后屏障遭到清除。岳永逸②将依水建庙传说、庙会组织权属传说与大历史书写相关的乡村庙会传说等置于生发的生活空间——村落中进行考察，分析了与乡村庙会传说相关联的庙会、村落生活和民众心理之间的关系，指出有着灵迹贯穿的乡村庙会传说隐喻了民众对其生活空间的想象与建构和对其生活空间所有资源分配的机制，是民众对相应村落历史的群体记忆的结果。周雪松③从茜草村独特的地方特色和独特的民俗文化入手，将茜草峪柳沟寺庙会放在村落这个生活空间中，进一步深入了解该地区庙会文化及信仰仪式，分析其中反映了民众怎样的心理和它们在村落生活中的意义。张士闪在《村庙：村落叙事凝结与村际关系建构——冀南广宗县白刘庄、夏家庄考察》④ 一文中，认为白刘庄与夏家庄位于河北广宗县东北部，紧密挨傍但长期互不往来。这种另类村际关系的建构，是在"村运不合"这一传统叙事框架下，村民以村落信仰为基础，以村庙为工具，以口述记忆

---

① 刘晓静、马知遥：《城市化进程中文化遗产的稳态维持及变动》，《东岳论丛》2013 年第 4 期。

② 岳永逸：《乡村庙会传说与村落生活》，《宁夏社会科学》2003 年第 4 期。

③ 周雪松：《茜草峪柳沟寺庙会的个案调查——关于村落民间信仰研究》，《理论前沿》2013 年第 10 期。

④ 张士闪：《村庙：村落叙事凝结与村际关系建构——冀南广宗县白刘庄、夏家庄考察》，《思想战线》2013 年第 3 期。

中的村落历史为依据而形成的。刘晓春在《仪式与象征的秩序——一个客家村落的历史、权力和记忆》① 一书中，从仪式与象征的视角切入，分析了富东村的灵官庙会的轮值制度。认为富东村的各个家族都试图通过建构自己的祭祀与信仰中心以保持家族在村落的独立地位，势必会造成各个家族因对生存空间与精神空间的占有与建构发生冲突。家族之间的竞争与合作充分表现在庙会的轮值制度上，这种村落之间的公共仪式的协作应该从仪式表演本身寻找村落中各个家族共同协作的原因，才有可能对村落共同仪式有一个比较接近地方性知识的理解与思考。从区域上看，学者主要研究江南、华北、河南和陕西等地庙会。像小田的《近代江南庙会与农家经济生活》② 一文，从消费偏好、交易行为和利益分配三个侧面，揭示两者之间的关系。认为缘于特定的社区亚文化，传统的庙会消费偏好，构成不合理消费结构的重要因素，阻滞着文明健康的生活方式的生成。近代乡村庙会与世界资本主义市场相连，具有经济理性而又无助的农民在庙市上的交易行为，是其面对变幻莫测的市场所作出的艰难选择。以庙市来使家庭手工业品的农民枢纽化，深受此类原始短期地方市场之害，而与其他利益既得阶层形成鲜明反差。免平清③认为庙会是宗教、迷信风俗与经济交易完美结合的产物。大多数传统庙会的起源都与宗教迷信有密切的联系，逐步融宗教、娱乐和商贸功能为一体。华北的庙会，表现出农民宗教信仰的实用价值，在庙会上的宗教和迷信活动，其目的不外"祈福免灾""保佑发财"之类。这种实用性的宗教信仰特征，常常使民间宗教信仰与世俗生活联结在一起。庙会集市因庙而起，庙又因经济贸易而盛，农民的宗教行为与经济行为紧密结合。华北乡村集市和庙会中的市场交易活动，可以说满足了人们生存的需要，庙会的宗教迷信和庙会上的娱乐活动，则满足了人们的心理需要。丁德超④认为庙会市场是农村市场的有机组成部分。近代以来，

①　刘晓春：《仪式与象征的秩序——一个客家村落的历史、权力和记忆》，商务印书馆2003年版。

②　小田：《近代江南庙会与农家经济生活》，《中国农史》2002年第2期。

③　免平清：《华北乡村集市变迁与社会结构转型——以定州的实地研究为例》，博士学位论文，中国人民大学，2005年。

④　丁德超：《近代时期豫西北农村庙会市场研究》，《古今农业》2008年第2期。

随着农村社会商品经济的发展，农产品商品化程度日益提高，乡村庙会分布随之日益增多，集镇地区乡镇地区多有庙会，非集镇村落亦兴起庙会，同时庙会交易功能也逐步增强。秦燕和郝保权①认为自 20 世纪八九十年代以来，西部农村民间组织如庙会的活跃显示出地方自治力量。实行自主管理，积极参与地方公共事业；借助红色区域的集体记忆表达公共意愿；与地方政府形成良性互动。庙会活动提供了公众参与地方自治以及与政府对话、交流的一种途径。中国民间组织在现实活动中的空间领域，可以理解成为：一定程度的自治，积极的社会参与，主动纳入国家主流意识形态话语之中。李刚和郑中伟②则采用实证研究的方法，对明清以来陕西庙会活动的内容变化进行分析。认为由于商品经济的发展，使陕西庙会从原先酬神报赛的民俗文化活动转变为沟通城乡物质交流、调剂余缺的社会经济活动，并对农业资源配置日益发挥基础性市场的作用。对山西庙会研究则相对较少，目前已有的研究成果，主要有谢永栋和何建国的《近代华北庙会与乡村社会精神生活——以山西平鲁为个案》③、乔南的《浅析清代山西农村集市及庙会》④、吴孟显的《清至民国晋南庙会市场研究》⑤、赵新平的《新时期山西乡村庙会探微——以忻州地区为例》⑥ 等。谢文以近代山西平鲁的乡村庙会为个案研究，通过对庙会中祭祀神灵、娱乐活动等事件的历时性考察，了解平鲁乡村庙会与当地民众精神生活的关系，洞察平鲁乡村庙会的特点。乔文认为清代的山西商人在全国商业金融领域发挥着举足轻重的作用，山西农副产品加工业、工矿业等商品生产的发展十分活跃，但清代山西的集市发展并没有呈现"活跃"的情形，其原因在于三个方面：土地贫瘠，农业生产力水平较低；天灾影响，"丁戊奇荒"使山西人口急剧减少；庙

---

① 秦燕、郝保权：《社会转型时期西部农村的庙会组织——以陕北地区为例》，《北方民族大学学报》2009 年第 2 期。

② 李刚、郑中伟：《明清陕西庙会经济初探》，《西北大学学报》2001 年第 2 期。

③ 谢永栋、何建国：《近代华北庙会与乡村社会精神生活——以山西平鲁为个案》，《史林》2008 年第 6 期。

④ 乔南：《浅析清代山西农村集市及庙会》，《山西财经大学学报》2008 年第 3 期。

⑤ 吴孟显：《清至民国晋南庙会市场研究》，《山西师大学报》2008 年第 3 期。

⑥ 赵新平：《新时期山西乡村庙会探微——以忻州地区为例》，《山西师大学报》2010 第 2 期。

会的替代作用。赵文则认为 20 世纪 80 年代以来的山西乡村庙会活动日趋活跃，庙会数量之多、举办之频繁，成为乡村生活不可或缺的重要组成部分，并呈现出主体的广泛性、内容的世俗性和形式的多样性等特点。乡村庙会既拉动了乡村经济的发展，丰富了乡民的精神文化生活，也使社群关系更加密切，有利于乡村社会秩序的建构。

国外对庙会的研究主要集中于华中、华北、江南以及南方沿海地区民间的宗教信仰及其作用的研究上。比如美国作家 J·K·施赖奥克在《近代中国人的宗教信仰：安庆的寺庙及其崇拜》[1] 一书中以安庆为例，介绍了华中地区民间的宗教信仰状况，并采取了不同于三教说的方式，揭示了民间信仰的真实情况。美国汉学家杜赞奇在《文化、权力与国家：1900—1942 年的华北农村》[2] 一书中把乡村宗教类型分为四种：村中的自愿组织、超出村界的自愿组织、以村为单位的非自愿性组织、超村界的非自愿性组织。认为宗教意识在将中国乡村纳入儒教政体方面起着重要的作用，并分析了华北地区关帝作为比土地爷具有更大神力的神灵存在和关帝被儒家化的过程。日本学者滨岛敦俊在《明清江南农村社会与民间信仰》[3] 一书中，认为聚落与某一特定的土地庙之间有着固定的联系，反过来也可以说，土地庙与特定的聚落之间结成了固定的关系。与城隍庙一样，被看成是一定地域范围内的地下管理神的土地神，有其相应的范围及辖土。詹姆斯·沃森在《神的标准化：在中国南方沿海地区对崇拜天后的鼓励（960—1960 年）》[4] 一文中，以两座地方天后庙为例，详细考察了当地居民的信仰情况。

总之，虽然国内国外对庙会研究都取得了不同程度的成就，但还存在着一些不足，比如对华北庙会研究存在的不足：首先，表现为对于庙会与华北社会变迁的研究相对薄弱，对庙会与地方社会的关系并未进行

---

[1] ［美］J·K·施赖奥克：《近代中国人的宗教信仰：安庆的寺庙及其崇拜》，安徽人民出版 2008 年版。

[2] ［美］杜赞奇：《文化、权力与国家：1900—1942 年的华北农村》，王福明译，江苏人民出版社 2004 年版。

[3] ［日］滨岛敦俊：《明清江南农村社会与民间信仰》，厦门大学出版社 2008 年版。

[4] ［美］詹姆斯·沃森：《神的标准化：在中国南方沿海地区对崇拜天后的鼓励（960—1960 年）》，陈仲丹译，《郑和研究》2002 年第 1 期。

深入研究。其次，对不同时期庙会内容和功能变化背景的研究有待深入。再次，研究华北庙会档案资料匮乏，以及缺乏对档案资料、文献资料、口述资料的系统整理和出版等，影响了我们对于当时情况的了解。尤其对清末民初晋北庙会与地方社会研究目前几乎未有人涉猎。不过，由于庙会在人们社会生活中的地位和作用愈来愈凸显，已进入各学科研究者的视野。相信，未来对庙会的研究，无论在研究的内容还是研究的地域范围上必将会有突破性的进展。

（二）选题价值

晋北历史上曾是游牧文明与农耕文明的交汇带，特殊的文化土壤，再加上五台山佛教文化的辐射和浸润，使该地区庙会文化具有一定的特殊性，表现出鲜明的区域特色。清末民初，处于社会大变革时期的晋北庙会既十分兴盛又异常纷杂，其蕴含的民俗文化受胡风、胡俗的影响极为严重，对社会造成的影响甚为深远。其学术价值和现实意义皆较大。

1. 学术价值

（1）在深入开展田野调查的基础上，对清末民初晋北庙会的名称、规模、分布、类型等进行较全面系统的梳理和分析，可以大致勾勒出晋北庙会的基本图像，对研究特定时空条件下的庙会文化奠定基础。

（2）通过分析晋北庙会与自然环境和人文社会环境的关系，有助于深入探讨清末民初晋北庙会存在和发展的空间特征，以及环境对庙会文化的影响，且有利于拓展庙会研究的学术视野。

（3）通过分析晋北庙会的神灵祭祀行为、商品交易活动和休闲娱乐方式，透视清末民初晋北民众的生活实态、心理嬗变轨迹，以便对区域社会的全貌有更清晰的认识，深化对地方社会变迁的客观规律的研究。

（4）通过分析晋北庙会的特殊民俗事象及其成因或影响，剔除其封建迷信部分，把被认定为"传统文化"的优秀部分加以有效地利用并使其遗产化，进而推动区域文化的传承与创新，促进民俗文化研究不断走向深入。

（5）通过分析晋北庙会与地方秩序和社会变迁等，进一步把握晋北庙会与地方社会之间的内在联系，深化对庙会特征、功能的研究，提升区域庙会研究的社会意义和学术价值。

2. 现实意义

（1）传统庙会作为地方社会的公共生活空间，无论是从满足人们基本物质生活需要角度看，还是从满足人们对于庙会这种特殊精神文化生活需要的角度去观察，都是不可或缺的。研究本课题可为各级地方政府落实人本思想，制定惠民政策，有效管理基层社会提供智力支撑。

（2）传统庙会民俗文化是民族精神情感、个性特征以及凝聚力和亲和力的载体，也是发展先进文化的精神资源和民族根基。通过本课题研究，深刻认识庙会活动对民众精神生活的重要意义，并从中汲取其有益成分更好地满足民众精神生活的需求。

（3）传统庙会是民众社会生活的重要组成部分，是地方社会发展和变迁的重要标识。通过本课题研究，可从中发现传统庙会在区域社会中的重要地位，有利于各级政府利用传统庙会的正功能促进地方社会的转型快速发展。

（4）传统庙会是物质性和非物质性文化遗产的结合体。选择此课题研究，在一定程度上说，是对民间文化遗产的抢救。对开展优秀文化的传播普及，提升全民文化素质，增强文化软实力，实现文化强省战略具有重要的现实意义。

三　研究思路与研究方法

（一）研究思路

以清末民初晋北庙会与地方社会为研究对象，在广泛开展田野调查的基础上，分析晋北庙会变迁的实态逻辑及其与民众生活之间的内在联系，以及晋北庙会对地方社会所产生的多元影响，深入挖掘晋北庙会在地方社会转型发展中的特殊功能，以推动地方经济社会和文化的全面发展。

（二）研究方法

1. 田野调查和文献调研的结合。根据本项研究的实际需要，先后到忻州市所辖的河曲、保德、偏关、神池、五寨、岢岚、宁武、静乐、繁峙、代县、原平、忻府区、定襄、五台十四个县市区进行实地调查，掌握第一手资料，并对资料进行整理、分析；通过查阅相关文献，在借鉴前人研究成果的基础上，深入分析，提炼出自己的观点。

2. 理论研究和实证研究的结合。借鉴社会学、人类学、民俗学、文化学、宗教学等相关学科的理论和方法，结合实地调研的资料，进行科学研究，形成自身的研究思路和研究结论。

第一章

晋北庙会概述

"决定一个民族民俗文化的特质，或者说一个民族'民族精神的标记'最根本的是要从这个民族生息繁衍的独特的自然环境和社会条件来寻找。"① 每一个地区的民俗文化的形成和发展，都可以从该地区独特的自然环境和人文环境中找到说明。庙会作为民俗文化的重要组成部分，在清末民初的晋北达到极盛，这与该地区特殊的自然和人文环境因素密不可分。

第一节　庙会与自然环境

一　十年九旱

晋北忻州属温带大陆性季风气候，干旱缺水现象普遍存在，旱灾频发，素有"十年九旱"、"十年九春旱"之称。《岢岚县志》载：光绪三年（1877）遭受严重旱灾，谷不成实，米价昂贵，斗米价值3000余文。光绪四年（1878），饥民无食，饿死在路旁甚多。光绪二十六年（1900）发生严重旱灾，饥民死者枕藉。②《偏关县志》载：光绪四年（1878）久旱不雨，死者甚众。光绪十八年（1892）春大旱，秋粮大减。光绪二十六年（1900），灾荒大饥，民皆食树皮、草根，饿殍遍野。③《五台新志》载，道光十二年（1832）、十六年（1836）均遭大旱，全县岁饥。光绪三

---

① 仲富兰：《中国民俗文化学导论》，浙江人民出版社1998年版，第133—134页。
② 岢岚县志修订编纂委员会：《岢岚县志》，山西古籍出版社1999年版，第4页。
③ 山西省偏关县志编纂委员会：《偏关县志》，山西经济出版社1994年版，第4页。

年（1877）山西全省大旱，本县亦然，粮食奇缺，昂贵。光绪二十六年（1900）又遭大旱，饥民遍地，贫苦之家卖儿卖女。民国八年（1919）大旱，九年（1920）瘟疫。①《静乐县志》载：光绪三年（1877）、二十六年（1900）都是特大干旱，春到夏4、5个月无雨，到处是饥荒惨景，甚至出现人相残、狗相食的怪象。②《定襄县志》载：道光十七年（1837）干旱，歉收。光绪四年（1878）春大饥，人食草根木皮，死亡者众。③ 民国九年（1920），整夏无雨，秋季瘟疫流行，死人千计。《五寨县志》载："光绪三年（1877）大旱，五谷不熟，米价昂贵，斗米价值三千钞。光绪三十年（1904）大旱，庄稼无收成。民国二十六年（1937）全县范围春季出现大旱，无法下种，粪堆未破。"④《宁武县志》载：光绪十八年（1892），全县遭旱灾。⑤《繁峙县志》载：道光十二年（1832）繁峙旱，大饥，全活着无几。道光十四年（1834）、光绪十七年（1891）、光绪十八年（1892），全县大旱。光绪二十六年（1900）从春到夏，久旱不雨，外出乞讨者颇多，社会秩序极为混乱。民国九年（1920）、民国二十年（1931）、民国二十四年（1935）全县遭受旱灾，粮食歉收，饥民颇多。⑥乾隆《代州志》载："乾隆十年旱。二十四年，大旱，民饥，斗米银捌钱。"⑦《忻县志》载：道光十二年（1832）、十九年（1839）大旱灾。光绪三年（1877）大旱灾。全县99%的土地遭旱灾，收成一成三，死亡人数16%以上。光绪四年（1978）继续大旱，大部分居民背井离乡，十室九空。光绪二十六年（1890）大旱灾。⑧ 旱灾还会衍生出其他灾害，如农作物病虫害，从而导致饥荒。而蝗灾的发生与旱灾也有很大的关系，大的蝗灾往往出现在干旱之后，旱、蝗、饥荒连接相随的记载很多。徐光启《农政全书》指出："凶饥之因有三，曰水、曰旱、曰蝗。地有高卑，雨泽有偏被，水旱为灾，尚多幸免之处。惟旱极而蝗，数千里间草木皆

① 五台县志编纂委员会：《五台县志》，山西人民出版社1988年版，第51页。
② 静乐县志编纂委员会：《静乐县志》，红旗出版社2000年版，第95页。
③ 光绪《定襄县补志》卷一《祥异》。
④ 山西省五寨县志编纂办公室：《五寨县志》，人民日报出版社1991年版，第47页。
⑤ 《宁武县志》编纂委员会：《宁武县志》，中华书局2013年版，第117页。
⑥ 繁峙县地方志编纂委员会：《繁峙县志》，今日中国出版社1995年版，第68页。
⑦ 乾隆《代州志》卷六《祥异》。
⑧ 忻州市地方志编纂委员会：《忻县志》，中国科学技术出版社1993年版，第101页。

尽，或牛马毛幡帜皆尽，其害尤惨，过于水旱也。"对此境内县志也有记载，如《河曲县志》载："道光十五年旱饥"，同治《河曲县志》卷五《祥异》"道光十五年旱饥"，"十六年小麦收，夏秋旱，蝗蝻自县西入境，大雨雹，益饥"，"十七年夏秋旱蝗，岁大饥，斗米一两有余"。① 旱灾成了各地经常性的自然灾害。

二 地瘠民穷

忻州境内山地、丘陵较多，分别占总土地面积的53.5%、35.96%。土地贫瘠，作物产量不高，农副业较少，民众生活极为艰难。宁武府所辖的"四县之地既瘠而少田，田多在山，上无灌溉之利，故农人岁耕所获盖少，大半仰食外谷，虽果蔬亦然，又无桑柘麻枲，故其人艰于衣食……郡既边鄙僻处，少大姓富家，产千金以上便号为魁雄，乃嗜利孳孳，较锱铢尤甚"②。保德州"地邻边塞，去河套密迩，城郭处万山中，黄河则环绕其下，土脊民贫，昔定羌军地也"③。岢岚州"地界万山中，甚跷脊，耕稼而外别无生理"④。河曲"地瘠民贫，力农终岁拮据，仅得一饱，若遇旱年则枵腹而叹"⑤。即使有"耕商塞外，草地春夏出口，岁暮而归，但能经营力作，皆足糊口养家，本境地瘠民贫，仰食于口外者无虑数千人"⑥。五台"民多依山，岗阜窨居，难于为业，鲜事商贾，惟力耕凿，然平畴宽衍，号称沃壤者十不得一，余皆跷脊，一亩获粟数斗耳。又必肩负直隶枭易，以办正赋、贸布絮焉"⑦。虽然"幅员至六七百里，可耕之土不过十之二三，而服贾皆在本土，无出外者。资本既微，获利无几，合邑之所称素封，在省南不过中户，亦止寥寥数家，此外皆资田土。无田者履险登山，石罅有片土，刨掘下种，冀收升斗，上下或至二三十里。农工稍暇，皆以驮炭为业。炭者，石炭，似煤而有烟，县

① 同治《河曲县治》卷五《祥异》。
② 乾隆《宁武府志》卷九《风俗》。
③ 康熙《保德州志·序》。
④ 光绪《岢岚州志》卷一〇《风土》。
⑤ 同治《河曲县志》卷五《风俗》。
⑥ 同上。
⑦ 康熙《五台县志》卷二《风俗》。

治东北之天和山，东南之窑头山，产炭最王，炭窑计百十余处，山路崎岖盘折，高者至数十里，民皆驱驴骡往驮，无驴骡者，背负之。健者，能负百余勧，夜半往旁午归，一路鱼贯而行，望之如蚁。其炭供本境之外，旁溢于崞县、定襄、忻州，农民完课授衣婚丧杂费，皆赖乎此。闲民腰斧入山斫柴，扪萝攀葛，履魋鼯之径，蹈鼪鼯之窟，负归卖于街市，易一升粟。匠艺则多木匠，多在忻州西山，及太原汾州各县，泥瓦匠多在直隶、正定一带，石匠旧趋京师，近年官工少，皆在本地谋生。以三晋通省论之，生计之艰苦，至五台极矣"①。"崞俗务农业而少行商，民贫土脊。水地特二十分之一，余地全赖雨泽，尤患霜降之早，地寒不产棉花。"② 此方面的内容在方志中均有较详细的记载。

极其恶劣的自然环境条件和穷苦的生活，使民众往往感到很难决定自己的命运，未来如何更是一个未知数。这种强烈的乏力感体现在民众的心态上就是对宗教的幻想和追求，乞求通过种种祭祀活动来获得思想上的安慰和精神上的解脱，以摆脱困苦的生活境遇。正如列宁所说："有苦难的地方就有宗教。"③ 祭祀是庙会的初始形态，宗教和庙会的产生和发展有着深厚的历史渊源。农耕社会是孕育与培养传统庙会的主要土壤。由于传统的农业生产方式受到自然界的极大制约，而其抵御、战胜自然灾害的能力又极为微薄，致使传统社会民众的神灵崇拜观念十分强烈，因而产生于神灵崇拜基础上的各种庙会活动也就层出不穷。④ 可见自然环境与庙会的关系。

第二节　庙会与人文环境

一　崇文尚武

中国历来有"崇文尚武"的教育传统，连孔子这样的文圣，也主张文武兼备，他曾对鲁定公说："臣闻：有文事者必有武备，有武事者必有

---

① 光绪《五台新志》卷二《生计》。
② 光绪《续修崞县志》卷一《风俗》。
③ 《列宁全集》第 26 卷，人民出版社 1996 年版，第 302 页。
④ 蔡丰明：《城市庙会：人性本质的释放与张扬》，《学术月刊》2011 年第 6 期。

文备。"地方文献中有关崇文尚武的记载:"男务耕耨,女谙纺织。地寒不花,鲜所习见。士尚诗书,亦喜弓马。"① "宏正以来,二史并芳,三卿鼎立,文武称彬彬矣。"② "女不晓纺织,士习诗书,颇知道化。"③ "盛时俗尚俭约,秉性朴实,其士习诗书,其务农力田,不事商贾,犹有太古之风焉。"④ 这些文字皆是对崞县、繁峙崇文习俗的相关记载。崇文还体现在尊师重教上。光绪二十七年(1901),各州县的书院改为小学堂。光绪二十八年(1902)创办县立忻县初级中学,光绪三十一年(1905),清政府下令"停科举以广学校",小学教育有所发展,并逐步实行"癸卯学制"。民国二年(1913)"壬子癸丑学制"代替了"癸卯学制"。同年创办崞县初级中学和省立宁武第五中学。民国四年(1915)创办代县和定襄初级中学。民国六年(1917)阎锡山在河边创办私立初级川至中学。民国七年(1918)在代县创办省立第五师范学校(1935年改称代县师范学校)。民国九年(1920)在代县创办省立第三女子师范学校。据民国山西省政府统计室统计,民国二十三年(1934)忻州境内初等教育校数(包括初级小学、小学、简易小学、短期小学)3095个,教职员4244人,学童108312人,已就学105505人,占总数的68.53%。七七事变前境内共有六所中学。代县师范培养出一大批优秀学生。民间也有尊师的优良传统习俗。早在汉代,学童拜师读书定在十一月。《四民月令》记载:"十一月砚冰冻,命幼童读入小学,读《孝经》、《论语》篇章。"于是便逐渐形成了冬至节拜师的习俗。民间敬师,大致有两种形式:一是由学董带头,杀羊宰鸡,宴请先生,村里头面人物作陪。比如岢岚有学生的家长,冬至节中午要请先生吃节饭,饭菜丰盛,表示对先生一年来辛勤教育的谢意。从这天起,村里轮流请先生吃饭,一直延续十多天不中断;二是学童家长备菜赠送先生,学童端一条盘(当地盛食品的一种长方形盘子),里面放精美菜肴、主食及一壶酒,奉送先生。冬至节,先生要带领学生拜孔子牌位,学生也要拜先生。如今这种宴请先生的习俗在山村

①　乾隆《崞县志》卷四《风俗》。
②　乾隆《代州志》卷一《风俗》。
③　光绪《续修崞县志》卷一《舆地志·风俗》。
④　道光《繁峙县志》卷二《风俗》。

仍随处可见。

忻州向为兵家必争之地，又与北方草原民族毗邻，习武尚武之风较浓。如"宁武之俗与缘边诸郡大抵多同者，云其山岨峿阻积，凭凌怒垒，无广川巨流以疏其郁塞。而地处高寒，四时多风，瓢振劲烈，水泉淤浊，含刚辛之性，民生其间，禀方隅之气，以少长饮食乎是，其喜怒好乐，群相习焉，而成乎自然，至于久而不能变，盖地气然也。上世虽常为州县，然反裘而衣，射生逐猎，往往亦杂于戎旅。方明盛时，设三关屯重兵，而偏头、宁武为要地，将领偏裨多由战斗起，军伍乘马、衣锦配印而食禄，即弯弓持戟之士，亦不俟耕田力作，率得自饱，人多化之。故矜勇尚武，常不乐农贾而好入兵籍中，亦天性然也"[1]。崞县"且地近边塞，亦喜服习弓马，捷武闯者踵相接，既当要害之冲，此亦其要务也"[2]。偏关"本邑居万山之中，地多砂隄，而务农者少；人尚戎马，而从军者众"[3]。清末，繁峙官府为倡导武术，每年在县城举行全县武术大赛，故繁峙居民尚武之风甚浓。木阁村、高楼村、大李牛村、小李牛村、东山底村、果园等村，号称武术之乡。冬季农闲时，延请拳师打社火，学武术，李生春、任济、郭映田等武术高手，一时名冠二州五县。[4] 宁武、五寨、神池、偏关等县每年也都要举行武术大赛，比赛项目有骑马交锋、射箭、拳击、刀枪、棍棒等。通过竞技挑选优胜者进入复赛，并报考武举。明清时仅偏关一县就考取武进士 19 人、武举 54 人，其中许多武进士都是名震全国的武术家。民国二十三年（1934），阎锡山省政府在代县设国术馆，每日赴馆就学者不下三四十人，五台县城和河边也曾设国术馆，传教武术。其他各县亦纷纷设拳房，延请拳师传授武术。抗日战争和解放战争时期，由于忻州最初是晋绥根据地和晋察冀根据地的中心腹地，境内参军参战（包括国民党军队和共产党军队）的人数达到数十万人。

---

① 《宁武旧志集成》，巴蜀书社 2010 年版，第 280—281 页。

② 光绪《续修崞县志》卷一《舆地志·风俗》。

③ 卢银柱校注：《偏关志》[民国四年（1915）版]增补整理本，中国文史出版社 2007 年版，第 72 页。

④ 繁峙县地方志编纂委员会：《繁峙县志》，今日中国出版社 1995 年版，第 437 页。

二　务实勤业

代州"民驯讼简，务实勤业，无游惰之习，绝浇薄之风"，"质直朴野，鄙啬勇悍"，"居丧待客及会葬者，祇设豆粥蔬食，不用酒肉，后少变而靡，而守礼之士尚有仍其旧者"①。

五台"迭遭荒年，饿殍绝少，亦从无卖子女为婢妾者，惟其勤也。《传》曰'民生在勤，勤则不匮'"②。相关记载还有，"五台地本贫瘠，其俗之俭为尤甚。……东北路地广人稀，啗糠者少。南路地狭人满，……五台之在三晋最为贫瘠，而其风俗远过于太原、汾州诸大县，所以然者，正以其贫也。向使台民亦贸迁远方，如诸大县，力能致富，则风气之变亦已久矣。《传》曰沃土之民不材，又曰劳则思善，逸则思淫，其信然乎"③。

定襄"旧志云：地狭民贫，士多廉耻之守，里鲜经营之业，勤稼穑，急赋税，服用俭素，闺阃谨严，惟疾病信巫，丧祭用释，婚姻竞财，犹当约之以正也。《郡志》云务诗书，多稼穑，有俭素风，此其概矣。迩来人心渐趋于猾，习尚日入于偷，鸷悍轻生，动以蛊毒相图赖。睚眦必报，甘以訏告作生涯。奸人鱼肉善良，顽民惯逋赋税。挟制之风未熄，赌博之习难瘳，纺织教而弗趋，奢华与习渐长，江河转下，砥柱安施。所幸文风寝盛，质朴未亡，冠绅恬雅有余，愚氓鼓腹无事，犹有陶唐之遗焉。"④续志曰："风俗之趋，因时而降。然波靡习染，犹赖贤士大夫砥柱中流耳。旧志无《风俗考》，但列其轻生、健讼数端以为鉴戒，不知力挽颓风，惟求大道。如父子析箸，何论友昆。此孝悌之当求也。眈子狎娼，何论衿士。此礼义之当讲也。按《郡志》载，襄俗务诗书，多稼穑，有俭素风，何古今之不相若乎？民业耕稼，多商贾，士嗜诗书，贫者设皋比，不知远游。"⑤

河曲"俗尚简朴，绅富之家衣饰近古，婚丧各礼不涉奢靡"，"风俗

---

①　光绪《代州志》卷三《风俗》。

②　光绪《五台新志》卷二《生计》。

③　光绪《五台县志》卷二《风俗》。

④　雍正《定襄县志》卷一《风俗》。

⑤　同上。

不好词讼，惟务耕耨"，"河邑人皆敦本"。①

崞县"俗务农业而少行商，民贫土瘠……地不产棉花，女不晓织纺，士习诗书，颇知道化，婚嫁各从其族类择婿，不责聘金，相女不责妆奁，丧祭闲于礼，不作佛事，有不安分不量力者众皆非之，节俭相尚，富家居室制稍宏敞，贫者多安土室……"②

繁峙"虽僻处偏隅，闻有明盛时俗，尚简约秉性朴实，其士习诗书，其农务力田，不事商贾，犹有太古之风焉"③。

忻州"民性质朴，风气刚劲，善治，生多藏蓄，人多质实，士尚文雅"④。

崇文尚武体现在民间信仰层面就是对文神、武神的敬奉。各州府县均建有文庙、文昌阁、魁星阁，武神关帝庙遍布城乡。比如偏关，明清两代在县城周围共建有六座关帝庙。代县武庙（关帝庙）规模宏大，壁画精美，在境内诸关帝庙中首屈一指。务实勤业作为民众的一种生活态度，从宗教信仰角度理解，则是其实用性特点的体现。美国文化人类学家罗杰·M·基辛所言："宗教强化了人类应付人生问题的能力，这些问题即死亡、疾病、饥荒、洪水、失败等等。在遭遇悲剧、焦虑和危及之时，宗教可以抚慰人类的心理，给予安全感和生命意义。因为这个世界从自然主义的立场而言，充满了不可逆料、反复无常的和意外的悲剧。"⑤ 此观点应该说有一定的道理。民众为不同的目的敬奉不同的神祇，因不同的神祇代表不同的职能。如那些不能生育或生育后小孩难存活的家庭妇女，她们所祈祷的对象就是生育神娘娘和奶奶；为获得金钱财富、摆脱现实苦难就供奉财神爷。不管诸神的功能有何区别，但其共同点就是都能够为人们带来好处和利益。民众从实用角度供奉诸神，形成庞大的神祇队伍，并为诸神修建了形式多样的居所即庙宇。庙宇多，庙会自然就多，清末民初社会大转型时期庙会成为特殊的文

① 同治《河曲县志》卷五《风俗》。

② 乾隆《崞县志》卷四《风俗》。

③ 道光《繁峙县志》卷二《风俗》。

④ 乾隆《忻州志》卷二《风俗》。

⑤ ［美］基辛：《当代文化人类学概要》，北辰译，浙江人民出版社 1986 年版，第 215 页。

化社会景观。

第三节　庙会名称与规模

一　庙会名称

庙会的名称异常繁杂，有以人物、祭祀的主神、交易的大宗商品命名的，也有用岁时节日、山名、动植物名和习俗等命名的。

（一）以人物命名的庙会

1. 崞县魏征庙会

魏征庙坐落于崞县（今原平市）邵家寨村。据光绪《续修崞县志》载："魏郑公祠（一名龙泉寺）在县治北三十里龙泉村，东界代州海子村，唐郑国公魏征领兵防边，当经此，拔剑插地得泉以济军，后人因为立祠。明弘治年间以及国朝屡次补修，同治五年复修，每岁七月二十五致祭。"[1] 民间有"拔剑刺泉"的传说。当年魏征率兵征战路过崞县，住在邵家寨，得知当地严重缺水，平时靠老天，下雨时掘地积水维持生存，恰逢天旱无雨，百姓焦急万分，魏征见百姓焦渴，庄稼枯黄景象，心里非常着急，便以剑插地，三泉涌出，人们为感谢魏征，便修建了魏国公神祠堂，即魏征庙（见图1），并于每年七月二十五举办庙会，延续至今。如今，在村里仍可觅得三泉的踪影。其一，泉位于今庙门正对面的"大海"，"海"底有泉，人们利用它灌溉农田，"大海"侧对面的山坡上建有龙王庙，每至农历十五，满月倒映"海"中，"月"精美的灵魂便升华在平静的"海"面上；其二，泉位于邻近的树林内，名为向东泉，此泉无论春夏秋冬，天旱地涝，水温都很低，水量如一，从不干涸或冰冻，泉涌出时冒着白气，距其不远处有一水潭，水色显白不见底，周围丛木相依，雾气蒙蒙；其三，泉相距也不远，水清明澄澈，水底石子粒粒可见，四季水位不变。这三泉流出的水在村里汇成一条东河，再汇入班政铺板桥河，最后流进滹沱河。关于魏征庙的修建还有一个传说。当年首建此祠时，人们选好了村东北方向的一块地方，将木料运到了那里，谁知一夜狂风大作，电闪雷鸣，第二日，东北方向的木料不见了踪影，几

---

[1]　光绪《续修崞县志》卷二《坛庙》。

经寻找，在村西北找到了丝毫未损的木材，于是村民认为此乃神灵的意愿，遂建祠于西北角。此后数百年间，自然灾害与兵革之乱无情地侵凌，几经重修，几经破坏，没有间断过，其庙会也一直举办。

图 1　原平邵家寨魏征庙

2. 崞县太子、大王庙会

崞县是当年秦始皇太子扶苏和大将蒙恬戍守之地。崞县周围的乡村太子扶苏庙和大王蒙恬庙甚多。如乾隆《崞县志》载："崞山神庙，在县西南二十五里崞山西南麓，地名鬼儿坪，神即秦将军蒙恬也。相传肇邑之初，有神兵出入山麓以助筑，因立庙报功焉。齐世祖永明八年暨魏孝文时并遣有司论祭，宋政和五年重修，明弘治壬子，国朝康熙巳酉，先后补葺，二十二年地震倾圮，雍正初重修。每岁七月初五日致祭。"① 相应地纪念扶苏、蒙恬的庙会也多。大型的庙会有：四月十八日迎新村大王庙会，六月二十五日浮图寺村太子庙会，七月初二西神头村大王庙会，七月初五施家野庄村、南申村、三吉村大王庙会等。

3. 崞代赵武灵王庙会

四月初八为紫荆山巅祭祀赵武灵王的庙会。"赵武灵王庙，在县东四十里，紫荆山之麓。创建已远，明嘉靖十八年，本村善信刘天赐捐金重修，代有碑。祀神最著灵异，凡雨赐时若有祷。康熙二十二年地震倾圮，

---

① 乾隆《崞县志》卷四《坛庙》。

雍正乙卯修复旧观。邑贡生冯梦槐，祀石。"[1] 由崞县上长乐、下长乐、刘家庄、白石以及代县赵家湾、韩家湾、探马石等七个村社联合主办。乞求普降甘霖，风调雨顺。

（二）以祭祀的主神命名的庙会

1. 岢岚下石沟龙王庙会

岢岚下石沟村"六月六"龙王庙会，举办时间为农历六月初六至二十日。庙会的组织者叫"纠会首"，由村里年长的男性村民 3—5 人组成，"纠会首"不一定是村里的富人，也不一定与村长是亲戚朋友，但在村民中必须有一定的威望。庙会的费用，主要靠本村各户摊派，不足部分从周围二三十里的村庄"起钱"（方言，即筹钱），这些村庄都愿意出钱，乐意资助。所筹的经费由"纠会首"管理，大部分用于支付戏钱，此外还用于购买"领牲"用的一头猪或一只羊。庙会的主要事项有领牲、唱戏、偷龙王。"领牲"，即祭奠龙王。把事先准备好的一头猪或一只羊，由三五个"纠会首"牵到龙王庙，在龙王塑像前，给猪或羊耳朵里灌水，直到猪或羊全身摆动，说明龙王已经领取了祭品。然后，把祭奠的猪或羊牵回村中宰杀，肉是按户平均分发，头蹄、心肝、肠肚等由组织者做成"杂碎"，让村中小孩子食用。领牲时"纠会首"身穿灰色道袍，敬黄裱三份、黄香三炷，供品主要以素菜为主，是白菜、豆腐、粉条、金针、西葫芦等，还有蒸馍和一碗蒸肉。"唱戏"，在当地普遍称为"唱旱戏"，一般唱三天，第一天叫起唱、第二天叫正唱、第三天叫末唱。戏种是晋西北流行的"道情"。道情在晋西北历史悠久，有一些曲调是盛行于唐宋元时的词牌。像"耍孩儿""西江月"等，基本上保持着原有的风格。在唱腔上，又融入了地方戏曲的某些音乐元素，如"流水""介板"等，主要是汲取了山西北路梆子的音乐。有些曲子，则吸收了民歌中的营养，然后形成自己特有的风格。至于为何要唱道情，传说龙王喜欢看道情。偷龙王，下石沟村的龙王，名叫"黑龙王"，是男性。在距下石沟村五里左右的一个村庄北方沟村有一座龙王庙，庙中供奉的龙王名叫"白龙王"，是女性。要想求得天雨，下石沟村必须把北方沟村龙王庙中的"白龙王"偷来，与本村的黑龙王以夫妻形式一起供奉，这样龙王才能显灵。

---

① 乾隆《崞县志》卷四《坛庙》。

在庙会的正日，也就是唱戏的第二天晚上，"纠会首"组织人员到北方沟村将白龙王偷来。庙会的最后一天，用轿抬着白龙王，送还给北方沟村龙王庙。同时，领一只肥大的羊，在羊的脖子上戴一柳条编成的圆圈，送给北方沟村，以表致谢。①

2. 五台南神垴奶奶庙会

五台"南神垴在县治南八里，两涧村之前，小山圆突特起，上有汉文帝祠。相传文帝王代时游猎至此庙，后有古松数株，蟠屈如虬龙，人称为小南台"②。南神垴奶奶庙会由裴家沟村和南阳村轮流主办。两个村庄分居南神垴的南北两侧，北面的村庄叫南阳村，南面的村庄叫裴家沟村。会期五天，五月二十是正会。大清早，人们就会拿着自家制作的象征吉祥如意的灯笼上山，大约步行二十分钟左右才能到达山顶。首先进入人们视线的是一个大戏台，台上演员表演纯熟，台下掌声雷鸣，有的人席地而坐，有的人自带板凳，还有的人脖子上驾着自己的孩子站在那里看庙戏。继续往前走，穿过一座凉亭便来到奶奶庙的道场，正中央是奶奶庙宇，左右两侧分别是观音庙和龙王庙，庙外边人们大多都是在烧香烧纸，求神拜佛，向神灵诉说着心中未了之事，有求子的，有求财的，有求功名的，等等。但更压轴时段则是正日的辰时，那些许愿以后实现了愿望，来此还愿的人们先舍鸡，后舍羊。他们将大红公鸡在寺院周围旋转一周后，然后抛向空中，所有的人朝着公鸡一拥而上，抢到公鸡者会在新的一年里红红火火，一飞冲天。舍羊，其性质和舍鸡差不多，在场的人都会分到一份羊肉，羊肉不在多少，大家只是图个吉利。还愿除捐香火钱、舍鸡舍羊外，还有还旗，旗有红旗和锦旗（锦旗上会写清自己姓氏和居住地），二十日这天还愿时，将旗放在所许神灵的面前。无论还愿，还是许愿，都要上供品，但许愿和还愿的供品有一定区别，尽管都必须是素供。许愿时的供品大部分人家都是香灯两盏（即素油灯，现在均为蜡烛）、桃三个（桃为面制品）、茶果三碗（茶果是一种油炸的面食），还有就是炒碗菜，均为素菜。而还愿时的供品却略有不同，还是桃三个、茶果三碗，只不过炒碗菜中多了素丸子和苹果，意味着所许的愿

---

① 王振业，74 岁；王巨宝，64 岁；岢岚县下石沟村人，2015 年 2 月 7 日采访记录。
② 光绪《五台新志》卷二《山水》。

望得以实现。待到人们上香上供基本完毕后，大概是中午，寺庙里会提供一些素斋，部分人尤其是年过六旬的老人更愿意留在庙上吃寺庙里给提供的斋饭。下午，整个南神垴庙会又出现另一番景象，漫山遍野都是坐的巫婆或者神汉。有的盘坐在草地上，闭目养神，等待着神仙附体；有的神神道道，嘴里念念有词，仿佛在召唤神灵；有的巫婆嘴里叼着烟，拿着手巾，周围都有很多观看的人。当地人把这种现象叫作"说撒"。整个庙会就数五月二十日最为热闹，可以说是庙与会的完美融合。其余四天，村里人都只是上山去看庙戏或者逛庙会，中年人大多是想着去看戏，而孩子们则拿着家里给的一点零钱去买一些小食品。好客的主人会提前购买食物，在庙会这几天，邀请远方的亲友来家里做客、看庙戏、赶会，既可以偿还"人情债"，又可以联络感情，增进友谊，帮助自己化解一些难题。①

3. 忻县城关娘娘庙会

忻县城关农历三月十八举办娘娘庙会。由县商务联合会主持，会期一般定为七天，根据生意情况有时可延长到十天至十五天。庙会期间，人山人海，热闹非凡。牲畜交易是庙会的重头戏，骡马市场上，整日牛哞哞，马啸啸，交易显出一派繁荣气象。善男信女们手捧纸盆花，端着纸娃娃，相继入庙，放上供桌；也有母亲拉着自己的小孩，脖上挂着纸制的三角枷，进庙跪香，并用红布写着"感谢神恩""有求必应"的对联，为庙内娘娘挂彩；更有不能生育的妇女，由家里年长的女亲陪着到奶奶庙，虔诚地焚香祭拜后，从女僧那里得到一个红布包裹好的泥捏的小男孩，这一过程叫作"鞘"②娃娃，然后将泥人带回家秘不示人，小心呵护，以期怀孕。③

4. 忻县播明关帝庙会

农历正月二十为忻县播明村的请关公庙会。相传，很早以前村里有一个乐善好施的人，因其姓罗，人称"罗善人"。只是他年过四十仍膝下无子，虽四处求愿也不见应验。这天，他专程到关帝庙跪拜祈求，恰逢

---

① 2014 年 7 月 16 日、17 日采访记录。

② "鞘"即"套"或"拴"。

③ 政协忻府区委员会：《忻州古城史话》，内部资料，第 341 页。

关帝上天回禀不在，只有周仓临时负责庙内事务。周仓被他的诚心所感动，亲自到奶奶庙抱了一个男孩送他。关帝归来后得知此事，嗔怪周仓越权行事。结果，此事被子母娘娘得知，派人将孩子追回。"罗善人"家不见了孩子，急得四处寻找未果，便又来到关帝前跪诉祈祷，关帝只好再次上天，求玉帝开恩，最后孩子终于又回到了"罗善人"家里。因为这天是农历正月二十，所以当地百姓就把庙会定在了这一天。

关羽（163—219），生于东汉桓帝年间，字云长，本字长生，河东解良人（即今山西运城市），三国时期蜀汉著名将领。死后受民间推崇，又经历代朝廷褒封，被人奉为关圣帝君，佛教称为伽蓝菩萨。历代统治者利用关羽对君主忠贞不贰的品格，大肆渲染和教化，逐渐封王、封帝。明清时代，关羽有"武王"、"武圣人"之尊，与"文王"、"文圣人"孔子并肩而立。千百年来，关公形象已成为代表中华民族美德的形象出现在世人面前，关公由"万世人杰"上升到"神中之神"。因此民间关帝庙甚多，所有的人都希望从关公那里得到自己的寄托。关帝庙会一般在农历五月或九月居多，但是，忻县播明等地却流传着正月二十过关帝庙会的习俗。

每年正月里，一过大年，从初五开始各路人马就开始张罗起来，有筹集资金的，有能工巧匠制作烟火的，旱船、秧歌、大头娃娃、腰鼓队等都紧锣密鼓地排练起来，村里锣鼓声、欢笑声一天胜似一天。到正月十九，一切工作准备就绪，全村人开始打扮村庄。首先是要在村东西两座关帝庙前搭建用松柏枝扎成的彩楼，彩楼上贴对联；其次是各街、各巷也相继搭彩门、挂彩灯、贴对联、垒旺火，欢乐、喜庆、吉祥的气氛弥漫了整个村庄。到晚上十二点以后，人们就陆续端着供品，怀着虔诚之心去西关老爷庙祈愿、还愿，一直到天亮。

正月二十上午，村东西南北各个路口不断有四邻八乡的人到来，有做买卖的，有走亲戚的，有看红火的。上午主要节目是把关老爷由东庙请至西庙与民同乐。九时许，三响铁炮惊天动地，"关老爷"出发了，一班鼓手吹吹打打鸣锣开道，"关老爷"端坐"官轿"内晃悠悠、乐陶陶，抬轿人两人一组，身材高低要相配，步调快慢要一致，动作相互须协调，小心翼翼，毕恭毕敬，一腔虔诚，迈着走三步、退两步的步伐，由东往西缓缓行进。关老爷轿后是旱船队、大头娃娃队、秧歌队、一字长蛇阵，排开足有二三百米。参加表演的大姑娘、小媳妇浓妆艳抹，打扮得花枝招展，认真表演，一招一式，惟妙惟肖，人们的欢声笑语，喝彩声，此起彼伏一浪胜似一浪，直至中午将关老爷请到西庙，上午活动结束，各家准备丰盛午饭招待亲朋。

下午街道两旁的小商贩早已摆好摊子，品种齐全，有生产用的，有生活用的，有吃喝的，有穿戴的，有玩乐的，琳琅满目，应有尽有。傍晚时分，各巷都点燃旺火，一时间大街上空浓烟滚滚，火气冲天，人们围着旺火谈笑着，等着看烟火。晚上八时许，人们开始向烟火场涌动，偌大的烟火场挤满了密密匝匝的人群，每场烟火只点一次，其他每个节目按安排顺序依次自动点燃，不需一个个节目都去点，人们只站着观赏便是。燃放烟火的一般顺序为，一是小玩艺，二是年份属相吉祥彩门，三是二十四张恶桌子，四是老杆，五是老杆放至中间引燃十二连城，最后是送人灯。小玩艺有天鹅下蛋、老鼠闹葡萄、九龙取水、金灯换银灯、炎猴尿尿等。最引人注目的是九龙取水，由于当地十年九旱，工匠们特别精心制作，力争万无一失。九龙取水成功，预示该年风调雨顺，以此来表达村民的美好愿望。一个个小玩意都博得观众的阵阵喝彩。最高潮的是二十四张恶桌子和十二连城，其一点燃就使烟火场上爆竹齐鸣，色彩飞舞，一束束礼花射向夜空，绽放出绚丽的花朵，汇成一片色彩的海洋，千万条起火，吐着火花冲向高空，像千万条火龙蜿蜒游动。一颗颗礼花弹将赤橙黄绿青蓝紫各色火球喷向天空，伴着震天雷炸响。最后是送人灯，以示烟火结束，人们陆续回村看送"关老爷"。

晚上送"关老爷"回府，仍由响工开道，由抬轿子的年轻人簇拥着，街上人少了一些，但一堆堆旺火在燃烧，一盏盏灯笼放着异彩，整个大街如同仙境一般。送"关老爷"回府，第一站是转九曲，此后便是顺大街东行，每巷口人们早围在通红的旺火旁等候"老爷"的轿子。轿子一到，人们便点燃鞭炮送"老爷"，"老爷"轿子过去，人们仍不愿回去，搬着椅子凳子围着旺火谈论着，直到深夜一两点等"关老爷"平安回府，人们才依依不舍地回家休息。到正月二十一，人们才从年的气氛中出来，带着"关帝庙会"闹红火带来的吉祥，满怀信心地开始新一年的辛勤劳作。

5. 河曲城隍庙会

城隍爷是城市保护神，几乎每座城市都要举办城隍庙会。比如河曲的城隍庙坐落于县城内北极阁下。城隍每年三次"出府"皆有庙会：第一次清明节，第二次中元节，第三次十月初一。谚云："城隍三出府，河里点豆腐（黄河流凌）。""出府"路线由庙宇至孤魂滩。由皂隶数人，执"回避""肃静"牌，打纱灯，持铜锣，扛水火棍，抬城隍塑像，一路从大街行进，观者如潮。该庙于1938年被日军飞机炸毁，庙会也因此停办。①

（三）以交易的大宗商品命名的庙会

1. 定襄南兰台柳杆子会

南兰台位于定襄县城十五里处，为定襄四大镇之西镇。农历初三古会，为祭祀真武神的庙会，因会场农副土特产品货物居多，尤以柳杆最多，故称"柳杆子会"。每年该村举办古会时，崞县、五台、盂县商人运来花椒、梨果；岢岚、静乐商人运来莜面、胡麻油；河北阜平、获鹿商人运来布匹杂物，而本地的土特产品大宗是与南兰台村隔滹沱河相望的大南庄、黄嘴、高村一带盛产的柳杆。由于柳杆在人们生产和生活中用处广泛，来自二州五县②及内蒙古、河北等地的客商争相购买，会场上讨价还价声不绝于耳，运输柳杆的大小车辆川流不息，成为该会的一道特殊风景线。③

2. 定襄蒋村羊会

蒋村位于定襄县城东北二十里处，每年农历十月十日举办古会，为祭祀造纸鼻祖蔡伦的庙会，因时值小雪宰羊期间，会场交易以羊为大宗，故称"羊会"，会期为十天。会期之长，为定襄古会之首。届时，戏剧助兴，跤手对赛，设摊卖货，远近居民扶老携幼前来赶会购物，买羊卖羊不断成交，会场十分热闹。④

3. 繁峙砂河圪栏会⑤

繁峙砂河镇位于五台山北麓，恒山脚下。每年农历二月十九日举行为期四天的圪栏会，以交易木料为主，同时也销售农用的耙、权、犁、

---

① 河曲县志编纂委员会：《河曲县志》，中华书局2013年版，第2334页。
② 忻州、代州、五台、定襄、繁峙、崞县、静乐。
③ 张建新主编：《定襄民俗文化志》，中国文史出版社2006年版，第255页。
④ 同上书，第260页。
⑤ 圪栏会，即木料会。

磨、笤筐等工具，还进行牲畜交易。届时，还请外地戏班演出，二州五县农民、商贾纷纷赴会。

（四）用岁时节日命名的庙会

1. 崞县史家岗二月二龙灯会

崞县史家岗的舞龙灯会是祖传的盛火灯节，每年的农历二月初一、初二、初三晚上，邻近村庄的人们齐聚在史家岗村观看舞龙表演，舞龙灯会久盛不衰。史家岗村原名叫石佛岗，因为姓史的人多就改成史家岗。该村有七座寺庙，呈七星阵分布，其中观音寺坐东朝西，据寺内碑刻记载，该庙兴建于清代康熙三十七年，由宣府人郭宝珍募化而建，先后在乾隆九年、嘉庆十年进行过重建。玉皇庙坐北朝南，内供奉玉皇大帝，对面是戏台。庙内有一棵高约 18 米，最粗部位的外围长 5.42 米的老柏树，树皮纹路呈瀑布垂挂形状，老柏树长得体魄雄奇，观者无不惊叹，自古就有"龙柏"之称。经专家测定，"龙柏"为周代所植，与晋祠的周柏相比相差无几。村南一公里处，有一道深沟，沟长五公里，深有四十五米，宽有百米。传说，史家岗的神龙就出生在这条沟里。某日，一声巨响，天崩地裂，神龙出生，留下了这条自然深沟。沟内有水有木，植物茂盛，晨雾缭绕，真有一股仙气。岗人在神龙的保佑下，风调雨顺、人杰地灵、心想事成，享受着天堂般的人生。神龙出生之处地名叫黄拐沟，沟的阴面百草丛生，也是百种药材，还有高级调味香草花，即人人周知的麻麻花，沟的阳面坡上有红枣树、牙枣树、酸枣树，沟底除了耕地就是果园，沟底的中间有一条不宽的水渠，水不大长流，滋润着沟里的万物生长。

每年二月初二，人们自发组织耍龙灯过庙会，祈福求禄保平安，久而久之，形成传统习俗。舞龙手们举着龙灯绕经七星阵舞动，中途一站要绕用秸秆插成的"九曲黄河"，在"九曲黄河湾"尽情表演，舞到高潮时礼花绽放、铁炮响起，龙头直上天空，表示龙要腾飞，最后一站到达玉皇庙，这也是史家岗最热闹的地方，这里聚集的人最多，表演也最为隆重，龙在玉皇庙前的广场上飞舞，人们看着上下翻飞的龙灯和夜空绽放的礼花，欢呼声响成一片，这是农民对丰收年景的期盼。

舞龙会上还有戏曲表演、八音会。香客们从凌晨开始上香祭拜，祈求来年风调雨顺，平安吉祥。第二天，各村的表演队伍前往广场表演助兴，把史家岗二月二舞龙灯会推向高潮。

龙灯会上出售的小商品都是本村产的杏干、瓜子、炒器、甘草和老百姓自做的各种各样的老咸菜（块状的、条条的），很少有外来的商品，卖者大多为本村人，外村人很少。此庙会是崞县庙会中规模较大的庙会，前往赶会的人很多，有做官的，有种地的，有读书的，有邻村的，有城里的等。人们去赶会的最主要目的就是祈求神灵保护，上布施、上香、烧纸、鸣炮，顺便买一些土特产品。① 由此可知，维系本村庙会持久不息的因素，不是商品的交易，即经济活动和经济效益，而是人们对神灵信仰的坚守，是民众意识起关键性的作用。

2. 定襄芳兰青龙会

定襄芳兰村二月初二的青龙会，也是祭祀龙王的庙会。二月初二这天，各家各户都要起个大早，从井台挑回一担水，水桶中还要放置铜制钱，俗称"引钱龙"。同时，还要在二月初二的前后五天内将龙王爷从山上接回村中大寺的神棚内，为他请鼓班，唱大戏，摆供礼牲，烧香敬纸，举行庙会。②

3. 神池端午节庙会

端午节在神池县城和义井镇举办的庙会是神池最大的庙会。"五月五日……城隍庙、龙王庙各献女戏三天，商贾云集，少长咸至，男女看戏者，车以百辆计。"③ 每逢会期，县城和义井两地多唱道情，有时也会邀请著名剧团唱戏，届时邻县乃至邻省的各种杂耍也会前来献艺。此外，庙会期间数百家外地和本地的客商汇聚一堂，主要街道两旁摆满了各种交易的货物，包括服装、鞋帽、食品、日用品、布料等种类繁多，琳琅满目，叫卖声此起彼伏。周边数县的人届时都会到神池赶会花钱。人们或成群结队或三三两两聚集在沿街摊位，讨价还价声不绝于耳。家家做凉糕、插艾草，邀朋友欢聚一堂，大街小巷到处欢声笑语，人来人往、摩肩接踵、川流不息。青年人打扮入时，穿梭在拥挤的人群中，想借端午节古会找个对象；小朋友看杂耍、买小吃，跑来奔去；老年人则扎堆

---

① 任常常，82岁，原平史家岗人，2012年2月23日采访记录。
② 张建新主编：《定襄民俗文化志》，中国文史出版社2006年版，第254—255页。
③ 光绪《神池县志》卷九《风俗》。

聊天、看庙戏，甚是热闹。

庙会期间，还有不少习俗，如戴顺气线、扫病刷刷、苦豆出出（类似荷包），天不亮就到野外采艾、用艾洗脸洗身子、耳朵里填艾、衣服上和扣门子上挂艾、门头上吊艾等。戴顺气线，含有避恶防疫的寓意。而艾作为一种常见的草本植物，可入药。从南北朝时起，人们就将艾用于端午节以预防疾疫。可见避恶除疫是神池端午节民俗的中心内容。神池端午节庙会将庙会习俗和节日习俗融为一体，成为晋北特殊的庙会。

（五）以山名命名的庙会

1. 定襄季庄漆郎会

定襄季庄村北部有一山，名为漆郎山。位于"县治北三十里，即柏树岭。山洞内刻漆郎像，即豫让漆身处也，洞水石上有足跡马蹄"[1]。漆郎山为崞县与定襄县的界山，山中的漆郎洞，相传为战国时期四大刺客之一豫让的藏身之地。豫让为刺杀赵襄子，吞碳漆身，被人尊称为"漆郎"，其藏身之山被称为"漆郎山"，为纪念漆郎四月初一殉主，季庄村每年在农历四月初一举办庙会，称为"四月儿会"。

2. 骆驼山庙会

"骆驼山在关东北七十里，以形名。"[2] 相传，唐末骆驼山一带连续三年大旱，土地干裂，天禾不生，绿草枯死，百姓心急如焚。农历六月初六，忽然天降一道士，率百姓登上骆驼山烧香磕头，敬神祈雨。结果不到一炷香的功夫，天降喜雨，旱情解除。为了纪念这位道人救民水火、济民危难的功绩，周围的百姓有钱出钱，有力出力，在骆驼山上修建庙宇，搭建戏台，并于每年六月初六，云集骆驼山，烧香唱戏"谢神"，举办庙会。明清以后，又增加了商贸活动，周围民众、邻近市县商贾和江湖艺人皆前来赶会。

3. 仰头山会

仰头山位于繁峙县横涧乡盆地东部，东邻闻名中外的平型关战役遗址，西接我国四大佛教圣地之首的五台山，矗于奔流入海的滹沱河之发源地。相传神农之后裔远徙于此，怀上党之家源故土，命此山为羊头。

---

① 雍正《定襄县志》卷一《山川》。
② 道光《偏关志》卷上《山川》。

自元代始，佛祖西来栖居，殿宇初具规模，造福一方人民，毓秀百姓子弟。每年农历六月十九是仰头山的庙会之日，上至内蒙古下至河南的远客云集而来，满山遍野，人头攒动，络绎十里之外，仍摩肩接踵，这天实为全繁峙最盛大的节日。

（六）以动物命名的庙会

1. 崞县蚗蚄庙会

蚗蚄庙，一名八蜡庙，主要祭祀蚗蚄爷。蚗蚄爷，即蚗蚄神。传说晋朝有位县令，在蚗蚄危害禾苗，百姓束手无策之际，他抓起一把虫子吃进肚里后，蚗蚄突然消失，而县令也死，坐化为蚗蚄神，其塑像一手架白肚皮鸦，一手拿放有蚗蚄虫的木盒子。据说一旦蚗蚄出现，只要白肚皮鸦来到蚗蚄即会消失。为祈求蚗蚄爷保佑，免生蚗蚄，保障农业丰收，有些地方就建蚗蚄庙祭祀蚗蚄爷。比如崞县蚗蚄殿（见图2）"在治县南十五里魏家庄。金大定初，邑居士游完建，历元而圮，至正元年，修复。明洪武、弘治间，先后重修。崇祯五年，知县郑独复再新之，代有纪石。每岁三月二十三日谕祭"①。

图 2　崞县魏家庄蚗蚄殿

---

①　乾隆《崞县志》卷四《坛庙》。

2. 崞县蟾蜍寺庙会

蟾蜍寺位于崞县城北十五公里上韩村。据《重修蟾蜍寺碑记》[①]载，始建于顺治年间。坐北朝南，中轴线仅存正殿，东西长 11.6 米，南北宽 12 米，建筑面积约 139 平方米。面宽三间，进深四椽，前带廊构架，单檐硬山顶。寺内存清乾隆以来历次重修碑四通。寺前有一温泉，名曰"蟾蜍池"（见图 3）。泉自地中涌出，周围五十余步，灌溉池东地亩，昔产蟾蜍。蟾蜍池是韩村一道靓丽风景，金代大文豪元好问曾游于此，有《蟾池》一首存世。"老蟆食月饱复吐，天公一目频年瞽。下界新增养蟾户，玉斧谁怜修月苦。郡国蟾池知几所，碧玉清流水仙府。小蟾徐行腹如鼓，大蟾张颐怒于虎。渠家眉间有黄乳，膏粱大丁正须汝。何人敢与月复仇，疾过池头不容语。向来属私今属官，从今见蟆当好看，爬沙即上青云端。"[②] 每年四月初四南韩村、上韩村、下韩村举办蟾蜍寺庙会。

图 3　崞县上韩村蟾蜍池

① 《重修蟾蜍寺碑记》，乾隆三十五年，现存于上韩村蟾蜍寺院内。
② （金）元好问著，狄宝心校注：《元好问诗编年校注》（全四册），中华书局 2011 年版，第 203 页。

（七）以植物命名的庙会

1. 定襄中霍莲花会

定襄中霍村的古寺有四处，即东寺、西寺、南寺、北寺。四寺大殿均塑有神像，建有戏台。村南还建有明代庆成王的看花楼。每逢盛大河神祈雨活动，四台一楼同时唱戏。届时，不仅本县善男信女、游客商贾蜂拥而至，而且邻近州县的游客、商贾也慕名而来。城乡穷苦百姓徒步而行，辛苦备至；富商大户乘车坐轿，骑驴跨马，携家带眷，逛庙会，游山水。因中霍地处"三霍清泉"之地，历来是种水稻莲藕的水乡泽国。每年六月二十六前后举办庙会时，又正值此地莲花盛开之期，故有"莲花会"之称。

2. 崞县东松彰毛杏杏会

崞县东松彰村，每年四月初八都会举行庙会。庙会的名称是观沟庙会，又称毛毛杏庙会，因为庙会举办的时间在春末夏初，寺庙的院子里有棵杏树，每逢庙会期间，杏花凋谢，结出小杏儿。在庙外，还有一棵楸花树。据村里的老人讲"过庙会的时候，孩子们摘杏儿、打楸花，甚是有趣"①。

3. 崞县同川上庄"冻花会"

崞县同川以梨树之盛被誉为"梨乡"，同川梨素有"金瓜"之称，历代为贡品。正因为这里盛产梨果，即有以"花"为名的庙会。如玉泉寺阴历二月初十的"迎花会"、玉皇庙阴历三月十五的"冻花会"、柏塔寺四月初六的"壮花会"等，其中，三月十五日上庄村的冻花会最具代表性。据《原平县志》载："相传，清乾隆十年（1745），阳春三月，梨花盛开，三月十五日气温骤变，梨花遭受严重春寒袭击，村民失措，烧香许愿，祈求梨园复苏。每年将春寒袭击之日称为冻花会。"②

（八）以习俗命名的庙会

1. 保德杨家湾"抓孩儿会"

保德杨家湾（见图4）四月初八的花佛塔庙会，俗称"抓孩儿会"。届时，神台上摆放许多彩绘泥娃娃，各个招人喜爱。想求子嗣的妇女，

---

① 2015 年 6 月 10 日采访该村老人记录。

② 原平县志编纂委员会：《原平县志》，中国科学技术出版社 1991 年版，第 474 页。

喜欢哪一个，便将一根红线或红头绳结成的"线索儿"套在这个泥娃娃的脖子上，意即将这个孩子拴住了。再将这个泥娃娃的小泥鸡鸡掐着吃一点，然后将"线索儿"取下，在香炉上面右转三圈、左转三圈后，套在自己脖子上。回家后，倒坐门槛喝一碗豆面拌汤，祈子就算成功。如果应验生子，次年要做一双小鞋去还愿。①

图4　保德杨家湾

2. 定襄北林木挠羊会

定襄北林木村位于县城北十九里处，每年七月十八的古会期间，都要举行盛大的摔跤挠羊比赛，故称"挠羊会"。北林木挠羊会的历史可追溯到宋代。相传古时的忻定盆地有一个大湖，湖周水草丰盛、牛羊兴旺，人们以放牧为主，休息时以摔跤为乐，并用羊作赌注，故称"挠羊赛"，获胜者被称为"挠羊汉"。忻县、定襄、崞县非常盛行这种"挠羊赛"，每逢庙会都要进行摔跤比赛，故有"跤乡"之美称。而北林木挠羊会是忻、定、崞地区规模最大、历史最久的跤乡古会之一，会场设在定襄八景之一"林木秋光"所在地的南、北林木和凉楼台三村之间，会期五天。

届时，四方强手云集此地，争标夺魁，代代相传，沿袭至今。①

3. 河曲灯盏盏会

河曲树儿梁、山庄头、巩家梁、牛草洼、石城和碓臼墕等村有一项古老的民俗活动，即"灯盏盏会"。如每年农历二月初二，碓臼墕村举办"灯盏盏会"。是日，上午由"八音会"吹奏，下午唱戏，中午家家户户吃油糕，并用油糕捏出各种各样的油灯，当地人称为"灯盏盏"。天地人齐聚，祈求家中人一年平安无事，时时事事顺顺利利。有的主妇的手特别巧，可以捏出像十二生肖、飞禽走兽等各式各样的油灯。比如油灯是牛嘴、羊嘴、猪肚上、金元宝中……工艺精妙，令人赞叹。晚上八点开始，各家会把各家准备好的油灯统一拿到庙前的会场，各户将灯盏盏置于20张高桌上，旁边点燃旺火，由吹鼓手、和尚引头，在爆竹声中，全村的大人小孩都要跟在后面依次顺着高桌子循规转悠，欲求福禄随之，众邪远之，神仙可冀也。转罢灯后，人们才络绎不绝地去看夜戏。②"灯盏盏会"又叫"人口会"，因为灯盏盏的数量是固定的，只要到会场就可以知道这个村有多少口人，知道这个村人口是否兴旺。"灯盏盏会"是对人口兴旺的祈求，也是人们对美好生活的期盼，期盼在神灵和祖先的保佑下过上好日子。当然，此活动对保护、传承民间手工艺和民俗也有着极重要的意义。

4. 河曲五花城西瓜会

"距城二十里"③的五花城堡，每年农历七月二十五日前后举办西瓜会。西瓜会起于何时，据堡里老人讲，可能是始于辛亥革命前后。其时，自然灾害频仍，乡民收入无几，正如民谣："河曲保德州，十年九不收。遇上一年收，又把'蛋蛋'丢。"时人把冰雹称为"白雨"，民歌中又把"白雨"喻为"蛋蛋"。为了风调雨顺，乡民们千方百计地通过祭奠形式，祈求神灵赐福消灾。会上打西瓜见红是为了祭祀"白雨"，希望"白雨"就像打烂的西瓜一样被彻底粉碎，庄稼获得好收成。

西瓜会举办的甚是隆重。二十五日下午戏唱到中途暂停，人们要朝

---

① 张建新主编：《定襄民俗文化志》，中国文史出版社2006年版，第260页。
② 刘喜才编：《河曲民俗》，中国文联出版社2008年版，第259页。
③ 同治《河曲县志》卷三《村集》。

戏台上扔至少二十五个大西瓜，且必须见红。打西瓜前还要"迎供"，在吹鼓手的奏乐声中，会首带人从堡外的龙王庙请"龙王"到堡里神亭，搬出 12 张四脚高桌，摆放香炉焚香，点燃数支特制的大蜡烛，然后依次摆上各种供品，如蒸馍、面人、面鱼、菜食、瓜果、糖酒、烟等，以及整猪、整羊、整鸡等祀物。而摆在最前面的是两个精心剜割的特大西瓜。在当地有一种传说，最初的西瓜会是由六七个人向戏台上扔西瓜，只需打烂一两个见红即可，其余的西瓜"戏子"接住后可吃。后来顺应会期"25"之数，规定扔 25 个西瓜即可。① 西瓜会直至现在仍是河曲民众喜闻乐见的特殊盛会。

5. 五台峡口烟火会

据五台峡口王家老坟石碑记载，明朝天启年间，峡口村牛疫流行，为了祭祀瘟神，消灾免难，遂定于每年农历三月十六日举行烟火会。后又传于松林、新庄、沟南、南关等地，活动时间也改为元宵节。由于花费颇大，一般是三年一放，一放三年。烟火的种类有柳叶灯（也叫金灯银灯）、城楼、大架（又分全架八城八头、半架四城四头、半半架两城两头）等。主要节目有嫦娥奔月、天女散花、百鸟朝凤、天鹅下蛋、五子登科、关云长夜读春秋、猴子尿尿、狮子滚绣球和老鼠盗葡萄等。②

6. 代县迎神赛社会

每年农历七月十五日代县潘家庄、上曲、阳阁三村联办迎神赛社会。三村轮流主办，开支主要由所在村社负担，其他两村与举办村均备祭品。首日，祭祀廪牲，三只祭羊同时献祭，比赛哪家祭羊首先受享，称为"三村报赛"。

二　庙会规模

庙会的规模有大、中、小之分。即大型庙会、中型庙会和小型庙会。

（一）大型庙会

主要特征，即庙宇宏廓、多为庙群、规模大、赶会人多、活动内容丰富等。

---

① 刘喜才编：《河曲民俗》，中国文联出版社 2008 年版，第 269 页。

② 五台县志编纂委员会：《五台县志》，山西人民出版社 1988 年版，第 423 页。

1. 偏关"万人会"

偏关位于山西省西北部，是黄河从内蒙古流入晋南的交汇处，也是历史上中原和北部少数民族交流的重要通道，在晋蒙交流中起着举足轻重的作用。早在远古时代就有人类居住和繁衍生息。偏关的历史文化辉煌灿烂。偏关，也是长城关隘的名称，全称为偏头关，是万里长城在山西境内的重要关隘，紧临黄河，因境内地势东高西低而得名。偏关"万人会"，每十年举办一届，是偏关境内最隆重的庙会，比一般城乡庙会规模要大许多。

偏关"万人会"，全称为"敕旨钦命龙华盛会"，始于1601年，是明神宗万历皇帝准许平倭功高的蓟辽总督万世德追悼平倭战殁将士官兵，超度平倭时用石灰煮死的鱼虾鳖蟹等生灵的王朝级盛会，也是国家级盛会和世界级的国际盛会，同时也是偏关人民为纪念追赠为太子太保、兵部尚书的德高望重的万世德而举行的盛会。

万世德（1546—1603），字伯修，号邱泽。始祖随明中山王徐达征战，以壮勇驰名。世德自幼奇颖聪慧，二十四岁时中进士，累官至兵部侍郎兼蓟辽总督。万世德在辽东任职期间，对侵扰我国沿海的倭寇给予了致命的打击。据《偏关县志·明》记载，万世德亲自侦察摸清了出没无常的水贼的活动规律，想出一计，令沿海军民每人烧石灰一斗，先堆积放置。在战斗打响之后，令兵士每人带石灰一竹筒。倭寇每次作战失利都集体入海从水中逃脱。而这一次倭寇逃入水中时，全军上下及时将石灰倒入海中。海水沸腾，蒸气蔽日，水贼不是烧死就是烫伤，战斗获得空前胜利。万历皇帝大加封赏万世德以奖其功。虽然平倭有功的万世德治住了海盗却烧死了无数鱼鳖虾蟹，之后他常梦见鱼虾鳖蟹向他索命，且经常神情恍惚。在梦中他许下了每十年开一次"万人会"，超度它们及阵亡的将士。他奏请皇上得到允准。万历御笔亲书"敕旨钦命龙华盛会"。从此，闻名华夏的钦命"龙华盛会"即"万人会"就在偏关举行。"万人会"自1601年开始每十年一次，到2011年已有410年历史，共举办41届。

万历二十九年（1601），万世德由皇帝恩准回家乡偏关省亲。在县城西关北郊的白衣殿举办第一届"龙华盛会"。盛会经费绝大部分由皇银国库支出，地方政府仅筹集了一部分。万历皇帝亲派大臣督办盛会事宜，地方官员专管并推选会首具体承办各项事宜。首先在全国各地到处张贴广告，靠广告宣传和口碑相传，使国民人人皆知，户户通晓。接着修葺、装点关城和关民的院落，修缮寺庙寺院道观，对关城东西、南门城楼和钟楼油漆彩绘，每座城楼上都悬挂多盏大红宫灯，在县城大十字街南北各修一座规模宏大的纯木结构牌楼，家家披红挂绿，户户张灯结彩。对县城及其周围108座庙宇重点进行装修重建或扩大规模，以备世界各地的和尚、僧侣和道士居住做法事，超度死难将士及鱼鳖虾蟹亡灵，也迎接各地香客游人敬香拜佛，隆重聚会庆祝，纪念抗倭援朝的胜利，为明朝军队以及万大司马万世德庆功。重点在白衣殿设饭、散饭和悼念阵亡将士。这次参会者级别最高，人员最广。神宗万历皇帝原定亲临万人会，因特殊原因未能成行，朝中大员张苣、沈一贯、梁梦龙、汪应蛟等来参加开幕式，各省大员高官也都云集关城。因平倭援朝的胜利使朝鲜国王非常感激，所以朝鲜国王亲临会场。此外，俄罗斯、菲律宾、印度、泰国、越南、新加坡等国的使臣也参加了盛会。另有印度高僧、西藏喇嘛、蒙古僧侣、五台山、少林寺、武当山等各地大小寺庙的僧侣道士都云集在偏头关为盛会助兴和超度亡灵。邀请八台有名戏班在关城八大戏台助兴演出，有京剧、晋剧、豫剧、道情、大秧歌等剧种，还有县境内外有名的多家八音会助兴吹奏。①

开幕式盛况空前，半副銮驾进入会场，鼓乐齐鸣，麻炮鞭炮声不绝于耳，会场内人人手执五色小龙旗不停挥舞。盛会庄严隆重地宣读了万历皇帝的圣旨，并宣布"敕旨钦命龙华盛会"从现在开始，每十年在偏关城举办一次。朝中大臣代表讲话，朝鲜国王发表了演说，万世德在会上也抒发了豪情。开幕式结束后，銮驾开道，僧侣管乐随后，八音会鼓乐共奏，跑场子、踢鼓子、高跷、抬挠阁、西洋游千紧随，舞狮子、耍龙灯、跑旱船、扭秧歌、踩高跷等各种杂耍亮相关城，沿大街相继进行，好不热闹。②后来各届"万人会"都是竭尽全力，争取越办越好。

"万人会"时间为农历九月，会期十天、半月、二十天、一个月不等。偏关古为边防重镇，兵多将广，市贸繁盛，西门一带聚集了晋、陕、

① 牛儒仁：《偏关万人会》，《五台山》2011年第8期。
② 同上。

鲁、豫、蒙等各地的货物摊贩，商品琳琅满目，令人眼花缭乱。每届"万人会"实际上从上一年开始筹备，散发榜示。到打会（方言，即过庙会）那年的四月初八，本县的僧人便在白衣殿开始诵经祈福。到九月，关民便在白衣殿外的平坦处，搭金桥、架银桥、张灯结彩、搭棚、垒旺火、点灯盏、吹奏八音会。城乡居民齐聚关城，争相观看，上庙敬香，布施祈福，以求消灾免难，平安一生。湖广艺人、江浙杂耍、山东河南拳术、河南河北马戏团和木偶杂剧、东北二人转和虎艺团、蒙古马术队以及全国各地的杂耍、武术、艺人、书画家、街头卖艺者纷纷云集关城。游客、赶会者更是不远千里万里长途跋涉，远道而来助兴、观瞻。街上人山人海，万人攒动。

2. 忻县北殿庙会

忻县奇村镇杨胡村的北殿又名岱岳殿（见图5），称为北殿是相对于庄磨镇的南殿而言的。岱岳殿内供奉的是封神榜所封的以东岳泰山之神黄飞虎为首的五岳之神，人称五岳圣帝。该寺庙坐落于云中山脚下的一个半圆环抱的山湾之中，南面是沙源广聚的云中河，真可谓依山傍水，神灵之居。

相传，岱岳殿修建于宋朝，但后来由于遭遇一次又一次水灾，不得不于清朝前期重建。寺庙的基本结构为正殿五间供奉五岳神位，所塑各神像威武严正，旁各有侍从，东西两侧有站殿将军，门两侧内柱为盘龙大柱，龙形雄伟。正殿前为卷棚，是人们拜谒之地，卷棚为正方形，四根日月大柱，无梁结构，很有艺术价值。卷棚东西是两厢碑房，林立的石碑记载了此庙的修建及相关事宜，卷棚下有几个石阶。庙院东西两厢为东西廊房，东为天庭，西为阎王殿，正是天堂地狱之说，教人弃恶从善。正殿对面是钟鼓楼，楼下为庙院之门，门上有秦琼、敬德两位神灵，时刻守护。出门下数阶是山门，山门为独立两柱支撑的门楼，风格独特。

岱岳殿供奉的是地地道道的中国神，与佛无关。也就是说，它是几千年中国传统的信仰，以道教为主。五岳以东岳泰山为首，因古音"太"、"代"同音，所以"太岳"又称"岱岳"。"岱"《风俗通》中谓之"万物之始，阴阳之交，鰼石胄寸而合不终朝而徧雨天下，故为五岳之长"。由此可见，当地百姓供奉"岱岳"的缘由了。在社会生产力和人类抵御自然灾害能力较为低下的条件下，祈求神灵庇佑、施舍自然是情理之中的事。

图5　忻县杨胡岱岳殿

　　此庙修建后香火旺盛，每年的农历三月二十七（相传为黄飞虎的生日）举办庙会，该庙会由杨胡、石家庄、沙洼三村轮流举办，庙会持续一周左右，其中二十七日是正日。此前，早就由当年主办村会首组织训练秧歌、水船、高跷等队伍，以便在正日之时为人们助兴。二十六日上午就有上一年许过愿的人们前来还愿（布施），感谢圣帝对他们的保佑，这是该庙会经费来源的主要途径之一。而三月二十六晚上到二十七日上午是上香、还愿、许愿的最佳时间，由于前来赶会的不仅有本地的村民及方圆几里的村民，还有更多的是从太原、内蒙古等方圆五百里的人们，所以道路被围得水泄不通，从跨入杨胡村的地界开始到庙门口，是进来出不去，出去进不来。即使你是早来者，也得等到次日早晨时刻才能返回去。由于此庙会位于忻县、崞县、静乐、宁武几县交界处，前来赶会的人特别多，香火钱十分可观。当地传说，此庙供奉的以五岳圣帝为首的神都很灵，尤其是奶奶庙，每年都有许多人来"翘小孩"①，希望神灵

————————————

① "翘小孩"，当地方言，即求子。

保佑有一个聪明伶俐的孩子。庙会期间，各路摊贩、本地特产都齐集庙会，单说从事商业贸易的大约就有上百家，可以说是吃、喝、玩、乐应有尽有，样样俱全。除此之外，还有民间文艺节目，如有名的北路梆子，庙会期间要唱七场戏（一天三次的唱），尤其是晚上十二点散戏后，还要举办挠羊赛，一直到次日早晨七点。由于此时正是农闲季节，人们没有太多的农活，所以每天都要熬个通宵，这使得平日里平静、空旷的乡村骤然之间出现了人们不可想象的热闹。这不仅是人们百忙之中的一个良好的消遣和享受，而且也是人们进行物资交流、会客访友的理想去处。其中杨胡村的村民更有一番体会，不论三村之中哪村主办，杨胡村都颇受益，因为北殿就位于该村。

由于庙会是在农闲之余举办的，所以乡民可以有大量的闲暇时间来招待客人。庙会之前，乡民们便邀请亲戚、朋友来小住，相聚，顺便赶集。因为各路摊贩的货物样样俱全，且优价优惠，所以乡民便乘此机会买许多所需或一些后备用品，也有些乡民乘着赶集的人多，自己从事一些小买卖赚点钱。庙会期间虽然说有点人多事杂，但乡民们乐此不疲。庙会中的求神拜佛等祭祀活动尽管带有浓厚的封建迷信色彩，但确可以使平日生活无助、精神空虚的民众得到一些心灵的慰藉。

3. 崞县原平镇龙王庙会

民间称原平镇龙王庙会为"原平七月二十二"，是一个十分吸引人的庙会，其规模之大、规格之高、人数之多，是县境内其他任何庙会所不能比的。原平古镇，距崞县城（今崞阳）二十公里，地当冲要，人烟辐辏，北恃雁门雄关，南靠石岭为依，西有阳武天险，东隔滹沱滨河，官客商贾往来，文人武士萃集，曾被称为晋省四大镇之一。

相传道光年间（1837）大旱，六月初烈日炎炎，禾苗枯竭，七月中旬，大雨滂沱，滹沱河水泛滥，积水成灾，龙王庙受损，居民许愿修复。第二年龙王庙修复完工，完工之时，正好是农历七月二十二，居民便定这一天为龙王庙会，这就是今天七月二十二的来历。当地"宁叫阎锡山不座了，不叫'二十二'不过了"的民谣足以证明七月二十二在崞县民众心目中的地位。

（二）中型庙会

主要特征，会期短、形式简单。此类庙会比较普遍，大部分行政村都有这样的庙会。如：

定襄神山七月七香纸会，每年农历七月上旬举行，会期五天至七天。届时，四面八方的游人汇集神山，焚香拜佛、祈雨求子、选购货物、看戏过瘾、会友聊天，热闹非凡；河曲每年三月二十八岱狱殿庙会，方圆数十里商民蜂拥而至，盛况空前，是该县山区第一盛会；五台二月十九，是石咀一年一度的古会，俗称二月十九会。时逢会期，戏台高搭，商贾云集，连会五天，热闹异常，千百年来，经久不衰。四月二十八蒋坊龙湾庙会，四乡八村村民云集，十分热闹。五月二十八刘家庄双泉寺庙会，男男女女烧香祈祷，丰富有序。六月十三白家庄窑头庙会，由窑头等九个大村轮流唱戏，轮到哪一个村唱戏，先在本村唱几天，十三日到二龙洞去唱，赶会的人很多，一为看戏，二为游景，还有的人是去拜佛还愿等。

（三）小型庙会

主要特征，会期更短，活动形式单一。大部分村（包括行政村和自然村）都有小型庙会。

忻州境内小型庙会不计其数。特别是河曲、保德、偏关、神池、五寨、岢岚、宁武、静乐等个别山区村庄还举办小型的山会。在山坳或山地有就地取材的石块垒建成的小庙，供奉山神、龙王爷等神仙，也伴有赶集活动。另外还有崞县二月十九北王庄观音娘娘庙会。五月二十三咸阳村法王寺庙会；五台二月十五西天和窑神爷庙会，西天和是煤炭区，农民收入的大部分是煤，本村村民希望收入增加，窑里干活安全。每年搭台唱戏，敬供窑神爷。七月十五南阳村庙会，到会时仅仅周围几个村的村民前来参加。北阳村不定期的三年五载举行一次庙会，也是小型的祭祀观音、老爷。石岭村也举办不定期的小型庙会，由村里有威望或稍富裕的村民自行组织庙会等。

从上述庙会的名称看，有的名称似乎看不出与庙会的关系，但实际上"有形或无形的'庙'及其'会'始终都存在着"[①]。庙会名称作为庙会的重要符号，既体现了庙会的本质属性和象征意义，也是此庙会区别于彼庙会的重要特征。庙会名称的繁杂性，是晋北民众神圣生活和世俗

---

① 岳永逸：《宗教、文化与功利主义：中国乡土庙会的学界图景》，《云南师范大学学报》2015 年第 2 期。

生活相互交织融合的产物。而庙会规模主要取决于庙宇、参与者、形式、内容、范围等要素，也涉及寺庙建筑的本身（是单体寺庙还是寺庙群）、所祀神灵的灵验度、民众的信仰程度、民众参与群体活动的积极性以及庙会的辐射面和影响力等。不同名称的庙会承载着民众不一样的历史记忆，建构着民众的神圣空间和世俗生活空间。不同规模的庙会形成不同级序的庙会文化圈，不断调整着新的利益关系，延伸和承续着民众的生活文化。

第四节　庙会分布与类型

一　庙会分布

庙会文化作为民众的生活文化，它体现了民众生活的节律性和有序性，以及不同地域的差异性。忻州境内庙会在时间和空间的分布，同样具有自身的特殊性。

从时间上来看，主要是春耕前与夏种后。这样的时间节点，对于常年忙于田间劳作的农民来说正是一年中的空闲期，一方面使农民参加庙会有了可能，另一方面也使农民得以在庙会上进行劳动生产工具的交换和生产经验的交流。这样的时间节点，也是与当地人的生产和生活周期大致相符的。正是这些穿插在农闲时期的庙会，使民众的生活有了强烈的节奏感和韵律感，而不仅仅是无意识地延续农耕文明的春祈秋报。①

春耕前庙会。如崞县主要有二月二史家岗庙会、三月三石鼓寺庙会等；五台主要有正月初八西关庙会，二月二龙王堂庙会，二月十五西天和庙会，二月十九石咀、大石、河口庙会，二月二十七建安庙会，三月初三西雷、苏子坡、苏家庄、草牙沟庙会等；忻县主要有二月初九吕令瘟神庙会、三月二十一洪济寺庙会、三月二十七北殿庙会、三月二十八南殿庙会等。

夏种后庙会。如五寨主要有五月十三县城庙会、五月二十五三岔庙会、五月二十八韩家楼庙会、五月端午东秀庄庙会、六月十八杏岭子和大武州庙会；崞县主要有五月初一练家岗惠济寺庙会、五月二十神山线

---

① 岳永逸：《行好：乡土的逻辑与庙会》，浙江大学出版社 2014 年版，第 294 页。

娘娘会、五月十三宏道关帝庙会等；定襄主要有六月二十六中霍莲花会、七月初一留晖捞儿会、七月初七神山香纸会；河曲主要有五月初五娘娘滩庙会、七月十五河灯会等；神池主要有五月初五城关端午节会、五月十九虎鼻庙会、六月初六八角庙会、六月二十四烈堡悬空寺古会等。静乐主要有五月初八太子寺庙会、六月十八桃子山大郎庙会等。

可见，庙会的时间节律实际上是由农业生产节律决定的。清末民初，境内交通工具落后，山川阻隔，路途遥远，再加上官府关卡重重，苛捐杂税名目繁多，农民专程出外购买农具的机会并不多，参加庙会则成了一年中为数不多的外出机会。农民借此机会来互换农业产品，购买农业生产急需的农具，调剂余缺，传递信息，进行生产技术的交流，从而一定程度上推动了当地农业生产的发展。

从空间分布上来看，一是围绕境内的山水关，形成寺庙群和相应的庙会文化圈。山水关文化是忻州的特色文化和品牌文化。而山水关文化同样也包括有庙会文化，可见庙会文化内涵的丰富性、延伸性。境内最著名的山脉五台山、芦芽山，围绕两大山脉形成了不同的寺庙群和庙会文化圈。二是庙会的分布与当地经济发展有关。

五台山寺庙群及庙会文化圈。境内佛教名山五台山，寺庙众多，据1936年统计，有寺院130所，僧尼2200人，[①] 且大多数寺庙皆建在山上。此外，脊线相连的北台、中台支系上也建有许多寺庙。如中台顶建有演教寺，黄维坳建有清凉寺，香峪尖峰下有文殊里、古文殊寺等，北台、中台支系向南延伸的文昌山上建有文昌庙，北台、东台支系上的滴岭岩山北的李家庄建有南禅寺等。寺庙多，庙会自然也就多，多数庙会举办地都位于山附近。例如农历二月十九的庙会举办地大石、石咀、河口都位于山附近。大石毗邻北台、中台支系上的松峰掌和茹村、天和群山中的四境山。北台、东台支系的一支脉于石咀落脉。河口毗邻南台支系的东脉一支脉，河口以北毗邻抓角山；农历三月初三的庙会举办地苏子坡村位于茹村、天和群山的卧牛山峰下；农历四月十五的庙会举办地阳白、豆村也在山附近。阳白毗邻北台、中台支系向南延伸的黑石岭，岭上有路连接阳白村。豆村毗邻茹村、天和群山的九女山；农历四月二十八的庙

---

① 山西旅游景区志丛书编委会：《五台山志》，山西人民出版社2003年版，第130页。

会举办地蒋坊隔河与茹村、天和群山的龙湾山相望；农历五月初五的庙会举办地松岩口村向北一公里有南台支系人马山，南台支系的东脉有一支脉落脉松岩口村；农历七月十七的庙会举办地西天和村毗邻茹村、天和群山的凤凰山。很显然，围绕五台山形成了特定的寺庙群和庙会文化圈。

芦芽山寺庙群及庙会文化圈。包括太子殿、观音堂、云际寺、石佛寺、西庵、达摩庵等寺庙及依托这些寺庙而举办的庙会。芦芽山系管涔山的主峰，在宁武县城西南三十公里的管涔山腹地，群山森列，重峦叠嶂，危崖峭壁，碧波松涛，其主峰更是峰峦特秀，怪石嶙峋，巍峨挺拔，雄踞朔方。"《天下郡国利病书》记载：'芦芽一山崔嵬挺拔，高出云霄，尖似芦芽而磅礴迂回，雄跨中原。'《晋乘蒐略》云：'芦芽山雄胜，与清凉（五台山）抗衡。为全晋第一崇山。'"① 同时芦芽山也是一座历史名山以及闻名晋西北的古毗卢佛道场。芦芽山不是一般意义上的自然山脉，它更是一座文化名山。

境内河流主要有黄河、汾河、滹沱河等。其中黄河为过境河，汾河、滹沱河发源于境内，分属黄河水系和海河水系。三条主要河流形成了完整的三大流域，云中山以东为滹沱河流域；云中山以西及管涔山、芦芽山东南为汾恢河流域；管涔山、芦芽山以西属黄河流域。一些大型庙会主要分布在境内的黄河、汾河和滹沱河三大河流流域。

黄河，从偏关万家寨以上约十公里处进入境内，境内黄河沿岸的河曲、保德、偏关等地均举办"九曲黄河灯游会"。如偏关沿黄河一带的天峰坪、关河口、黑豆捻、梨园、小偏头等乡村都举办灯游会，尤其以小偏头村十年一度的"九曲黄河灯游会"最盛，届时锣鼓喧天、唢呐齐鸣，县内及邻近县的滚滚人流进入"灯游会"区，其气氛热烈异常，盛况空前无比。灯游会是黄河儿女喜闻乐见的盛大庙会。

汾河，关于汾河源头，传统观点认为是宁武县境内管涔山脚下的雷鸣寺泉，现代考察认为在太平庄乡西岭村。宁武境内汾河上游的寺庙群，包括雷鸣寺、海瀛寺、广庆寺、广济寺，圣寿寺、清居禅寺、万佛洞、天花洞、螺蛳洞、千佛寺等。其庙会有雷鸣寺庙会、山寨庙会、海瀛寺庙会、宁化庙会、石家庄庙会等。最具代表性的是位于汾河源头的四月八

---

① 转引自宁武县志编纂委员会：《宁武县志》，中华书局2013年版，第58页。

雷鸣寺庙会，目的是祭祀"汾神"。庙会期间，不仅宁武本县的百姓蜂拥而至，周围静乐、神池、岢岚、五寨、忻县、崞县等县以及雁北诸县和内蒙古、河北的游人、客商、僧侣也纷至沓来，因而成为远近驰名的大型庙会。汾河出宁武进入静乐境内，其流域有神峪沟庙会、丰润庙会等。

　　滹沱河，发源于繁峙县泰戏山麓的桥儿沟。繁峙境内滹沱河两岸的大村如砂河、华岩、古家庄、西义等村都有寺庙和庙会；崞县境内滹沱河及其支流阳武河流域很多村庄也有寺庙和庙会，如滹沱河流域的史家岗、辛章、合河、练家岗、张村等以及阳武河流域的阳武、神山、大牛店、魏家庄、施家野庄、薛孤、三吉等都有庙会；五台县境内滹沱河及其支流清水河、虑虒河、虒阳河、小银河流域皆举办庙会，如东冶每年定期举办三次古庙会，分别为农历二月十九、三月初八和四月初八，五级五月初八庙会，建安每年定期举办两次古庙会，即农历二月二十七、五月十二，台怀镇每年农历六月举办六月大会，五爷庙一年四季举办庙会，石咀二月十九庙会，高洪口四月十八庙会，西天和二月十九、七月十七庙会，较场四月初八庙会，台城五月十七庙会，刘家庄五月二十八双泉寺庙会等。

　　雁门关、宁武关、偏头关是境内的三关。围绕三关也形成不同的寺庙群及其庙会。比如宁武关寺庙群及庙会，包括延庆寺、万佛寺、禅房寺、龙泉寺、弥陀庙、姑姑庵、万寿寺、铁佛寺等。其中最有影响的庙会延庆寺庙会（俗称龙花会），每两年一届。筹备和主持龙花会的组织叫水陆堂或华严堂，均由僧人组成。寺内佛像端正、木器蓬幔整洁，诵经时桌椅板凳齐全，乐器完好，经卷不缺。寺院门前有两座城隍殿，内设两尊城隍爷塑像。寺门口架设金桥、银桥、普渡桥三座桥梁，呈三角形，供僧人诵经讲道和游人观赏往来。每桥两头均有两尊泥塑大士，手持幢幡，怒目而视。寺内的两棵参天古松，分别装饰成龙树、花树。龙树上蜿蜒缠绕着一条用各色花布做成的蛟龙。花树上用纸做成各种鲜花，呈百花齐放之势。龙华会由此得名。寺左侧设纸扎假山翠花岭，寺右侧为请圣亭。厉坛高筑，状如戏台，专为诵经而造。赶会者有来自全国各地的受戒僧人500多人，还愿者上千人，加上当地的佛教信徒、虔诚的善男信女，每天有万余人，熙熙攘攘，热闹非凡。会期持续一个月，期间，青烟缭绕，香气浓郁，经声朗朗，不绝于耳。晋北仅有宁武的延庆寺和五台山的显通寺有资格给和尚受戒，延庆寺的影响力由此可见一斑。①

从经济发展状况来看，境内有农耕经济发达区和手工业经济发达区。相应地也是庙会的集中分布区。

农业发展与一个地区的地形和河流息息相关。比如五台县分布有东冶、沟南、茹村、豆村盆地，四个盆地土地平坦肥沃，再加上有河流经过，人口密集，是县内经济、文化较发达的区域，也是主要粮食产地。豆村、茹村、沟南盆地为全县的粮食主产区，东冶盆地为全县的蔬菜主产区。本县的很多庙会分布于农业经济发达的盆地，像豆村盆地的豆村庙会、蒋坊龙湾会、大石庙会；茹村盆地的苏子坡庙会、南阳庙会、北大贤庙会、南茹庙会、东茹庙会；沟南盆地的县城庙会、刘家庄双泉寺庙会；东冶盆地的阳白庙会、五级地庙会、建安庙会、槐荫庙会等。

境内手工业发展历史悠久。手工业门类多，拥有多种匠艺人员。比如五台蒋坊的瓦匠、五级的木匠、槐荫的毛口袋匠、虎汉的铁匠、大建安的石板匠、东建安的草纸匠、东冶的纸匠和小炉匠、台怀的铜匠等。定襄王进的风匣匠、赵村的簸箕匠、南兰台的笼罗匠、中霍的柳斗匠和栈板匠、智村的香匠、陈家营的席子匠、蒋村的麻纸匠、青石的石雕匠、河边的砚台匠等。技艺精湛，世代相传，带动了当地手工业经济的发展。这些地方的庙会文化很浓，每年都要定期举办庙会。如由五台大建安、五级、东冶、槐荫等9村轮流举办的伏水会。

庙会的空间分布为何与境内的山水关文化有关？除依山建庙、兴会的一般原因外，其他如五台山是文殊菩萨的道场、芦芽山是古毗卢佛道场，因而形成五台山和芦芽山寺庙群和庙会文化带。水是人类生存最基本的条件，水源充足，自然就会产生较发达的农业和手工业，使人们的信仰需求及其物化表现和愿望得以实现。"关"最早的出现，是军事战争的需要。随着战事的频仍，军士和杂役的聚集，反映战争诉求和将士生存的各种文化元素必然生成，因此庙会文化也是军事文化的一种延伸。

二　庙会类型

从不同角度可以划分出不同类型的庙会。比如从祭祀的规模来看，有

① 宁武县志编纂委员会：《宁武县志》，中华书局2013年版，第1017—1018页。

众祀庙会和单祀庙会。从祭祀的对象来看，有儒教庙会、佛教庙会、道教庙会。从庙会的主办者来看，有一村主办的庙会和多村合办的庙会等。

（一）众祀庙会和单祀庙会

1. 众祀庙会。人人祭祀，范围广，规模大，涉及千家万户的"安危祸福"。如龙王庙会、关帝庙会、奶奶庙会几乎各县均有。如保德六月六龙王庙会、河曲柏沟营五月二十五老龙庙会、崞县东尧头二月初二龙王庙会、黄甲堡六月十三龙王庙会、西营六月十八龙王庙会、沙城七月初八龙王庙会、大牛堡七月十六龙王庙会、忻县董村五月十九龙王庙会等；河曲和偏关城关三月初十、五月十三、八月十五关帝庙会、五寨城关五月十三关帝庙会、代县城关五月十三关帝庙会、保德六月十五关帝庙会、忻县城关五月初九关帝庙会、曹张和解村六月二十四关老爷庙会、定襄宏道五月十三关帝庙会等；崞县东南贾二月初二奶奶庙会、苏鲁三月十八奶奶庙会、南北大常四月十七奶奶庙会、匙村四月二十二奶奶庙会、繁峙城关和砂河三月十八奶奶庙会、大营四月十八奶奶庙会等。

2. 单祀庙会。祭祀的人群、范围和规模有限。比如崞县郝庄三月十八庙会、都庄三月二十庙会、刘家梁六月初三庙会、西南贾七月十三文殊庙会，偏关姑子庵三月二十庙会、骆驼山六月初六庙会、曹家村六月初九庙会、大庙山六月十三庙会。这些庙会活动范围有限，一般在本村或山岳附近举办，参与人数不多，影响不大。

之所以有众祀庙会和单祀庙会之分，说明民众对神灵的信仰和敬奉是有程度之分，相对应的神灵对地方民众的福佑也是有亲疏远近的。对不同庙会文化圈的划分有助于人们对庙会实质的研究。

（二）儒教庙会、佛教庙会、道教庙会

1. 儒教庙会

文庙庙会。清末民初县级以上的行政区域，都建有文庙，气势巍峨，可与官府衙门相媲美。比如偏关"文庙坐落在县城东北部，明弘治二年（1489 年），由'礼部侍郎左钰题奏创建，兵使王璇监筑。规模仿国学，颇宏丽。'共计殿堂、斋房、房庑百余间。使得'太原以北，庙学之宏钜，盖未有也，'内设大成殿、大成门、崇圣祠、明伦堂、敬一亭、尊经阁、训导署、省身所、文昌阁、泮池、魁星阁、名宦祠、乡贤祠、忠义祠、节孝祠、戟门、棂星门、照壁、射圃等。明清两代，维护修葺不断"①；又如崞（县）阳文庙大成殿，单檐庑顶，始建于元大德年间。全庙占地面积近两万平方米，历经明清两朝多次修葺，建筑庞大、气势恢宏、规制完备（现被崞阳粮库占据）；代县文庙（见图6）是全国县级文庙规模最大的一座，为一连三进院落。文庙每年春秋仲月丁日祭，故称丁祭。丁祭是一件十分严肃的事情，凡祭器、祭物、乐器、乐曲、舞蹈人数，以及祭奠仪式程序都有严格规定。参加丁祭的皆为读书人。古籍中记载："至圣先师庙，岁二祭，以春秋仲月上丁日，汉祀于阙里，隋始命州县学，皆以春秋仲月释奠，汉平帝时，封褒成宣尼公，唐元宗封为文宣王，元成宗又加为大成至圣文宣王，其群弟子及丛祀诸儒，或封公侯，或封师保。元至顺间，封颜回兖国复圣公、曾参郕国宗圣公、孔伋沂国述圣公、孟轲邹国亚圣公。庙制始于宋太祖，元榜为大成殿。冕服始徽宗，加冕十二旒，服九章。明嘉靖九年，诏号曰：至圣先师孔子，改大成殿曰先师殿，四配十哲俱称子，诸儒称先儒某氏。国朝顺治二年，诏号曰：大成至圣文宣先师孔子，康熙二十三年颁发，御题万世师表，置扁悬大成殿，二十九年奉旨文庙前左右竖立下马牌，一应文武官员军民人等，至此下马。……"② 各县皆举办文庙庙会。

图 6　代县文庙

---

① 崔峥岭：《偏关民俗文化》，山西人民出版社 2009 年版，第 114 页。
② 雍正《定襄县志》卷四《秩祀志·寺观》。

2. 佛教庙会

海潮庵会。海潮庵，又名海潮庵寺，"在旧县城南门外东百步，明万历间建，旋为寇毁"①。相传农历正月初八是天空九神下界之日，此时超度凡人，赐福万民。万民南城祭星，设道场七昼夜。年前九日打会、起会时设会坪，为商贾贸易之场所。摆三堂备四班鼓手，昼夜轮班吹奏，寺前东山门、西山门前各有一棵古槐，上边各挂一匹白洋布，届时东槐布着一条龙，西槐布着一朵花，所以佛门又叫"七昼夜龙花山会"。

每到此日，晋、陕、蒙三省区十余县的信男信女纷纷云集，进香祈福，熙来攘去，场面宏大，成为后来"初八庙会"的滥觞。每逢此会，整个旧县古镇，摊点林立，游客摩肩接踵，成为河曲最大的佛教庙会，有河曲"万人会"之称。土改前，该寺庙尚有僧众 80 余人，且有庙产，收租生息。

人们经过一段山路进入寺庙的殿堂内后，会看到一些僧人，他们在殿堂内念佛诵经，而进入寺庙的这些人首先在院子的香火炉里烧一些香或者纸张。然后才开始到各个殿堂内拜祭各个神尊佛像，大殿堂内和寺院内有许多虔心向佛的人群在烧香拜佛。人们急需什么就去求什么，拜什么神灵，一般是一神一能。比如，正处于读书期间的学生以及家里有读书孩子的父母，会聚集在文殊菩萨金像前，希望保佑他们早日实现夙愿。也有在观音殿拜观音的，有的人希望平平安安，有的人则希望家人健康长寿，更多的人希望腰缠万贯，成为有钱人。善男善女们则希望早日得子，为家族传宗接代，年轻媳妇便会在转信楼上转转。还有的人是去还愿的。在庙会中上香拜佛有不同的规格，从给的香火钱中可以分为不同的等级。给的香火钱越多香就越大越粗，也预示着祈求的心更诚。上香时，用大拇指、食指将香夹住，余三指合拢，双手将香举至眉齐。上香时一般都上一支香，如果想上三支香，则将第一支香插中间，第二支香插右边，第三支香插左边，然后合掌，切忌不可把香弄断。人们在烧香拜佛的同时，都会把自己带来的准备祭祀用的东西供奉上去，也会在布施箱里放上一些钱。真正虔心向佛的人，午时会留在寺里和那些长期住在寺庙里的僧人一起做饭、念佛诵经和为烧香拜佛的人们准备一些

① 同治《河曲县志》卷三《庙宇》。

素食。来往的人们如果有时间的话，也会或多或少地吃上一点。

庙会期间，整座寺庙都是人山人海，每个从寺庙走下来的人，都会被一些卖东西的拦挡。他们会在你身上粘贴一些带有"一生平安"或者"心想事成"字样的东西，并且在嘴里念叨着，即使不愿意购买的人也得掏出钱来。

在寺庙外宽广的场地上是另一番景象。喜欢听戏的老人们一般在吃过早饭后，便从家里拿上一个可以坐的东西（板凳），来到戏台前，等着看戏。有的老人还会带上自己的孙子孙女。有的时候还会听到有些老人在台下议论，说那个角色扮演的好之类的话，并根据这些角色为孩子讲述一些关于剧中人物的故事。老人们听得津津有味，而年轻人则主要参加一些娱乐活动。庙会上的民间玩具种类繁多，吸引着来往人群。重要的是二人台和民歌为庙会增添了节日的氛围。

3. 道教庙会

玉皇庙会。很多地方都建有玉皇阁。如明万历年间在河曲县城北城墙外数十米处建有护城楼，又名玉皇阁。供玉皇大帝、吕祖塑像，每年五月初五举办庙会，僧人诵经，唱戏三天。再如，崞县的玉皇庙"在南关西南隅，明洪武八年，僧感梦金面神，即旧庙改造之，万历年重修。国朝乾隆十四年益增建焉。每年正月初九日致祭"①。

河神庙会。凡是坐落在较大河流一带的城镇和村庄，皆建有河神庙，举办河神庙会。比如，河曲的河神庙，"位于县城西门外，清乾隆十六年建造，临黄河建有古戏台，每年农历的七月十五举行祭禹活动和规模较大的河灯盛会，届时僧人诵经，鼓乐吹奏，夜间用装点一新的木船将365盏河灯放在河中，景致十分壮观，吸引着晋、陕、蒙的无数边民"②。再如，"崞县河神庙二，一在普济桥西畔；一在临沱门外里许。每岁八月修大东桥时，大阳、孙家庄两村人致祭"③。

城隍庙会。每座城池都建有城隍庙，城隍庙里住的是保护城池的城隍爷，几乎每座城池都要举办城隍庙会。比如，崞县城隍庙"在城东北

---

① 乾隆《崞县志》卷四《坛庙》。
② 刘喜才编著：《河曲民俗》，中国文联出版社2008年版，第73页。
③ 光绪《续修崞县志》卷二《建置志·坛庙》。

隅。创建年久，明弘治七年，知县陈志重修，关西薛敬之纪石。国朝雍正二年，乾隆二十八年，知县顾弼，嘉庆二年，知县陆如冈，道光二十五年，阖邑士民，屡次修葺，各有碑记。每岁九月初九日致祭"①。即过庙会。

4. 三教庙会

三教殿庙会。三教殿是指儒教、佛教、道教合一的庙宇。如河曲县城东门外就有一座三教殿，正殿供奉孔子及其弟子，东殿供奉如来佛及诸菩萨，西殿供奉吕祖及诸神位，是河曲典型的三教合一的庙宇。殿门外建有戏台，每年有固定唱戏的时间。

不管是佛教庙会，还是儒教和道教庙会，其共同点都体现了人神交流的行为方式，尽管最初，庙会的表现形态有所区别，但随着庙会的发展，三者区别愈来愈小，很多庙会很难区别究竟是佛教庙会，还是儒教和道教庙会。

（三）一村主办的庙会和多村合办的庙会

1. 一村举办庙会。以村庙为中心，一年有两三次庙会，会期多为一天，会众以本村村民为主，这样的庙会在本境内居多。一般的中小型庙会皆由一村举办。一村举办的庙会，不妨称为村落型庙会，此类庙会的同质性较强。

2. 多村举办庙会。以一处庙宇为中心，由相邻的多个村庄轮流主办，会期一般为 5—7 天。比如，崞县四月初七的土圣寺庙会，由周边的串道、卫村、麻港、南庄头、卫家庄、阎庄、大白水等七村轮流举办。古籍中记载："故每逢四月初八圣诞之辰，七村轮流起经，香火骈赴，其神之灵爽，有祷辄应，且能令人见像作佛，扫除恶意"；②崞县同川每年的七月初七庙会，主要由城头、南庄、刘河底、赵村和北河底等五村联合举办。庙会期间，有城头和刘河底秧歌，南庄子弟班戏，赵村的高跷和调鬼，北河底社火等节目；再如，忻县北殿庙会是由附近的石家庄、沙洼和杨胡三村轮流负责举办、组织和管理，时间为每年春秋两季；静乐巾字山六月初八庙会由大神沟、北枪杆、大会、宽滩、漫岩、长湾、范家沟、柳子

---

① 光绪《续修崞县志》卷二《建置志·坛庙》。
② 《重修灵泉寺碑记》，乾隆二十八年，现存于原平市土圣寺大雄宝殿。

沟、石城、娑婆等十村负责举办，而剩余的其他村庄上砚湾、上阳寨、下阳寨、堡子会、南枪杆、对九、横泉、新旺庄、西沟、官地等以唱愿戏的方式出钱帮助举办，不参与具体事务；代县四月初八紫荆山巅祭祀赵武灵王庙会由赵家湾、韩家湾、探马石以及崞县上下长乐、刘家庄、白石等七村社联合主办，乞求普降甘霖，风调雨顺；代县城西五月十八北斗庙会，由西关、五里村、下田、桂家窑、段村、陈家庄、上田、殿上、太和岭口、沙河、宇文、丈子、九龙、上下官院、西瓦窑头、张家河等十八个村庄参与。届时，十八村的社头就会召集所辖民众在西关的北斗神行祠和张家河的北斗山本庙，举行盛大的祭祀仪式，祈求北斗山神施露降雨，确保这一带风调雨顺；神池八角堡韩家坪西南北岳庙会由白草沟、连家畔两村轮流担任会首，钱物由附近各村摊派或村人自愿布施唱戏祭祀，每年四月初八起会，为期四天；八角堡细岭山北岳圣母庙会由狮子坪村任会首，附近岭后、田家岔、南坡底、细岭、小东湾五村布施或摊派钱物祭祀、唱戏，每年四月二十八起会，为期四天等。① 多村举办庙会，也可以理解为跨村落型庙会，此类庙会的异质性较强。

　　一村主办庙会和多村主办庙会形成不同的祭祀圈、娱乐圈和人际交往圈，也形成不同层级的文化认同感。但无论如何，按照自己的传统、认知营造生活空间，表达愿景，是所有庙会的共同属性。

　　庙会时空分布所体现的普遍性和特殊性的统一，既反映了民众生活的泛信仰化，又是境域特殊的自然社会因素使然。庙会的时间分布与劳动节律有关，体现了庙会与农业文明的内在联系，其空间分布又与当地主要的文化特质和经济发展勾连在一起，形成特定区域的庙会文化结构。庙会的类型划分具有明显的重合性和模糊性、是从不同的视角对庙会差异性的强调，体现了庙会内容的宗教性和主体的多样性。而对其问题的关注，实际上是对民众生活场域和生活方式的钟情。

---

① 神池县志编纂委员会：《神池县志》，中华书局 1999 年版，第 445 页。

第 二 章

庙会与神灵祭祀

庙会作为一种传统的综合性的地方民间活动，其首要的活动内容就是祭祀。祭祀是人们为了表示对神灵或先祖的崇敬而举行的一种祭拜活动。人们根据不同的需求拜祭不同的神灵，这种功利性的需要和愿望，蕴含了人们最切实、最基本的生存需求，同时也包含了深刻的社会需要和精神需求。拜祭有民祭、官祭和御祭，说明拜祭是国家在场的民间行为，官民在人神互动中有着共同的价值认同。而祭祀仪式在主流话语权下，往往会成为一种无形资源，既可以理解为国家意识形态所运用的一套权利技术，也可以认识为被传统所规范的一套约定俗成的生存技术。

第一节　庙会祭祀的神灵

一　一方水土一方神

祭祀是庙会最核心的内容。清末民初，忻州庙会祭祀的神灵在很大程度上体现出地域性特征，即一方水土一方神，即使在神灵的称谓符号上存在与其他地方相一致的方面，但实质上却赋予其特定的含义。庙会祭祀的神灵大致可以分为宗教神、自然神、人物神、俗神和行业神等。

（一）宗教神

1. 佛教神

释迦牟尼佛　释迦牟尼被奉为佛祖，是佛国第一人。几乎所有的佛庙中都供有释迦像。在历史上确有释迦牟尼其人，他的生活年代大致与我国孔子同时，是古印度国王"净饭王"的儿子，十六七岁时娶妃生子，二十九岁时剃发修行，六年后悟道成佛，此后坚持传教四十五年，广招

弟子，建立僧团和寺院制度。尽管其地位比观音菩萨高，但知名度却没有观世音菩萨高。在世人眼中，释迦牟尼只是一位德行高深的哲人，与民众关系比较疏远。

阿弥陀佛　既是民间广泛信奉的神，又是佛教净土宗的主要信仰对象。佛教上说，阿弥陀佛是西方极乐世界的教主，能接引念佛人通往极乐世界，所以也叫"接引佛"。它还有十三个名号，分别为无量寿佛、无量光佛、无边光佛、无碍光佛、无对光佛、焰王光佛、清净光佛、欢喜光佛、智慧光佛、不断光佛、难思光佛、无称光佛、超日月光佛等。但在中国佛教的密教中，则被称为甘露王。阿弥陀佛和大势至菩萨、观世音菩萨合称"西方三圣"或"阿弥陀三尊"。①

弥勒佛　弥勒是梵文"麦托利耶"的译音，意思是"慈氏"，这是姓，他的名字叫阿逸多。传说他出生于印度南天竺一个极其显赫的贵族家庭，后出家为释迦牟尼的弟子。先于佛入灭（离开人世），上升于兜率天，被称为弥勒菩萨。在中国佛寺中，弥勒佛被塑造成一个大腹便便、笑容可掬的形象，更具有人情味。有一副脍炙人口的楹联赞他："大肚能容，容天下难容之事；开口便笑，笑世间可笑之人。"这副对联暗藏机锋，富有哲理，表达了旷达的人生态度，富有超凡脱俗的韵味。②

观世音菩萨　观世音与文殊、普贤、地藏并称四大菩萨，其演教说法的道场在浙江普陀山。观世音，又译为"光世音"。唐代，因讳太宗李世民的"世"字，于是改为"观音"。公元前7世纪时，古印度宗教中有一种神，叫双马童，形象是一对连体小马驹，头为两颗明亮的星星，象征慈悲，能使病者康复、残者健全、不育者生子，受到当地人普遍信奉，被婆罗门教尊为善神。公元前5世纪，佛教诞生，将双马童接受为本教人物，并改造成一位慈善菩萨，称作马头观音。开始时其形象仍为小马驹，后随着佛教的发展，将其人格化，改为男身，成为一名伟丈夫，称作观世音菩萨。佛教传入中国之初，观世音形象为男身，隋唐时期，为适应众多佛教女信徒的需求，观世音开始变成女性形象，后来变为地地道道的汉族女性。五台山寺庙中的观世音塑像多为男身菩萨造型。人们

---

①　陈秉荣：《保德民俗》，三晋出版社2011年版，第486页。
②　同上书，第487页。

认为观世音既是一位法力无边的万能神，又是一位助人为乐的善神。众
生若遇到困难时，只要心中想到观世音菩萨，观音菩萨就会立刻前往解
救。① 观音菩萨具有劝善的教化功能，即"菩萨之善能感动乎人之善心，
而人之善心亦有感于菩萨之善"②，境内民众赋予观世音菩萨无限的神力，
如送子、保平安、求富贵、救苦难等，"每逢会期要举办大型的祭祀活
动，附近的村民多前来烧香许愿，妇女是其中最主要的群体"③。为了祈
求盼望已久的子嗣，她们不辞辛劳，虔诚地拜祭着，口里念念有词，祈
祷之声不绝于耳。观音庙会除了求子，还求平安。

境内五台山位居中国四大佛教名山之首，民众长期受佛教思想和佛
教文化的熏陶，自觉不自觉地受到佛学的教化。但民众接受的并不是经
典佛教，而是一种民俗佛教。民众对诸神的崇拜，完全是从功利主义的
角度出发，他们选择顶礼膜拜的对象不是根据佛教内部的诸神职位高低，
而是以实用程度去选择。观世音菩萨是一位万能的善神，能帮人们解决
现实生活中的实际问题，因此供观音的寺庙很多，几乎村村都有观音庙
（见图7）、观音阁等。

图7 忻县双堡观音庙

---

① 陈秉荣：《保德民俗》，三晋出版社 2011 年版，第 488 页。
② 《创建观音殿碑记》，乾隆二十七年，现存于保德县杨家湾镇故城村观音殿门外。
③ 谢永栋：《近代华北庙会与乡村社会精神生活——以山西平鲁为例》，《史林》2008 年第
6 期。

文殊菩萨   全称是"文殊师利",也有译为"满殊尸利"或"曼殊室利"的,意为"妙吉祥",专司佛的智慧。在一般寺庙里通常作为佛祖的左胁侍(普贤为右胁侍),五台山是大智文殊显灵说法的道场。据说历史上确有文殊其人,他出生于南印度。佛教经典中说他是释迦最优秀的弟子之一。文殊因对般若有极深的造诣而得到普遍的尊敬,人们把他看成智慧的化身。对于文殊的来历,有许多说法。有人说,他本来是佛,因帮助释迦佛教化众生,暂时显化菩萨身,当了佛的胁侍;也有人说,他是七佛之师,众佛的父母;还有的说,他是释迦佛的祖师。五台山寺庙群中,有各种各样的文殊塑像,常见的塑像是坐骑一只青狮,手持利剑,表示智慧勇猛和智慧锐利,其中以殊像寺巨像最为闻名。①

2. 道教神

太上老君   即"三清"尊神之一。三清是道教的最高神,包括玉清境元始天尊、上清境灵宝天尊、太清境道德天尊三位尊神。三清虽为道教最高神,但在民间影响并不大,比较有影响的是道德天尊。道德天尊又称"太上老君",是老子的化神。老子,姓李名聃,河南人,春秋末年著名的思想家。张道陵创立道教,尊老子为祖师爷,尊称"太上老君"。后因出现"一气化三清"之说,才由一神变为三神,"太上老君"屈居第三位。人们崇信"太上老君",是因为有用得着他的地方。人们生灾得病,往往求助于他。还因受《西游记》的影响,一些用炉火的行业如铸造业、铁匠、小炉匠尊其为行业祖师。②

玉皇大帝   是天的人格化身,总管天界的天帝,被人尊崇为"诸天之主""万天之尊",在"四御"即四位天帝(玉皇大帝、勾成大帝、北极大帝和后土皇地祇)中的职位最高,是众神之王。他统管着天上、人间、阴曹地府三界的事情,手下有许多神祇大将、真人、大仙和灵官等部属。如武将有托塔天王、哪吒太子、巨灵神、四大天王、二十八宿等,文神有太上老君、太白金星、文曲星等。另外还管辖着四海龙王、雷部诸神、地藏菩萨、十殿阎君等。各地均建有玉皇阁,专祀玉皇神。比如

---

① 陈秉荣:《保德民俗》,三晋出版社 2011 年版,第 489 页。
② 同上书,第 472—473 页。

原平镇西南 18 公里的玉皇峁①建玉皇阁，内供玉皇大帝，人称小灵霄殿，历史上是阳武河和永兴河流域祈雨祭天的主要道场；河曲护城楼玉皇阁；崞县史家岗玉皇阁等都供奉玉皇大帝，至今仍保存较好。

五道爷　又称"五道将军"，俗称"五道爷"，传说是东岳大帝的属神。民间认为他既是掌管世人生死荣禄的大神，又是地方社会治安的保护神。五道将军的形象是铠甲武士、黑脸长须或蓝脸赤发、怒目圆睁、气势威严、一手仗剑，一手直指街心，是颇具正义感的冥神。有的人说，五道将军是盗神柳下跖；也有的人说是五位强盗，分别叫杜平、李思、任安、孙立、耿彦正，老百姓惹不起他们，便祭祀他们。五道爷几乎遍及境内的每一个乡村。据说忻县部落镇有 72 座五道爷庙，五道爷庙大都规模不大，小的只用四块砖砌成。在部落镇还流传着关于五道爷庙的一段传说，在明朝嘉靖年间，部落镇只有 27 座五道爷庙、240 户村民。嘉靖十年，晋北地区出现灾荒，为了多领朝廷赈灾粮食，部落镇长官谎报部落村人数，说部落村共有 72 座五道爷庙、2400 户，受灾人数众多，为重灾区。为了应对朝廷派人检查，长官命令部落镇村民连夜赶建五道爷庙。由于数量巨多，就在墙上券洞建庙。民初部落镇五道爷庙共有 72 座，在村外和村中各个路口及村中人口密集的街道都有分布。小庙由当地百姓出钱筹建，除地主外每户出一元，剩下的费用由地主平摊，而大庙则主要由官方出资修建，村民出苦力。除了一座大庙以外，其他庙规模都不是特别大，建制也十分简单，没有庙门，只有一个简单的宽约 12 厘米的出檐。小庙一般是在土坯墙上挖一个高 1.5 米、宽 1 米、厚 20 厘米的神龛，龛内供着高约 0.5 米的五道神（没有侍从），塑像是镇上泥匠用泥塑的，做工毛糙，没有彩色涂染。村中唯一一座大型的五道爷庙建在村中心，庙所在的院子占地约 300 平方米，其中五道爷庙占地约 60 平方米，坐北朝南，进深 3 米、排间宽 4 米、高 3 米，共 3 间。庙主体采用木结构，天花由龙骨做成，上置木板，并在木板上绘有彩绘，屋顶为两面坡而屋面挑出到山墙之外的悬山顶，并有飞檐雕栏装饰。庙中供奉着五道爷及两位侍从，主神高约 2 米、宽 1.5 米，他威严地审视着前来祭拜

---

① 玉皇峁，毗连 1125 电视台，属吕梁山脉。地势险峻，海拔 1930 米，背靠云中山主峰，前临悬岩绝壁，峁上平缓，远眺若天台。

的民众。该神像由县城里有名的泥匠精心雕塑，并由当地最出名的油彩匠绘制。五道爷庙东西配有偏殿。这座五道爷庙平时是被紧锁的，只有在每年农历七月二十三，五道爷生日时才被打开，供人们祭拜，并且有大型的五道爷庙会。

东岳大帝　是东岳泰山之神，元时被加封为"东岳天齐大圣仁皇帝"。各地的东岳庙、天齐庙和岱岳殿供奉的就是这位尊神。《东岳大帝本纪》载："泰山乃天帝之孙，群灵之府，主掌人民贵贱尊卑之数；籍十八地狱，六案薄笈，七十六司生死修短之权。"民间传说他主管生死，是阎罗王的上司，是阴间诸鬼神中的最高神，十殿阎王、城隍爷、土地爷等都是他的属下，在民间产生极深远的影响。如忻县奇村镇杨胡岱岳殿供奉的就是东岳泰山神。崞县崞阳镇泰山庙因供奉东岳泰山神得名。

碧霞元君　又称"泰山娘娘"，传说是东岳大帝的女儿，父女都住在泰山上。泰山碧霞祠供奉的就是这位女神。道教赋予她的职责是统帅岳府神兵，遍察人间善恶。但民间似乎不买这位"女纠察队长"的账，却让她执掌生育保育事项，并把她尊为"送子娘娘"。民间的娘娘庙很多，供奉的娘娘也各不相同。《封神演义》中的三位娘娘，即云霄、琼霄、碧霄，此外还有痘神娘娘，但多数是这位送子娘娘。保德县庙梁村原有一座碧霞宫，是杨氏宗族的家庙，供奉的女神暗比其家族中的一位女性老家长。另有一说，碧霞元君原本是黄帝手下的一位仙女，后随西昆仑真人修行，得道后成为碧霞元君。但多数人认同东岳大帝女儿的说法。①

三官　也叫三元、三星，指天官、地官、水官三位天神的总称。三官信仰源于原始宗教对天、地、水的自然崇拜。三官的功能分别是天官赐福、地官赦罪、水官解厄。因其与人之祸福荣辱密切相关，故受到人们的广泛崇拜。各地三官庙供奉的就是这三位尊神。如河曲巡镇建有三官庙，每年农历四月十四演戏三天，朝拜者络绎不绝。关于三官的来历，《历代神仙通鉴》载，元始天尊分别在正月十五、七月十五、十月十五各吐出一个婴儿，这三子长大就是尧、舜、禹。此三人有创世之功，被封

---

① 陈秉荣：《林涛遗俗》，三晋出版社 2008 年版，第 303 页。

为三官大帝。因三官都生于十五日，故又称为"三元大帝"；另有人说，龙王的三个公主同时嫁给美丈夫陈子祷，各生一子，长大后被封为三官；还有人说，周幽王时有三位耿直的谏臣，名叫唐宏、葛雍和周武，死后尊为三官神。三官中以天官影响最大，由于他直接赐福于人，备受人们欢迎。每逢春节，人们把他或当"赐福财神"，或当"赐福门神"。

（二）自然神

1. 文昌帝君

本为星官名，包括六颗星，为文星，故又称为"文曲星"。俗认为文曲星掌管功名，主大贵，是吉星，被文人学子顶礼膜拜。各地的文昌阁、文昌宫、文昌祠中供的就是文昌帝君这位尊神。比如代县峨口楼街村的文昌祠，坐北向南，占地面积 1217 平方米，一进院落布局，中轴线上建有戏台和正殿，两侧为侧门。正殿石砌台基，基宽 9.2 米、深 7 米，面宽三间，进深四椽，单椽硬山顶，五檩前廊式构架，内塑文昌塑像。偏关"文昌庙，位于城内文昌庙街西端，明正统十四年创建，仅存正房五间，西房五间，均为硬山顶小木作结构"①。

2. 魁星

为二十八宿之一，是西方白虎七宿的头一宿。古时候，被人附会为主管文运之神，所谓"奎主文章"是也。各地的魁星楼、魁星阁中供的就是魁星。如位于保德县城西南 10 公里处的故城村就建有魁星阁，以此祭拜魁星。河曲魁星楼"在东门外二里许，乾隆四十七年建；一在东南城上，同治六年，知县金福增重修，有碑记"②。同样主要是祭拜魁星。

3. 山神

境内山区面积占到全区总面积的 53.5%，山川是人类赖以生存的重要条件，故山川大地备受尊拜，到处有山神，但各地的山神有异。如芦芽山山神是五寨县神路沟人，乳名小三子，为逃避做官，便隐居芦芽山，在山顶坐化，成为山神；崞山山神是蒙恬，蒙恬生前曾率军驻守崞山一带，守卫北部边疆，保人民安居乐业。胡亥登基后，赵高将其害死，葬于绥德城外大理河畔。崞山附近百姓为了怀念他，便尊他为崞山神。对

① 山西省偏关县志编纂委员会：《偏关县志》，山西经济出版社 1994 年版，第 571 页。
② 同治《河曲县志》卷三《庙宇》。

于一个县域来讲，所祀山神对象也不统一。比如静乐天柱山祀明惠王、桃子山祀昭润公、巾字山祀显应侯等。祭祀山神主要是祈求山神保佑人们上山劳作时免遭狼虫虎豹侵害，无灾无难。因为山神也管一些旱涝的事情，所以人们也顺便祈求风调雨顺，五谷丰登。祭山神的日期并不统一，有的在四月，有的在六月，还有的在十月。祭祀的主要形式是赶庙会，唱戏酬神。

4. 水神

山有山神，水有水神。水既能给人类赐福，也能给人类酿灾。"不论水有益于人类还是有害于人类，人类都敬畏它。又因为人类所接触到的、所直观的水，都离不开具体的江、河、湖、潭、泉、雨、雪、冰水及人工井水，于是水神崇拜也都分别与上述多种自然物密切相关。"[①] 在中国大地上几乎每一条江河，都有在这条江河上显灵的河神。黄河沿岸的河保偏一带的河神，有的说是二郎神，有的说是大禹，有的说是李冰，还有的说是李冰的第二个儿子，等等。沿河的城镇村庄大都建有河神庙，供祀河神。人们去庙敬祀，乞求河神不要发怒，不要让河水泛滥，保佑行船和人们在河中游玩平安，并赐予人们灌溉之利。沿河村民多有祭祀活动，船家在行船前先祭河神。汾河发源于宁武县，在定河村建有汾神庙。相传黄帝的四世孙台骀因治汾有功，受到广大人民的拥护和爱戴，因此帝颛顼特意褒奖他，将他封之于汾河川。台骀成为华夏民族有史以来第一位因治水有功而受封的专职水官。汾河上游的宁武和静乐一带的水神就是台骀。《左传·昭元年》载："昔金天氏有裔子曰昧，为玄冥师，生允格、台骀。台骀能业其官，宣（渲）汾洮，障大泽，以处太原，帝用嘉之；封诸汾川，沈、姒、蓐、黄，世守其祀……由是观之，则台骀，汾神也。"清康熙三十九年（1700）《静乐县志》载："天有五行，水为之长，水之为用大矣哉！……故自五帝以来有水官掌之。少昊之裔孙昧为玄冥师，玄冥乃所谓水官也。昧为之长，昧之子台骀。台骀能嗣其官业，渲汾洮，障大泽，以处太原。颛顼嘉其功，乃封之汾川。"明清时代的《山西通志》载："金天氏有裔子曰昧，为玄冥师，生台骀。"可见，因治水有功而被封诸汾川的治水大师台骀是黄帝的四世孙。如依《静乐

---

① 乌丙安：《中国民间信仰》，长春出版社 2014 年版，第 35 页。

县志》所载，台骀为黄帝的五世孙。民众心中的水神皆是因治水有功的名人被圣化了的产物。民间祭祀河神的最主要方式就是举办河灯盛会与灯游会。如河曲的河神庙，位于县城西门外，清乾隆十六年建造，临黄河建有古戏台，每年农历七月十五举行祭禹活动和规模较大的河灯盛会，届时僧人诵经，鼓乐吹奏，夜间用装点一新的木船将 365 盏河灯放在河中，景致十分壮观；偏关沿黄河一带的天峰坪、关河口、黑豆埝、梨园、小偏头等村以及城关、老营、窑头、大石洼等村元宵节举办"灯游会"祭河神，尤以小偏头村十年一度的"九曲黄河灯游会"为最；定襄滹沱河流域的河边村每年元宵节举办九曲灯会；繁峙滹沱河流域的东山底、中庄寨、果园、小柏峪等村，每年元宵节之夜或二月二点"黄河灯"，黄河灯用柴草扎把，上罩灯碗，按等谱连接，把 365 盏黄河灯布成方阵，留有进出口，称"九曲黄河阵"，灯点燃后，观灯者循路布阵而入，看谁进得去出得来，俗称"转九曲"。不同流域的民众信奉不同的水神，在水神崇拜逐渐与龙王崇拜复合后，就向偶像化发展了。[①]

（三）人物神

1. 孔子

在众多圣贤先哲中，影响最久远的首数孔子。孔子被人们视为类似神的圣人、顶礼膜拜的偶像。除了在文庙供奉了孔圣人，文昌庙也供孔子。如五台东冶的文昌庙里供奉着大成至圣的先师孔子。

2. 关云长

"武圣人"关羽，关羽作为神，被称为关帝、关公、关老爷。由于忻州地区与北方游牧民族交往频繁，受其文化影响较深，境内民众"人尚戎马，从军者众"[②]。民众像士兵崇拜战神一样崇拜关帝。"况关圣帝君，威神远镇，国家赖以永安；圣德灵应，万民藉以庇福。"[③] 关帝不仅是武神，也是一方保护神，同时也是民众心目中的财神。财神有文财神、武财神、五路财神，境内居民和商家历来崇奉的主要是文财神（当然武财神关公也在崇奉之列），各地关帝庙、老爷庙、武庙都是祭祀关公的庙

---

① 乌丙安：《中国民间信仰》，长春出版社 2014 年版，第 38 页。

② 转引自刘丽、韩向明《山西南中北风俗与区域性差异》，《晋阳学刊》2000 年第 3 期。

③ 《重修八柳树堡关帝庙碑记》，乾隆五十年，现存于偏关县八柳树关帝庙内。

宇，在各类庙宇中位居第一。代县的武庙规模宏大，壁画精美，在境内众多关帝庙中首屈一指；民间有一种说法，关公在繁峙做过好事，人们世代忘不了他，他的庙在繁峙所有寺庙中所占比例也是最大。《繁峙县志》载，繁峙寺庙共203座，其中关帝庙宇就有26座。①

关羽祖籍河东解州地，与代州同属三晋故地。东汉末年，群雄奋起。刘、关、张桃园三结义后，立志报国，因张飞"鞭打督邮"之后，刘、关、张三雄"同投代州"。"同投代州"一事在陈寿著的《三国志》中有翔实记载。时任代州太守刘徽亦和刘备同为皇室宗亲，故三雄在代州久居年余。三雄离开代州时，关羽在代县古城西北街的一个十字路口中间和众人告别，关羽是山西人，自然和同属山西的代州人感情笃厚，当转身上马离开之时，关羽眼望邑人泪眼迷离，感叹前路，壮志难酬，忽然怒发冲天，勒马长啸，穿古城西街出北门直奔雁门关而去。

3. 孙思邈

每个人都可能生病求医吃药，人们感谢医药的发明者和历代名医，并把他们视为神明，于是在各地出现了药王庙。如偏关的药王庙位于城南（今南关小学）。被人们称为药王的有三皇、扁鹊、华佗、张仲景、王叔和、孙思邈、高元帅、韦慈藏和李时珍等，忻州境内普遍尊奉的药王是孙思邈。孙思邈是唐代著名的医学家，因为他医技高超，被后人尊奉为医药行的祖师、神仙。在三皇庙里，他是一个配角，但在药王庙里，他坐在殿堂的正中，赤面慈颜、五绺长须、方巾红袍、彩带广袖、仪态庄重朴实。两边有书童侍立，一个捧药钵，一个托药包。清末民初，河曲、保德和偏关等县走西口挖甘草的人很多，甘草是调和百药之王，所以挖甘草的人特别重视祭祀药王。据说农历四月二十八日是药王爷圣诞日，此日要烧香磕头，停止挖掘，直至立秋以后才恢复挖掘。

4. 蔡伦

造纸是中国古代四大发明之一。传说第一张纸是东汉宦官蔡伦制造出来的，所以民间造纸行业尊奉蔡伦为祖师爷，每逢农历三月十六日，

---

① 繁峙县地方志编纂委员会：《繁峙县志》，今日中国出版社1995年版，第388—396页。

要给他烧香、摆供、过寿诞。特别是定襄的蒋村、崞县的上吉村和下王村、河曲的坪泉村、五台的建安村，以及保德的杨家湾、桥头、东关等村，造纸业十分发达，故每年的祭祀活动非常隆重。

5. 鲁班

又叫公输班，因是春秋时代的鲁国人，故称鲁班。鲁班是中国古代的一位农工巧匠，有高超的技艺。民间木、石、泥瓦等行业将其尊为行业的保护神，并把农历六月十六日定为"鲁班节"，届时要烧香、摆供、鸣炮，祭祀鲁班。境内各县均有各种匠艺人员。如前文提到的五台蒋坊的瓦匠、五级的木匠、虎汉的铁匠、龙王堂的泥匠、唐家湾的毡匠、南茹的塑匠、槐荫的毛口袋匠、大王的编箩筐簸箕匠、安家村的蓆匠、大建安的石板匠、东建安的草纸匠、瑶池的钉盘碗匠、东冶的纸匠、台怀的铜匠等，繁峙县城的锄钩匠、砂河的镰刀匠、大营的锄刃匠等，皆以鲁班为祖师爷，定期进行祭拜。

（四）俗神

1. 城隍爷

保护城池的神仙，住在城隍庙里。一般城隍庙里的城隍爷，都是泥塑的身子，穿戴普通。但偏关老营堡里的城隍爷，却是用上等的紫檀木雕成，身上穿着官服，头戴王帽，四肢还能灵活转动。相传，南宋时，高宗皇帝北巡来到塞外。有一天，他的行踪被敌军发现，大批敌军尾随而来。高宗一行跑得人困马乏，眼看就被敌军追上，当他来到老营堡附近的红河边时，已经彻底绝望的高宗忽然看到一位骑马的人飞速赶到他的身旁，一边高喊，万岁别慌，臣来救驾，一边一把将高宗皇帝拉上马，连人带马，飞过红河，摆脱了敌兵的追赶。后来高宗才知道他的救命恩人是老营堡的城隍爷，为了表彰城隍爷救驾有功，万岁爷特地下了一道圣旨，封老营堡的城隍为"灵验侯"，地方官员立即将老营堡城隍庙的城隍爷里里外外换个一新。每年的寒食节、七月十五、十月一这三天，人们抬着城隍塑像上街巡游（也叫"出府"），俨然是一位古代官员出门调研，了解社情的场景。城隍作为一种被人格化了的神，不仅仅被民间信奉为鬼的世界中的一位地方官，而且这种信仰有实际的行动，由帝国官员自己做仪式来对异端加以恐吓，甚至还会搜查。每年的"出府"除此之外，还是一种驱逐，为的是肃清本地域的妖魔鬼怪。而各种装扮的人物，往往也是城隍庙会期间受敬拜的人物。①

　　2. 龙王爷

　　清末民初，几乎村村都有龙王庙，把龙王看成是行雨之神，借助"神天老龙王"的庇护，祈求降雨，施惠万民。比如，从明清以来，偏关民间大修龙王庙，塑像供神、上香叩拜、唱旱戏、拜旱香，抬龙王神像出马祈雨等。当时全县近200个村庄，村村建有大小不等的龙王庙。每遇"干旱不雨，禾苗枯萎"的季节，就在龙王庙前的古戏台许愿唱旱戏，故有"白龙殿②一过会就下雨"的说法，城周围的村民就到白龙殿祷告祈雨。白龙殿祈雨时，先由会首组织人马上庙抽签卜定三人至四人为"水善愚"。所谓善愚，就是在祈雨仪式中，以自残方式乞求龙王降雨的人。"善"是指他们一心为民，"愚"则是指他们愚昧顽固。③　然后"水善愚"带几个随从，怀揣几斤红枣和一个水瓶，大伏天到芦芽山佛祖前跪香拜水，口中念念有词："上上三炷香，敬上一份表，跪拜神龙王，听我诉衷肠。可怜旱民受苦难，身负重刑赎祸殃。善愚我犯天条啊！才遭这旱天长。我求天神爷啊，开恩把雨降。"其间，饿了吃几颗红枣，渴了喝一杯清水。一直跪拜到水瓶里有了水，才算祈下了雨。水善愚和随从立即下山，昼夜兼程返回白龙殿，将水瓶供在佛前，再次敬香祈祷。最后选定吉日，组织几十人的祈雨队伍抬着"龙王"，扛着黄罗伞，手持金瓜、钺斧、朝天凳、大刀、长矛等木制器具，敲锣打鼓，吹奏乐曲，游行示威，到附近村庄周游祈雨。出马祈雨时，共有六人至八人做"善愚"。每个善愚赤身露体，头戴柳圈，光着脚丫，戴着用三口铡草刀制成的旧时为犯人用的榆木大枷，甚至在臂膀上用香火烫出二十四个疤痕，上面再刺入十二把利刃小刀，走村串乡出马游水。届时各村推举擅长言辞的二人到三人为"叫雨人"，每到一村就以隆重的仪式接水。两村的叫雨人各占一边，以一唱一和的形式，呼老天普降甘霖救万民。如甲唱："南山有个帽帽云，看的看的往上阴。"乙和："雨儿下得麻淋淋。"接水完毕，各村用

────────────

　　①　［英］王斯福：《帝国的隐喻：中国民间宗教》，赵旭东译，江苏人民出版社2009年版，第85、88页。

　　②　白龙殿位于偏关县城东北六里处的东山湾。

　　③　苑利：《华北地区祈雨仪式中的男性社会组织》，《西北民族研究》2003年第3期。

豆汤捞饭招待来者。在出马游水期间只有下了雨，水善愚才能将水瓶送回芦芽山青龙池，祈雨结束；宁武三岔一带有四十八个半村（包括崞县管辖的个别村子）盛大祈雨活动。当地有一种传说，三岔村人是芦芽山太子殿佛祖爷的外甥，所以三岔村祈雨要徒步去相距一百六十多里外的芦芽山太子殿。山高路远，行走艰难，穿林海，跨沟涧，闻虎啸，忍饥饿，往返需半月左右。

　　祈雨活动的组织者称"大禅雨"，由三岔村德高望重者担任，大禅雨麾下有小禅雨多名，军牢十二人，还有管财务的人员。以三岔村为中心的四十八个半村，分工不同，各有侧重。西关村负责向县衙禀报有关事宜；窑子坪村人负责吹大号，凡路过村庄均吹号，警示妇女和穿孝服的人回避；马窑村人负责在大禅雨胳膊上燃香。定下祈雨队伍起程的日子后，大禅雨便搬到大乘寺（村中寺庙）住宿，洗澡、敬神，晚上念经。七天不吃干饭，白天只喝稀饭和泡红枣的糖水，每碗糖水泡七个红枣。四十八个半村派人提前在三岔村集中听候安排。出发之日，大禅雨赤脚，不穿上衣，怀揣盛雨的瓷瓶。小禅雨肩扛切草刀，跟随在后，甚是吓人。口中反复念着"干崩崩、干崩崩、旱坏了，佛祖爷、佛祖爷、救命呀"。十二名军牢戴着红黑大帽，人手一根从大河堡村砍回的柳木棒，分列左右，负责一路安全工作。祈雨队伍离开三岔村，经过的第一个村子是暖水湾，之后依次是丁家梁、染峪、大河堡，逆恢河而上到分水岭，然后从分水岭顺路而下达到东寨，随后转西，开始在林间小路上穿行，抵达马仑村，马仑村住宿后，大小禅雨及随行人员都要洗澡沐浴，从马仑村出发再入林海到马仑草原。从马仑草原翻下沟，然后爬上坡，便到了芦芽山半山腰，继续攀援，最后达到2736米高的芦芽山主峰上的太子殿。太子殿两侧有一副对联，上联为"霞慈雨于中间"，下联为"性法雨于边方"。先由大禅雨领头烧香、磕头、拜奠，接着大禅雨盘坐在殿里，念念有词。水瓶在大禅雨头上顶着，接上面的滴水，要求既不能满也不能浅，因为水接得满预示要遭水灾，太浅则解除不了旱情。如果水滴得太慢，还要在山上过夜。太子殿的活动结束后，祈雨队伍便开始返程。而类似鸡毛信的水牌早一步往回传送。红布包着的水瓶则由大禅雨怀抱着下山，快到县城时，改为轿夫抬。在十二名军牢护卫下，轿夫抬着水瓶进到县城，知县要率县衙官吏毕恭毕敬迎接。各商铺门前还要挂红布，掌柜们争着往娇子上披红布。事后，轿子上的红布归大禅雨支配，大禅雨论功行赏，分给众人做了袄子。祈雨队伍回到村子后，在寺里要烧香摆供敬神，水瓶被请到庙里的龙王堂供奉着。

祈雨成功后，即便是下了一场小雨，村里也要在寺院里唱三天谢雨戏，所需花费由四十八个半村按牛犋摊派。唱罢戏，水瓶再由大禅雨送回芦芽山太子殿。庄重的活动，朴素的感情，反映了人们渴望丰收，期盼美好生活的愿望；保德，几乎村村都有座龙王庙，庙堂规模并不很大，但分布却十分广泛。县城东关的"六月六"，其实就是龙王庙会，每年赶会的人很多，届时青年男女穿戴一新，故有"六月六，亮行头"之说，又因此时新瓜鲜肉上市，家家尝鲜，又有"六月六，葫芦包子鲜羊肉"的谚语；现在原平的七月二十二，实际上就是崞县原平古镇的七月二十二龙王庙会；河曲的农村，尤其是远离县城的村落大都建有小型龙王庙，以求龙王降雨润苗。春旱时人们在龙王庙求雨，秋天丰收的时节，很多大村庄还要在龙王庙前搭台唱戏，欢庆丰收；偏关西沟村的龙王庙，与白衣殿隔河相望，建于清代，主供老龙王。每年农历五月二十五由乡村举办庙会，敬香上供，祈祷降雨，演戏三天。若久旱不雨，还要抬老龙王像出马游行祈雨。

3. 财神爷

在诸神中，要么是善神，要么是恶神，但有一特例，即财神集善恶于一身。财神是各阶层最普遍的信仰对象，这种普遍的信仰造就了众多的财神形象。在山西，最主要的财神是赵公元帅，在乡民心目中赵公元帅赵公明有着至高无上的地位。但赵公明在晋代却是专管勾摄人命的冥神。隋唐时期，演变为瘟神，专管在秋季向人间降灾。到元明间，开始由人见人怕的恶神变为保境护民的善神，赵公明手中开始有了财权。明代神魔小说《封神演义》的广泛传播使赵公明作为财神在民间受到广泛的敬奉。财神由死神、瘟神、恶神来充当，反映了乡民对金钱财富又爱又恨、又想又怕的矛盾心理。这种畸形心理，也就赋予了财神的两面性，一方面要保佑人们发财，另一方面却又在祸害百姓。除赵公明外，其他民间供奉的财神如五路神、五盗将军等也是由恶神演变而来。乡民最信奉的财神赵公明在执掌财神大权的同时，他的瘟神形象并未消失。民间财神的形象，实在有点滑稽。清末民初，乡村中有不少财神庙，各地都有特定的庙会，定期唱戏酬神。而比较普遍的家庭祭祀，则是过了腊月二十三，家家户户都要请"财神"。最初是买一份"财神马"，后来就是买这类题材的年画。祭财神在除夕夜进行，神案设在家庭的堂屋正中，上置香烛供器，供品有面塑"枣山"，还有"隔年饭"，表示年年有余。有的还要放几个纸元宝。民间认为财神是商业的祖师爷，所以商号开张时，同人往往以财神中堂相赠为贺，俗称"财神爷增子"或"神案"。近年，随着个体经营的增多，供财神的越来越多。每逢腊月，一些小商贩持财神纸像，挨家挨户"送财神"，凡到一家，便呼送财神来了。人们为了讨吉利，就出钱买一张，刚买一张后又有一个"送财神"的到来，若不想买，便应说"已经请回来了"，不说"买"字。

（五）行业神

许多行会还借庙会祭祀自己的职业神，如铁匠行祭祀"太上老君"、铸造行祭祀"炉神圣母"、纸行供奉蔡伦、盐行供奉"盐花娘娘"。至于专门为敬神而举办的庙会、如关帝庙会、财神庙会、娘娘庙会、药王庙会，其祭祀目的就更为明显了。

无论宗教神和自然神，还是人物神和俗神，皆是民众心中敬拜的偶像。各路神明由于其功能各异，因此可以满足民众各方面的需求，而且被民众赋予无限的神力，可以解救苦难中的民众，所以民众认为敬奉的神灵愈多，获得神灵庇护的可能性就愈大，生存的危险性就愈小，众神灵聚居在一个或几个庙宇内，则是民众的一种现实考虑。可见，庙会祭祀的神灵往往不是单一的，而多数是众神明同拜。比如说，五台阳白四月十五庙会，寺庙里既有关公像又有菩萨像；东冶三月初八的庙会，寺庙里既有玉皇大帝的像，也有龙王的像；化隆岗村六月二十四的庙会，供奉玉皇大帝、观音菩萨和弥勒佛；而南神垴五月二十的奶奶庙会，正东是奶奶的雕像，两侧则是观音庙和龙王庙。大部分庙会建筑都是佛庙与道观的结合，境内民众并无单一信仰，都是见神拜神，见佛拜佛。

庙会诸神信仰源于民众世俗功利的信仰动机。正如葛兆光所言："不必追问他们信仰哪个宗教。因为对于中国的平民尤其是乡村的平民来说，他往往没有在组织上加入某一个宗教，也没有在理念上坚定地认同某一个宗教，因为他没有信仰一个排他性宗教的必要。"① 只有为不同需求拜不同神的必要。庙会信仰的诸神，在很大程度上可以理解为是民众造神的结果，确切地说是民众对生命危机和生活失衡所作出的回应，与地域社会紧密相连。

二　各路神明分不清

（一）神像摆放

多神明偶像成为晋北寺庙设置的一大特色。但寺庙神像布置并不是杂乱无章的，而是遵循一定的章法。由于各路神明来历、法力和功能不同，尤其是在一定区域空间中的位置的差异性，可将各地寺庙中众多的神明分为主神、陪祭神和侍神三大类。主神一般位于神殿正中的上首，大型的寺庙常用"正殿"作为主神的栖身之所。陪祭神位于神殿两侧的上首，大型寺庙中常设"偏殿"作为陪祭神的栖身之所。侍神的位置通常是立在主神的两侧。一般寺庙皆有一位主神。如静乐桃子山大郎庙的主神为"大郎爷"。"大郎爷"究竟为何人、何神？大致有以下三种观点：

第一种观点，大郎爷是春秋晋国名臣介子推。光绪二十九年（1903）《桃子山重修碑志》②记载"先辈建庙于此，名曰：大郎庙……诸神灵感吾不能述，惟大郎尊神，系晋相，介子推也。割肉以续军粮，忠心事主，隐绵山而不出，被火焚身。故封潮润公以为神号。施雨泽，孚佑下民，有求必应无祷不灵"。这是一种传统的说法。不过据访谈调查来看，赤泥洼桃子山附近几村的年长者也一致认为大郎爷就是介子推。

第二种观点，大郎爷是上古黄帝第五世孙（也即张氏三世祖）、华夏治水第一人台骀。《宁武旧志集成》载："少昊之裔孙昧为玄冥师，玄冥乃所谓水官也，而昧为之长，昧之子台骀。台骀能嗣其官业，宣汾、洮，障大泽，以处太原，颛顼嘉其功，乃封之汾川……'台骀，汾神也。'"③经考证，黄帝生少昊，少昊生挥，挥生昧，昧生台骀。台骀系黄帝第五代孙，亦是张氏始祖张挥之孙，张氏三世祖。台骀是四千年前的水官，

---

① 葛兆光：《认识中国民间信仰的真实图景》，《寻根》1996 年第 5 期。
② 《桃子山重修碑志》，光绪二十九年，此碑现存于静乐县桃子山大郎庙。
③ 山西省宁武县地方史志编纂委员会：《宁武旧志集成》，巴蜀书社 2010 年版，第 312 页。

他的功绩惠泽汾河流域广大地区。为纪念台骀治水功绩，山西境内就建有台骀祠庙六处。

第三种观点，大郎爷为战国时蜀郡太守李冰。这种观点的根据是：

1. 李冰死后也被封为水神，享受祭祀。而且和台骀一样，与大郎庙"灵济泉"之神被封为"昭润公"、"潮润公"的封号比较相称。

2. 山西霍州水神庙把水神李冰称作"大郎爷"，把供奉水神李冰的庙宇称作"大郎殿"，而且全国其他地方特别是四川成都一带的水神庙，供的全是李冰，且全部称作大郎爷和大郎殿。

3. 李冰是山西解州人，生前主持都江堰修建工程，后世把李冰作为水神供奉，特别是在山西本地和四川更是如此。桃子山大郎庙把李冰作为水神供奉合乎情理。

这三种观点究竟哪一种观念更具有科学性，仍需进一步的探讨。大郎庙另外四位重要神灵为后土娘娘与三霄圣母。她们都作为陪祭神被供奉在娘娘庙中。后土是道教神名，全称为"承天效法厚德光大后土皇地地祇"，亦名"承天效法土皇地祇"，这位掌阴阳生育、万物之美与大地山河之秀的女神，是道教尊神"四御"中的第四位天帝。中国自古就有"皇天后土"的说法，可见主宰大地山川的后土是相对于主宰天界的玉皇大帝，是尊贵的大神。人们俗称其为"地母娘娘"。三霄圣母为神话传说中的云霄、碧霄、琼霄三姐妹，她们入驻大郎庙的主要职责也是为人间送子，这几位神灵在大郎庙的地位很高，其神殿地基比大郎庙主殿——大郎殿还高一些，并独立并峙于大郎殿之外。和大郎庙主神一样，有关她们神奇灵验的传说，历代层出不穷，经久不衰。

大郎爷左右两边还有六位神灵，即侍神。据说他们从左到右依次是东岳大帝、雨师、狐偃、五海龙王、巾字山爷和李天王。另外还有文昌帝君、送子观音、伽蓝菩萨、土地爷等。寺院中央有棵巨大的"天树"，上面也供奉一尊神像，但不知为何神。这些神灵都与民众生活息息相关，都是老百姓诸如子孙兴旺、风调雨顺、消灾祛病、幸福安康等愿望的供给神或保护神。每年农历六月十八是大郎庙的传统古会，届时，香客熙熙，信徒攘攘，寺院香烟缭绕，云遮雾罩，山间鸟语花香，紫气升腾，整个桃子山人山人海，笑声歌声响彻山谷，红男绿女挤满山道，红火热闹难以言表。

庙会祭祀主、辅神灵的区分是现实社会等级不平等在神灵世界的体现。庙会祭祀的神灵，一方面使民众的精神得到慰藉，另一方面也是地域社会的特殊表征。

（二）众神供奉

三教杂糅是忻州庙会祭祀的重要特征之一。如定襄河边镇白佛堂每年农历的四月初八庙会，会期三天，由继成村举办。白佛堂敬供的神灵有佛家的如来佛祖、文殊菩萨、观音菩萨等；道家的东配龙宫殿，内供龙母、大龙王、二龙王、三龙王、四龙王、五龙王、风神、雨神、雷公神等13尊木雕神像，每逢久旱无雨之时，这些神像多被山下诸村请出祈雨；儒教的东配殿北侧有关帝庙，内供关帝圣像，侍立关平、周仓，殿内有《三国演义》连环壁画28幅，均沥粉贴金。由此进入一个大溶洞，洞深处四壁有泉水，甘之如饴，洞口供石雕文殊像。不知道白佛堂的僧道是如何相处的，抑或是僧盛则道衰，或者是道盛则僧衰。

为什么白佛堂会成为三教合一的寺庙？此问题可从白佛堂的历史演变和人文底蕴来分析。五代十国时期，全国各地佛教盛行，忻州境内也建了许多寺院，塑了许多神像。白佛堂受其影响，主体建筑围绕"佛"教而建，庙内供奉的自然都是佛祖菩萨等；宋徽宗时，由于崇尚道教，本人自称"道君皇帝"，于是道教在全国盛行。白佛堂也受到影响，在佛殿东侧建起了龙王庙，道教神偶遂出现在白佛堂。同时，白佛堂自身所蕴含的人文底蕴也是其重要原因。白佛堂住持长老对佛道儒三教认识肤浅，不懂得佛教是对九法界众生至善圆满的教育，把佛与虚幻的神学等同起来。甚至迷信佛是可以主宰万物生灵命运和天地宇宙存亡的神灵，与道教供奉的神仙一样，反正都是神，可以同供一堂，没必要区分佛道儒三教。还有一个原因，清顺治六年，清军攻陷曹家寨。白佛堂僧人同民军一道抵抗清军的攻击，但被清军捕捉戮杀，从此白佛堂便没有了和尚住寺。康熙年间，道士陈颖才到白佛堂落脚，道教神像从此在白佛堂雕塑起来。西殿将观音菩萨、笑婆婆、送子奶奶塑在一起，成了佛道两教合一的大家族。白佛堂形成了佛道儒三教合一的奇特格局。

清末民初，白佛堂香火鼎盛，游人络绎不绝，朝神拜佛，祈子求福。

"四月初八日设立香纸开光大会，至日善男信女，牛香致祭，……"①，赶会人来自五台县的居多。他们传统最信服如来佛祖（老佛爷）。定襄多是河边镇附近的芳兰、李家庄、继成等村的村民。继成村距寺庙路途较远，很多人在正会的前一天晚上就开始了上山行动，由于平时无人到寺庙，一般也无路去，继成村民前一天就组织一些人在草丛中割出一条上山之路，且道路狭窄旁边又是悬崖，但仍阻挡不了人们对白佛石殿虔诚之心。

此庙会的人数、规模远多于和大于七岩山庙会。难怪古人留下这样的赞美诗句②：

踏破云山翠几重，须穿石径入仙峰。
回崖断处青林绕，晓日升时碧草浓。
扫却尘心闻唤鸟，徘徊古寺觅苍松。
换鹅踟蹰人何在，石洞清幽宿露封。

前往白佛堂赶会的各界人士，有的第一天晚上就到庙堂住休，次日早四点在山间羊肠小道上的人就川流不息了，上有八十几岁老人、下有十几岁小孩，尽管山陡路窄但丝毫挡不住人们供敬山神的信念，在庙前许下各种各样的心愿，也有去年许的愿今年给大佛做好黄彩还愿的等。

白佛堂有一尊神像是"送子娘娘"，好多妇女在这里求子嗣，烧香磕头毕，将送子娘娘抱的男孩子的小鸡鸡上抠一点土，回去用水喝下去，据说这样可以生男孩。求子的人多了，这个男孩的小鸡鸡处成了一个大坑，庙会过去，寺院自然会重新修复。祈子信仰已逐步成为一种非物质文化遗产，成为中华传统文化的一部分。但中国传统的生育观无论是积极还是消极的都在支配着中国人的生育意识，尤其是占中国人口主要部分的农村人口。因此，非常有必要对中国传统的生育观进行认真的梳理、反思、扬弃。

总之，众神灵都是民众祭祀的对象，庙会祭祀成为民众一年中经常性的行为。如崞县"四月一日，城关迎请各乡龙王圣母等神，祀于龙王

① 《补修白佛堂碑记》，道光八年，此碑现存于定襄白佛堂。
② （清）钟一诚：《白佛堂》。作者是江西定南县人，清乾隆初进士，任定襄县知县。

宫，以祈雨泽，秋后送各神还。初八日，各村多演戏迎神以祈年，亦有合数十村村众妆演故事者，仿角抵戏云。……（六月）十三日，城关迎神报社，扮抬阁妆伞，城关各演戏三日……（七月）初五日，祭崞山神。祭毕请神，报赛者七村，是月各村报赛者几无虚日"①；神池"五月五日……城隍庙、龙王庙各献女戏三天，商贾云集，少长咸至，男女看戏者车以百辆计。六月六爆帙衣服，即贫寒亦晒布絮。初八日，龙泉寺会，二十四日，清泉寺会，男女赴会者车亦百数辆"。② 有文人看到这种盛大场面，按捺不住内心的激动，将这种盛况记于笔端，"纷纷杂剧出东郊，迎得春来豆谷抛。着意寻春春不见，东风吹上柳枝梢"③，可见庙会祭祀更主要的是满足了民众的表达性需要。

第二节　庙会祭祀的方式

庙会祭祀是人神交流的特殊方式。从祭祀的行为主体来看，有民祭、官祭、御祭；从祭祀的时间来看，有节日祭、神诞祭；从祭祀的空间来看，有寺庙祭、神棚祭等。

一　民祭与官祭

（一）民祭

1. 民众是庙会祭祀的主体

无论大小庙会百姓都是最大的祭祀群体，他们生活在社会的底层，所遇到的生活困难也就更多，经常处于无助、无奈的状态。现实生活的窘态迫使他们从民间信仰中寻求解救的力量，崇拜具有超自然力量的神灵也就成为百姓的生活选择。每当庙会举办之日，也是百姓最为兴奋之时，他们把庙会当作一年中的盛会，嫁到外地的女儿，也会早早带着全家人回娘家，庙会上必到寺庙祭祀，祈祷神灵庇护。

比如每年农历六月十八日为静乐桃子山传统庙会日。几乎每一个赶

---

① 光绪《崞县志》卷一《风俗》。
② 光绪《神池县志》卷九《风俗》。
③ 光绪《神池县志》卷十《艺文》。

会的民众都把朝山进香、许愿祝福、求子求孙，企盼风调雨顺、五谷丰登等美好愿望寄托在桃子山的一砖一瓦、一草一木之上，并与大郎庙千百年来神奇灵验的故事结合在一起，形成了一种割舍不掉的神灵情结。且把这里当作精神寄托之处、心理慰藉之所、笃信皇天后土之地。

上香祈愿、还愿，是民众在庙会上不可缺少的一项重要活动。前来上香的不仅仅是本县乡民，还有邻县的娄烦、古交、忻县、阳曲、太原、榆次、交城等地的善男信女，每年农历六月十八都会接踵前来祈祷，有的求子，有的祈福，有的还愿等，他们还在一块红布上面写上一些吉祥的话语，挂在神树上，以求神灵庇佑。这些祈祷之人不光祈愿，还不忘回报神灵的庇佑之恩，纷纷解囊为寺庙重建捐款。而庙会的传说，也促使民众积极完善这一举动。据松沟村被访老人巩海桃讲，寺庙始建是受神灵点化的，寺庙的初址不是在桃子山脚下，而是在山前半山腰一名神盘的峁上，当时人们白天搭建好庙宇，可夜间就莫名其妙地倒塌了，且一连数日屡建屡塌，人们认为这是神灵在显应，不让寺庙建在坦露招风之地，村中的聪慧之人便想办法将寺庙建造之瓦驮于羊背上，并祈祷神灵让羊来指示，孰料神奇出现，那羊径直将瓦块驮于现在大郎庙所建处就不走了，于是人们在当地修建了大郎庙，一直至今。由于社会普遍贫困，寺庙在建造过程中因资金不足曾多次中断过，而每当此时半山青崖处就莫名其妙地伸出了许多蛇头，人们便认为这是神灵在显应，于是节衣缩食，积极奉捐建筑材料，募化四方，直至全部建成，神喜人悦。① 寺庙在修建过程中就不断地显灵，庇佑民众。据羊丈村老辈相传，有一个工匠在上梁钉木时不慎将斧头脱落，锋利的斧刀重重砍在了下面的一个工匠脸上，当时人们以为出人命了，孰料那人脸上只破了一点表皮，没过半日便痊愈了。②

据传，神灵也多次惩罚过不恭敬之人。寺庙是庄严神圣恭敬肃仰的场所，不许有半点对神灵的恶语嗔言和不恭行为。当地有一种传说，庙会期间有戏子不明神理，唱戏中途停止演唱，并对神灵说了些不恭的话，神灵便马上显灵，那个戏子顿时腹痛如针刺，最后在神佛面前祷告忏悔

---

① 巩海桃，79岁，静乐县松沟村人，2015年1月31日采访记录。
② 同上。

后才安然无恙。像这样显灵的传说比比皆是，使得民众在处事时小心翼翼，毕恭毕敬，不敢有半点违规之事。神灵多次显灵坚定了人们建祠的信心，同时也促使民众积极地参与庙会。

2. 民众是庙会经济活动的重要参与者

据被访者上双井老人高玉祥讲："听我们大人（家长）说，到了六月十八（庙会），庙里可热闹哩，县官会亲自主持祀典，还有戏班唱戏，周围十里八村邻众、各种（界）人士、商家等都纷纷前来，像娄烦、古交、阳曲、榆次、祁县的人等等全来。庙宇附近的村民会把自家的驴、羊、牛等牲口以及自家生产的一些农产品、水果等物品来庙会上交易，以贴补家用；平时村里卖货的，还有一些邻县的商人会把东西拉到庙上卖。庙会上有卖艺的，有卖衣裳和布匹的，有卖各种生活用品和农用工具的，还有临时饭店等等，甚（什么）也有。我们这些小孩孩们会拿到一些零花钱，在庙会上逛来逛去买一些吃的、耍的；大人们会趁机买些生产和生活的必需品，也会适当地买些吃喝，招待客人，反正那会可红火了。"①琳琅满目的各种货物，悦耳动听的各种叫卖声，刺激着乡民们的消费欲望，加之庙会期间出售的各种商品比平时便宜，而且摆在乡民门口，对于整日在地里劳作的人来说，无疑是一次难得的购物机会。庙会上的经济活动，一定程度上可以理解为是祭祀行为的延伸。祭神是众多百姓的精神需求，庙会祭神聚拢着有同样需求的民众，形成特定时空中的人流。伴随着人流而来的必定是物流，使民众在祭神之余，自然会参加到商品的交易中。

3. 民众也是庙会娱乐活动的积极行动者

庙会娱乐实为祭神的特殊方式，它首先是以酬神、悦神为目的的。如大郎庙会中，唱戏是民众的重要娱乐方式之一，剧目主要有《三娘教子》《打金枝》等，深受民众的喜爱。除此之外，说快板也是人们的一种娱乐方式。松沟村巩海桃老人回忆："那时候我们还小，也就是上高小吧，一到赶会，学校老师就带上几外（几个）学生孩到庙上，在唱戏前，先让我们上台子上发（说）快板，将开始（刚开始）哇，还觉见（觉得）害羞了，后头也就不怕哩。"说到兴头上，老人便念了两段快板：

---

①　高玉祥，83岁，静乐县上双井村人，2015年2月15日采访记录。

"'哎嗨呦，老乌鸦个老乌鸦，西山飞到东山哇，张着嘴巴呱呱叫，吵吵闹闹唧唧喳，拍翅膀，翘尾巴，要是人不在就去偷吃瓜，这里吃饱了又窜别一家。这样好吃偷懒宁，世上没人不狠（恨）它，劝你莫做二流子，劝你莫学老乌鸦，春天到了要努力，早到田里种庄稼了个种庄稼。'这个是告我们别学乌鸦，要老老实实做事。还有一个是这样发（说）的：'哎嗨呦，世界上有个坏妇女，发家致富她不干，清早起来就打扮，吃了饭，不洗涮（fan），东也窜了西也窜，一进大门抬头看，一脚把门踢两扇，窗碰下一稀巴烂，狗儿在家吞米面，狗儿跑带倒水瓮打了罐，抬起头来炕上看，孩娃娃滚下一屎圪蛋，你看这个妇女体面不体面，了个体面不体面?'"① 庙会上的娱乐活动不仅娱神娱人，也能潜移默化地教育民众。

（二）官祭

庙会在很大程度上体现着民间信仰的质地。民间信仰实质上是非官方行为，但传统社会民间信仰往往受到官方影响，官方会以各种方式参与庙会的祭祀，使百姓备受鼓舞。如崞县清代每年四月初六五峰山庙会时，县令受命，要代皇帝到会降香祭奠。现在山门正对的三间房叫"官厅"，就是专门为县令准备的。

官祭还表现在官员参与寺庙的修缮与管理上。从道光十四年（1834）的修缮可管窥官与寺庙的关系。本次修缮由祖亿住持进行，这次的助缘人很多，并且都有记录（在下面的碑文中有记录）。捐助与以往的民间捐助不同，县衙门知县也"奉谕祭捐俸"，即按照皇帝的旨意，捐助自己的工资。两名县官分别是叶太天和颜太天，都拿出了十两纹银。为了纪念这次捐助修庙，崞县儒学庠生撰写了碑文（《五峰山重修各祠碑记》）：

> 从来地以名山为辅佐。崞邑固多名山，而沱东二十余里，林壑优美，望之蔚然而深秀者，五峰也。山有圣母庙，为谕祭尊神，其由来与创建时代皆无可考。盖其有祷即应而泽及苍生，无祈不灵而恩荫兰桂，大都德可并乎坤乾，功已施于社稷者，为民祈福地也。奈道光五六年，起衅构讼，山寺无人经理，林木被盗翦伐，将葱笼

---

① 巩海桃，79 岁，静乐县松沟村人，2015 年 1 月 31 日采访记录。

茂密之形势，一旦而成荒凉寂灭之景况也。而诸庙之倾敧毁折者，不待言矣。公举僧祖亿住持是庙，蒙李太天准其举，嘱咐经理庙事。凡一切山场地庙，严立禁条。而牛羊之放牧，盗贼之滋炽，遂以不复由旧矣。道光甲午岁，已勒石颂其德于不朽云。迨己亥岁，僧祖亿同数村助缘人等募化四方，得金三百有奇。助缘者以为工大费烦，恐不足用，而祖亿曰："前有吴太天承谕祭捐俸，继有叶太天承谕祭捐俸，又其继者有颜太天四月谕祭，五月祷雨亦捐俸焉，总计其数大约有四百余金。"于是，工兴于己亥五月，落成于庚子七月。圣母庙焕然一新，大佛殿巍乎特立，以及诸处之修废补坠者不可枚举。说者谓人力，力有可见即人力之可见者，以想神助而神助之。不可知者，无不可于人力而知之也。落成后属文于余，余不斐，时往来此境，不过叙其颠末，据实而为之记，以告之急公尚义者，勿令废坠云耳。

　　　　峄县儒学庠生辛庄村　赵应选　撰并书篆

　　　　敕授文林郎知峄县事　叶①施银十两

　　　　赐进士出身知峄县事　颜②施银十两

　　　　助缘人

　　　　王董堡生员　郄过阳　郄铭

　　　　河头　郭云翔　郭兴德　郭荣锦

　　　　辛庄　赵廷梁

　　　　白石河东　罗永兴

　　　　张村　马世泰　弓卜正　张通　弓池　邢让　常珧　聂珠　韩折桂

　　　　井沟村　刘元复　齐山山　张元杰　张泰辰　张晃　张泰福皇甫照

　　　　南头村　杨恒裕　张瀵　张霍

　　　　磨头村　恩荣生员　武贵　刘体元　刘兆鹏　刘兆秀

　　　　武彦村　李油然　李步云　李步蟾　弓鹤　石匠　续德立　郭

---

① 广东番禺县叶青华，道光十八年任职峄县，根据光绪版《峄县志》所注。
② 江苏丹徒县颜于镐，道光十八年任职峄县，根据光绪版《峄县志》所注。

大亮

　　石匠　续德立　郭大亮

　　大营村举人　间达山　田锡九　罗燧　陈虎

　　木匠　张折桂

　　泥匠　史云云　史润成　边永庆

　　本寺住持僧　祖亿　徒　普法　普漳　徒孙　化均　化城　化

埏　化增

　　大清道光二十年岁次庚子黄钟月穀旦勒石①

　　五寨佛圣寺碑记载：佛圣寺位于县城之北峰台下，西临国道，东依清涟，古人曾建庙于峰台之上，俗称高庙，祀之五岳，祈求甘雨，乾隆十六年（1751），知县秦雄褒捐俸银构高阁于五岳庙后，专祀芦芽山神，为民虔祷，其意可嘉。时周边诸县百姓皆来高庙祈雨赶会，九月初九为庙会日，熙熙攘攘，络绎不绝，盛况延续两百余年。

　　静乐大郎庙历次增补修葺，多由官府衙门主持，善男信女捐资，四邻八县乡民出力务工完成。其影响之大、名声之大由此可见一斑。历代官员，尤其是清代官员，往往在政府并不提倡的情况下主动捐资修庙，重立祭祀。仅在清代就先后有七名知县亲自主持寺庙维修扩建。每当寺庙毁损时大多能得到及时修缮。清代有据可查的大型维修扩建工程有七次：康熙十二年（1673）、四十九年（1710）、五十七年（1718），乾隆十五年（1750），嘉庆三年（1798），道光十年（1830），光绪二十九年（1903）进行过维修或扩建。据康熙四十九年（1710）碑记载，每年六月十八（庙会）是寺庙最热闹的时候，县侯亲自前来主持释典，并有戏班乐亭献戏，周围十里八村邻众、各界人士、商家等都纷纷前来，齐聚桃子山共赏一时盛况。② 这些都能说明清代官吏对大郎庙的重视程度，也说明大郎庙在当时官员心目中的崇高地位。

　　官祭还表现在官员亲自参加祈雨活动上。如光绪八年（1882），有一位姓任的偏关县令带领百姓不辞劳苦祈雨，喜降甘霖，百姓欢呼。此后

---

① 录自五峰山寿宁寺。

② 《重修潮润公碑记》，康熙四十九年，此碑现存于静乐县桃子山大郎庙。

又施俸银白龙殿，百姓赞叹，一致敬称"任县尊"①。再如民国十二年（1923）从忻县城内到南山西沟洞请"水母娘娘"降雨时，县长彭赞璜手持香把，衙门职员、绅士随从，到东门龙王庙上香，请唱戏。秋后，还组织文娱队伍随送"娘娘"的人去西沟洞表演。②

　　清代封建制度已相当完善，在中央集权主义统治下，地方官的行为只能是俯首听命于最高统治者，而不敢稍有违逆。地方官在对待寺庙和祭祀问题上，一反常规，积极主动，其目的和动机也许有传承文化的因素，但更多的可能是地方官追求群体利益和实际诉求的驱使。官吏主持修庙可以理解为是官祭的变种。因祭祀是以寺庙为载体，缺失寺庙就会影响祭祀行为的生成。庙会祭祀在很大程度上是官民的共同行为。庙会活动中，官与民之间浑然一体，一派"官民同乐"的情景。

　　（三）御祭

　　所谓御祭，顾名思义，即指皇帝参加的庙会上的祭祀。据清咸丰二年《五峰山重修碑记》记载"每岁四月初六，俗传为胜会之辰。士女还愿奔者、走者、驱车策马而来者，莫不争先恐后也，至初八御祭而续至，非有功于斯民，曷克臻此"③。此碑文所承载的故事，在其他文本符号中也有记载。传说，崞县神山五月二十"线娘娘"庙会的"线娘娘"系辽代人，出生于崞县（今原平）下班政村畅门，是神山村康家的外甥女。在其出生时，一道金光入室，满屋生香，故起名虹仙。虹仙自幼聪明异常，然不幸六岁丧母。其外祖父康济仁是名医，在不惑之年独生一女，后来此女死后，女婿续弦，夫妇怕虹仙受继母虐待，就接到自己家，又怕命相有妨，特让虹仙在五峰山白云庵做了寄名弟子，让她诵读佛经诗书，虹仙过目不忘，康公觉得女子学诗书无用，于是让她学医，经她救死扶伤的人无数。虹仙爱捻线，经过一个个春夏秋冬，终于积成一个老大的线蛋蛋。康公有一个徒弟，叫刘长生，与虹仙青梅竹马，在虹仙十八岁的时候，康公把虹仙许配给了长生。不料，恶富赵如虎久闻

---

① 卢银柱校注：《偏关志》［民国四年（1915）版］增订整理本，中国文史出版社 2007 年版，第 373—374 页。

② 忻州市地方志编纂委员会：《忻县志》，中国科学技术出版社 1993 年版，第 571 页。

③ 《五峰山重修碑记》，咸丰二年，现存于原平市五峰山寿宁寺。

虹仙美貌，他的四郎在一次问诊时看上了虹仙，于是逼畅氏把虹仙嫁给赵家，畅氏只好从命，在娶亲之日，虹仙并不梳洗打扮，她抱起线蛋，将线头拴在风匣之上，骑着线蛋腾空而去。原来她本是仙女下凡，上天去拜见西王母了，王母命她到五峰山归位。虹仙来到外祖母住的神山村，拜见了外祖母，外祖母记的她生日是农历五月二十，所以就有了神山的"迎神庙会"，虹仙落下来的地方人们也起了个名，叫歇马坡，后建一小庙为歇马店（位于现在的南头村）。却说虹仙从神山起飞又飞到今天的井沟村，在崖头上歇了歇，梳理了一下乱发。所以这个地方叫挽头村，村中还有一座挽头寺。虹仙后在五峰山坐化，后人为之建了一座大殿，正中塑金身座像一尊，称颂其为"线娘娘"。线娘娘后又称圣母，传说线娘娘登入仙境之后，受过三次皇帝的敕封：金代被封为"金天圣母"，明代被封为"龙宫圣母"，清康熙皇帝封她为"五峰圣母"。在清康熙年间，准格尔部首领里通沙俄发动叛乱，进攻喀尔喀等地，康熙皇帝在白马将军（费公）的保驾之下，亲自前往征伐。康熙到内蒙以后，来到绥远（今呼和浩特市）大诏（即通顺诏庙），歇马诏前，遇到了活佛打坐，康熙拜见活佛，但是活佛好像跟没事一样不予理睬，这可惹怒了旁边的白马将军，愤然说道："我主参拜，你却如此无礼。"活佛还是不予以理睬，将军接着说："听说活佛上知五百年，下知五百年，但你知不知道今天就是你的死期。"说着手起刀落，将活佛杀死了，接着满院的喇嘛都手持兵器杀了过来，一场混战，将军和康熙失去了联系，于是将军又杀了进来，见皇上的坐骑还在，又杀了出来，如此七进七出，不见皇帝踪迹，无可奈何，只有自刎谢罪，现在通顺诏前有一座费公庙，据说是康熙得救之后为白马将军建的。康熙的坐骑饥渴难忍，前蹄刨地，得水而饮。后绥远人就地筑一园，打井八眼，名曰"御泉井"。再说康熙皇帝，他原来是换上一个喇嘛的衣服混了出来，不及骑马，独自逃到东南荒野，到了叫"榆树林"的地方，只有三棵小榆树，无处藏身，眼看追兵将至，康熙不禁仰天长叹道："难道是上天要亡我。"话刚说出口，只见长出满坡的榆树，直冒三丈高，康熙躲入其中，得以逃过追捕，在荒郊之地，康熙只有吃些草根树皮，一会儿来了一个老人，口叼线头，手提饭罐，康熙问后才知她正要给儿子送饭，康熙请求分给自己一些，老人把饭都给了康熙，就这样，老人一连送了三天饭。第三天饭后，康熙问老人家住何方，但听不到回答，康熙一回头，只见一尊神像，面南背北，口衔线头，下面捻转尚在旋转。左手向东南指一山峰，右手伸出五根手指。皇帝不知何意，这时一支官兵前来，护送康熙回朝，原来是线娘娘通知了官军，又化作老者为康熙送饭。康熙回宫之后，立刻让人四处打听恩神，差人数天找不到，正要回宫时，路过山西崞县，经店小二一说，差人立刻找到了五峰山，差人立刻回宫复命，康熙听后恍然大悟，当初神仙所告，左手指山西侧，右手表明五峰处，山西五峰正合其意。遂前往五峰山朝拜，康熙四月初五到达，住一晚后，在四月初六参拜圣母，敕封线娘娘为五峰圣母，并亲书"五峰化宇"四个大字，有康熙红字玺印，这幅字现藏于原平市博物馆。这就是寿宁寺庙会的起源，"化宇"之意，即圣母慈善心肠，普降大地人民身上。① 上述故事情节尽管是以传说的方式在民众中流播，碑文中也无如此详细的记载，但康熙御笔"五峰化宇"确是事实。

民祭、官祭、御祭的实际意义就是民间崇拜与官方崇拜。城隍是民间崇拜与官方崇拜之间象征性对话的基点。从其与民间神灵的关系中，官方的态度一目了然，即指一种影响、追查以及限制或矫正；对于普通百姓而言，其态度是对城隍所控制的鬼怀有一种恐惧，并会祈求城隍的随从在人世间能够有灵验。② 但从上述的个案中看，官与民的互动不仅仅体现在城隍爷身上，同样体现在灵验度较高的神灵身上。官与民对神灵的祭祀既有一致性的诉求和行为，又有各自角色所赋有的责任及相应的崇拜祭祀。比如从官员禳除灾祸、维持地方秩序的责任上来讲，他们要有赖于对城隍和龙王的崇拜。

二　节日祭与神诞祭

庙会祭祀在时间制度上有节日祭和神诞祭的区分。

（一）节日祭

指庙会习俗与节日习俗重合下的庙会祭祀。比如神池端午节庙会、

---

① 参见《原平民间故事》《神山贾氏优秀人物志》。
② ［英］王斯福：《帝国的隐喻：中国民间宗教》，赵旭东译，江苏人民出版社 2008 年版，第 84 页。

崞县史家岗二月二（春龙节）龙灯会、河曲七月十五（中元节）河灯会等。据被访者回忆：“神池端午节庙会与端午节的正会日期都在五月初五，刚开始二者的会期长短不一样，端午节要比庙会早几天，由于庙会与端午节的活动场所都在县城里，人们为了当天祭祀、赶会方便，便把它们合在一起过了。”①

（二）神诞祭

指的是神灵诞生之日进行的庙会祭祀。如“二月二日，文昌帝君之诞，绅士献戏三天”。② 再如关帝、观音是晋北民间神庙享祭最多的神圣人物，庙会中也以他们的生日作为庙会的高潮，每年还不止一次地祭。每祭一次，兴办一次庙会。这就形成与一般节日的信仰明显不同的内容。③

三　寺庙祭与神棚祭

（一）寺庙祭

寺庙祭祀是庙会上较为普遍的祭祀，即指社会各色人等在寺庙内，为实现人神交流的目的而完成的一系列祭祀活动。但由于众神灵的功能存在一定的差异性，故其祭拜方式也是有区别的。下面以龙王庙会、关帝庙会、观音庙会、奶奶庙会为例来说明寺庙祭祀的方式。

2. 龙王庙会

是境内举办最多的庙会，差不多各地都有龙王庙，主要是祭祀龙王。各地庙会祭祀龙王的方式不一。比如河曲龙王庙“在城内东门街，明正统间建，有碑记，八蜡神附。一在旧县城外与北岳庙并，乡民最重事神，不时祭赛，宴诸父老于此，号神头会；一在城北护城楼东；一在城东南柏沟营中街”④ 再如偏关西沟村龙王庙每年农历五月二十五都要举办龙王庙会，民众敬香上供，祈祷降雨，演戏三天。若久旱不雨，还要抬老龙王像出马游行祈雨。

---

① 刘玉生，84 岁，神池北关人，2015 年 3 月 16 日采访记录。
② 光绪《神池县志》卷九《风俗》。
③ 高有鹏：《庙会与中国文化》，人民出版社 2008 年版，第 72 页。
④ 同治《河曲县志》卷三《庙宇类》。

　　龙王庙会期间形成大规模的祈雨仪式。比如保德每年农历四月十八举办大型祈雨庙会，由路家沟、仁家墕、讲家沟、外盘塔、孙家墕、深沟窖子、杨家沟、马蒲头、王家应子、新庄子、贾家梁、阳塔、阳坡、大黄坡、刘家墕和井家沟等十八个村主办，当地叫十八社龙王。祈雨仪式由路家沟村主办，主办村每年民主选出一位"会首"。四月十七日上午各村将本村龙王庙里的龙王抬到路家沟龙王神棚，只有深沟窖子的小白龙是路家沟的会首带领四个彪形大汉去请。请龙王的队伍到了深沟窖子龙王庙后，由会首上香，然后鼓乐吹奏，四位大汉沐手后将龙王请入龙王爷浪立即上路。抬龙王爷的队伍走得很快，逢山遇水都无阻拦，很快就能到达路家沟，到了以后要将深沟窖子的小白龙和孙家墕的黑龙爷放在正面，其余十六村的放在两侧，呈一字形排开。十八日上午，首先由主会首上香，接着是领牲仪式，由会首将预先准备好的一头黑色肥猪奉到神棚所处的卧羊台上，台中置一小土堆，上面洒水、插香，让猪去拱，猪见潮湿的土，就去拱，此便为"神领了"。屠家上前将猪杀了，供于十八位龙王爷面前，各家各户摆供，摆供一炷香毕撤下供品，并领一份"领牲肉"回家做午饭。百姓认为，供品和领牲肉可驱邪愈病，保平安，故人人争着去吃。十八日下午开始唱戏，共唱四天，前三天主要给龙王唱。按规矩给神棚里龙王爷面前敬的香要烧"常香"，香快灭了就要续上，连烧三天，就可成功祈雨。三天的祈雨结束后，各村再把自己村的龙王抬回，安放在本村的龙王庙里。由于保德十年九旱，素有"河曲保德州，十年九不收"之民谚，故保德的龙王庙特别多，目的在于祈求降甘霖驱旱魃。①

　　龙王庙会之多，是民众对恶劣自然环境导致的艰难生活的群体性回应，环境对民众精神生活的选择具有重要的意义。

　　2. 关帝庙会

　　由于忻州地区地处晋北边塞，尚武之风较浓，关帝庙会也较为盛行。如河曲县城南关，每年有三次关帝庙会，第一次在三月初十，由"恒山社"举办，演戏三天；第二次在五月十三，演戏三天，且宰青

---

① 政协保德县委员会编：《保德名胜》，三晋出版社 2010 年版，第 72—74 页。

牛、白马为祭；第三次在八月十五，由"大行"（商行）组织，演戏三天。① 偏关县城周围共建有六座关帝庙，每年也要祭祀三次。第一次在三月初十，由摊贩选举会首举办，演戏三天；第二次在五月十三，由官家举办，大宰领牲（宰青牛白马），演戏三天；第三次在八月十五，由大行商贾组织举办，演戏八天。② 相邻两县关帝庙会时间的一致性，说明两地有着相同或相近的关帝信仰文化特质。"宁武县城老爷庙、新堡村灌沟寺、小石门晓庵庙，都以五月十三为庙会正期。其祭祀的神祉，即是关公。"③ 相传，每逢五月十三庙会（如代县城关、静乐杜家村、忻县匡村等地），总要下雨，据说这就是"关老爷的三分磨刀雨"，民间把旱田降雨的祈愿也寄托在这位圣人的施法上，寓示着民众敬神的实用意义。

3. 观音庙会

境内民众赋予观世音菩萨无限的神力，如送子、保平安、求富贵、救苦难等。"每逢会期要举办大型的祭祀活动，附近的村民多前来烧香许愿，妇女是其中最主要的群体。"④ 为了祈求盼望已久的子嗣，她们不辞辛劳，虔诚地拜祭着，口里念念有词，祈祷之声不绝于耳。观音庙会除了求子，还求平安。如保德桥头镇每年正月十九至二十一举办观音庙会，正月十六家家户户就开始做灯笼。一方面图个吉利，另一方面也是家庭力量的展示，如果谁家不出灯了，人们就会说这家连灯也打不动了。灯笼一般用丁字灯杆挑起，一挑一对。正月十九起会，上午，会首带领一班鼓手，一路吹吹打打，先到村头的资福寺把佛请到九曲黄河阵前的神棚后，再到观音殿迎供，给请来的佛张罗一桌豪华宴席。九曲黄河灯阵摆在朱家川南岸的河坪，因年年栽会，又叫会坪。九曲灯会一共用 365 个粗瓷烧制的灯盏，又叫"闷灯儿"。"闷灯儿"分两种，一种中间有一空心凸起，棉花灯捻从中穿上来，另一种没有凸起，和茶盅一样，灯捻靠在边上。两种闷灯儿数大抵相等，随机安放在碗口大的木片

---

① 刘喜才：《河曲民俗》，中国文联出版社 2008 年版，第 73 页。
② 崔峥岭：《偏关民俗文化》，山西人民出版社 2009 年版，第 115 页。
③ 山西省忻州市政协文史资料委员会：《忻州文史·第 8 辑》，内部资料，第 912 页。
④ 谢永栋：《近代华北庙会与乡村社会精神生活——以山西平鲁为例》，《史林》2008 年第 6 期。

上，用红绿纸围起，木片固定在半人高的木杆上，木杆插到地里，横竖十九排。然后再用木杆横竖相连，拦出一条一米多宽左转右回复杂无比的通道。人走灯阵叫转会，要沿着通道走过九个大曲和无数个小曲，每一盏灯旁边都要经过。点灯用的是黄油，每晚需九斤。庙会期间，全村灯火最多最明亮。人们认为，正月里转一回会，一年通顺。天黑以后，灯笼从各家院里挑出来，飘下朱家川河，然后再汇聚到观音殿上。一切准备就绪，先放三声铁炮震动全村，接着在一班鼓手的引领下，三百多人打着灯笼跨过朱家川河，沿街巷游行，其间会有几摊子丑秧歌夹杂进来。灯笼队伍拉得很长，蔚为壮观。所到之处，各家大门前旺火熊熊，见灯笼过来，主人就点燃炮仗烟火，将队伍拦住，俗称拦会。在一些大户人家大门口，丑秧歌还要演上一段，主家就赏给他们几个钱。全村三百来户人家，分三夜转完。午夜十二点左右，灯笼队伍回到会坪。笙管铙钹唢呐锣鼓一起奏响，转会正式开始。和尚在先，鼓手次之，灯笼队伍第三，普通民众跟在最后。转会期间，还有一项重要的活动，即"偷灯"。偷灯人提一个空灯笼跟随队伍走入灯阵，想生男孩，就边走边念"我要那拿弓箭的，不要那拿针线的"，然后选一个有凸起而且火焰旺盛的灯盏，移到自己的空灯笼里。想要女孩，就念"我要那拿针线的，不要那拿弓箭的"，选的是没有凸起的灯盏。灯盏提回家，要添上黄油，在灶神爷前燃三天。据说，偷灯是很灵的，一偷就生，而且偷小子生小子，偷女子生女子。次年庙会时，生下小孩的人家要还愿，给会上奉献 365 个灯盏，有的还附带一些黄油。从此以后要年年上布施一直到孩子 12 岁为止。

摆龙灯是桥头古会最具特色的一道风景，周围几百里之内再无第二。过会的三个晚上，从观音殿到九曲灯阵前，顺山坡要垒九个大火笼。转会开始，九个火笼全部点燃。每个火笼旁有一个男人，手拿一个特大的瓷盘，盘里码着摆龙灯用的"路灯"。"路灯"是将尺八的麻纸一裁为四，每块九寸见方，纸里包一枚海棠大的河卵石，然后顺手一拧一铹，铹出一个四寸多长的纸尾巴，就像一个大蝌蚪。给"蝌蚪"尾巴蘸饱黄油，尾巴朝上码在盘中，就是"路灯"。会坪上三声铁炮响起，火笼边的人迅速把盘中的路灯点燃，然后沿着既定路线，飞快地将路灯放在地上，一步远一只。看不见人，只能看见从九个火笼上同时跳跃出去一撮撮火苗，勾勒成一道道火线，很快一道道火线又对接在一起，大约五分钟，一条头在观音殿，尾巴在会坪的火龙就出来了。这条龙身子朝西，头朝东，一个神龙回首的姿势。后随所有火苗的熄灭，神龙升天，摆龙灯结束。①关于桥头龙灯会的起源，据说与这样一个故事有关。明清时期桥头村每年有不少走西口的人，他们到了口外，人地两疏，生活艰难，思乡心切，每天都要朝着家乡的方向看上几眼。有一天，有几个人外出陶干草，天黑迷了路，忽然看见天空中有一条火笼出现，于是便朝着火笼的方向走去，终于回到了住宿地。这些人回乡后把此事告诉了村人，村人便用这种摆"龙灯"的方式为迷路人指示方向。这一故事暗含着三方面的历史情愫：一是走西口的艰辛；二是先人对火的崇拜；② 三是历史故事映射下的现实世界。当然，观音庙会中出现龙灯会，这与当地少雨干旱以及民众对龙王的敬仰与崇拜分不开。

4. 奶奶庙会

奶奶在忻州方言中也叫娘娘，其正式名称为圣母，在当地民众信仰中是管理、保佑生育之神。由于清末民初医疗条件的落后，婴儿的成活率较低，父母求子愿望就成了最大的精神诉求。于是在奶奶庙会（或娘娘庙会）上出现各种各样的求子习俗。如忻县城关农历三月十八奶奶庙会，善男信女们手捧纸盆花，端着纸娃娃，相继入庙，放入供桌；也有母亲拉着自己的小孩，脖子上挂着纸制的三角枷，进庙跪香，并用红布写着"感谢神恩""有求必应"的文字，为庙内娘娘挂彩；更有不生育的妇女，她们悄悄用红头绳将庙内的小泥人拴住拿回自家，以期怀孕等。此外，从许多庙会名称也能很直观地看出求子习俗的存活。如保德农历三月二十八东岳抢抱娃娃会、四月初八花佛塔抱娃娃会（花佛塔神台上摆放着许多彩绘泥娃娃）、四月十八阎郎殿抱娃娃会等。忻县南曹举办的是供奉"三霄娘娘"的庙会，因民间多信奉"三霄娘娘"为送子之神，所以称其庙会为"送子娘娘"庙会或"奶奶"庙会。每年农历三月二十一在本村举办，本地人也亲切地称其为"三月二十一"庙会。庙会的定期举行，一方面树立和巩固了它在邻村上下不可比拟的地位，突出其灵

---

① 忻州中华文化促进会主办：《文化忻州》，内部资料，2016 年第 1 期。
② 陈秉荣，74 岁，保德县石塘村人，2015 年 3 月 7 日采访记录。

验程度，使其声名远播；另一方面庙会作为集市贸易的重要载体，发挥着交换买卖，各取所需的作用。在清末民初相对闭塞、交流极其有限的小村落里，庙会无疑会吸引大量的乡民从十里八乡闻讯而来（对于乡民来说，或许早已安排在年内计划之中）。庙会举办期间，商贩经营种类繁多，人流量大，村狭地窄瞬间暴露无遗，这样的庙会规模在较长时间里保持了不变。该村庙会传说颇具传奇色彩，具体时间地点已不详，说是一夫妇久婚不育，多年行善积德，花甲之年做一梦，三霄娘娘显灵，怀抱女婴，后应验，这对夫妇为谢神恩，变卖家产筹建庙宇，圣母庙始建成。尽管在以后的发展中，庙内的供奉对象有所增加，如观音、佛祖、财神、夜叉，以及不知名的小妖小鬼，但毕竟主神是"三霄娘娘"，主次之别在摆放的位次上便一目了然。在庙会供奉上，祭祀是很有讲究的。首先，在三月二十这天会有一场专门呼唤圣母、向圣母倾诉的神戏，即一个人一整天在戏台上的一场戏，这是祭祀仪式开始的前奏。其次，三月二十一当天上午，举行道教法事。道教法事有个人和众人两种。个人单独做的，称"碎念事"；集体共同做的，称"作场"。作场一般是七人以上，前列四人，称为前堂；后列三人以上，称为后堂。道士根据不同的法事，选择演诵经忏，咒偈及斋醮科仪，所用图籍统称为"科书"，用黄纸书写舒文，记叙修建道场者的姓名、地址、于某时做何法事，跪地诵读后，焚化文书，标志着法事活动的结束，组织庙会及布置道场的人会给予法事酬谢。在宗教性的法事活动后，是信众个人行为的祭祀。进门应该严整衣冠，将随身携带物品放妥，手洗净，然后请香。上燃香之前，先点蜡烛，意为"银灯影皎光，上映苍穹，辉煌照耀吐银虹，虔主虔诚来点献，集福迎祥"。然后烧香，三支为一炷，意谓"三宝香"。心平气和地点蜡、上香、化钱之后，再进入殿堂参拜神灵，从左门进殿堂先迈左脚，从右门进殿堂先迈右脚，勿从中门而入。在进入庙堂后，边跪拜边许愿，求子求福，保佑全家平安，同时表明愿望实现后怎样还愿。庙会期间的集体性活动比日常活动更具有传播性与影响性，民众在这个大氛围中也就更深信不疑了。

（二）神棚祭

一般是在几村轮流主办的庙会活动中常用的祭祀方式。如崞县土圣寺庙会，由西南乡的七个村轮流主办，因土圣寺位于水油沟，主办村举办庙会时就需要在本村搭建神棚。围绕神棚祭祀，民间社会还流传着神骡探马的故事。神骡探马，即指驮着神位的骡子（儿骡），四月初六早上由主办村到寺庙上请回神位，放在村中央搭建的神棚内供奉，第二天早早地再放回到寺庙。探马就是指骑着一匹良马，在寺庙和主办村之间不断传递着信息，掌握祭祀活动和其他活动的进展情况。驮着神位的神骡是不用给工钱的，而驮运其他东西的骡子是要给工钱的。据当地百姓说有一匹骡子被选中，准备让它当神骡，但骡子的主人却想让它做普通骡，因为普通骡是可以赚到一些工钱的。当他的骡子驮着做糕的瓮子途经一座小桥时，突然侧翻，所驮东西洒落一地，骡子摔倒回家后不久也死去。这则传说自然不排除偶然性因素，但人们更多地认为是由于骡子的主人贪财，惹怒神灵，神灵对其施以报复而导致的此传说符合以集体记忆的方式代代流播，这也在一定程度上告诫人们无论做什么事情不能仅考虑其收入和回报，公益心理和利他行为在任何时期都是社会所需要的。

伏水会是由五台地区滹沱河流域 9 村共同组织举办的特殊庙会。最初由定襄，五台的东社、北社、西社、南社，芳兰、宏道、陈家营、青石、大叶、河边、大建安、张家庄、东冶、北大兴、槐荫、五级、新堡、永安等 18 个村轮流举办。民初，遭旱成灾，伏水会 18 村齐聚，以县分为 9 村一轮，取九龙治水之意。五台的 9 村为东冶、北大兴、河边、大建安、张家庄、永安、新堡、五级、槐荫。9 村轮流举办伏水会，定在暑伏日前后，届时主办村宴请龙王奉供，请戏班唱戏，请其余 8 村代表祭祀，祈求风调雨顺。伏水会的第一个流程就是搭神棚，具体是暑伏前几天请村子里的几个年轻力壮的男性在村子戏台的正对面搭建一个简易的供奉神灵的栖息之所。如大建安的神棚建在大戏台的正对面，《大建安村志》记载：村中原有木质结构戏台两座，一座在村中观音庙前正对面，坐东朝西，建于明末清初，前后出檐，长 8.24 米，宽 5.62 米，后人称小戏台。另一座位于关帝庙对面，坐南朝北，建于清朝，前后出檐，长 13.1 米，宽 8.42 米，后人称大戏台。① 在搭神棚之前要请神婆看好时辰应在几时开始搭建，并拜谢神灵，搭建神棚所需用的木材都是大建安本地产

---

①　徐世伟：《大建安村志》，中国地方志出版社 2012 年版，第 79 页。

的上好木料。在搭建神棚的过程中必须心无旁骛，摒弃一切杂念，恭谨虔诚地干好此事。神棚搭建好后，将从五级请回的龙王和龙母遵照一定的排序规则安放在神棚内，供百姓膜拜。搭神棚不仅使水神在大建安有了临时性的居所，而且使百姓利用这一信仰实体，进一步实现对水神的膜拜。从神棚复制民众心灵图景的事实，可以视庙会期间的神棚为一个缩小的庙宇。

民祭与官祭体现了庙会祭祀主体的广泛性，官民参与祭祀的目的性都很明确，都想通过与寺庙或庙会的互动关系满足其自身的需求；节日祭和神诞祭反映的是庙会祭祀的时间节律，庙会举办时间的确定性，使民众的生活有了可预期性，有了缓减心中苦楚，缓释生活压力的机会；寺庙祭祀和神棚祭祀皆属于村祭，是村民共同的祭祀行为，映射着村民共同的祭祀心理，而不同之处仅限于祭祀空间结构的变化。同一的祭祀意识增强了民间信仰文化的同质性，祭祀方式的区别则不断建构和调节着民众的生活方式。

第三节　庙会祭祀的仪式

祭祀是人与神交流的核心，仪式"通常被界定为象征性的、表演性的、由文化传统所规定的一套行为方式。它可以是神圣的也可以是凡俗的活动，这类活动经常被功能性地解释为在特定群体或文化中沟通（人与神之间、人与人之间）、过渡（社会类别的、地域的、生命周期的）、强化秩序及整合社会的方式"[①]。祭祀仪式则是人神交流的重要方式。庙会中人神交流的目的则是实现彼此利益互惠，人仿造凡间的衣食住行为神创造生存条件，取悦神，希冀神灵高兴之余赐给人类福祉。神在民间发出一个个祭拜信号后，按人们的虔诚程度和布施多寡，降福施福，回馈人们。庙会的祭祀仪式，既有一致性的一面，又存在不同神灵的不同的祭祀仪式。

---

① 　郭于华：《仪式与社会变迁》，社会科学文献出版社 2000 年版，第 1 页。

一　同一性与差异性

（一）由于祭祀是民众的共同宗教行为，所以境内各地庙会祭祀仪式存在一定的相同性

1. 准备祭祀用品

祭祀前需准备牲礼、面桃、糕点、干鲜果等各种供品，以及香烛、金银钱、爆竹等。牲礼有猪羊、五牲、三牲、小三牲等。香烛是香与烛的合称，燃香点烛敬鬼神，通常是三炷香。金银纸是神界与冥界通用的货币，是在普通草纸上涂一层金属锡而成。红色的称金纸，白色的称银纸。在一定意义上，供品、香烛、金银钱、爆竹等是庙会"祭神仪式的主要内容和主导符号"①。

2. 主要祭祀程式

（1）将各种供品摆放在神像前的供桌上；（2）点燃香烛插在香案和烛台上；（3）双膝跪地磕头求神许愿；（4）上布施钱；（5）焚烧金银纸并燃放爆竹。庙会主要祭祀程式实为庙会的符号结构，不管庙会规模是大是小，参与庙会的民众是多是寡，庙会的结构基本是完整的，象征的秩序是不会乱的，民众会按照预定的秩序，让时间这样流淌，而不是那样流淌；让空间这样划分，而不是那样划分。②

3. 多种问题驱动

祭祀民众大都是为"问题"而来，就现实生活中所遇到的问题请求神示，以消灾解厄，求福迎祥。具体有求子、求财、求寿、求官、求学、求健康、求平安等。

4. 求签问事

俗话说"跨进庙门两件事，烧香求签问心事"，进庙烧香后，要抽签问神，以解决眼前之事，在很大程度上可以用"平时不烧香，临时抱佛脚"来形容。③ 这也反映了神灵在民众心目中的重要地位。

---

① 薛艺兵：《神圣的娱乐：中国民间祭祀仪式及其音乐的人类学研究》，宗教文化出版社2003年版，第367页。

② 郭于华：《仪式与社会变迁》，社会科学文献出版社2000年版，153页。

③ 甘满堂：《村庙与社区公共生活》，社会科学文献出版社2007年版，第125页。

5. 还愿酬神

民众求神许诺通常是在心中默默许下，如果神明能够保佑其所求之事成功，定要还愿以"酬神"，酬神的方式有献纳庙里的道具、神像的衣饰，捐钱修庙、唱戏等，否则会得罪神明，神明会降祸于人。其中的酬神实际上就是对神的贿赂。通过人与神的特殊交易，满足了民众的现实利益。

仪式是信仰展演的过程。其间体现出地域社会的认同本质。涂尔干认为："真正的宗教信仰总是某个特定群体的共同信仰，这个群体不仅宣称效忠于这些信仰，而且还要奉行与这些信仰有关的各种仪式。这些仪式不仅为群体成员所接受，而且完全属于该群体本身，从而使这个群体成为一个统一体。每个群体成员都能够感到，他们有着共同的信念，他们可以借助这个信念团结起来。"① 祭祀仪式强化了地方社会的文化认同，同时也展现了地方社会的文化变迁。

（二）同一神灵可以满足不同的需求，但不同神灵更能体现其功能的多样性，而且与不同神灵的交流，其方式也是有差异的

1. 从祈雨看祭祀仪式

祈雨是境内庙会普遍性的一种祭祀仪式。如忻县北湖村福田寺供奉的是文殊爷。相传清朝时，北湖村一带干旱，许久没有下雨，田间的农作物都快干死了，一位老农在锄完地回家的路上唉声叹气，突然遇到一位白胡子老爷爷问他怎么回事，老农说这里好久没下雨了，庄稼都快旱死了，这时白胡子老爷爷告诉老农在不远处的小山里有一个文殊菩萨很灵验的，只要你让本村的人到那里把这个菩萨请回来就会下雨了，说完白胡子老爷爷就不见了。回去后老农就动员村里的人连夜步行去请这位文殊菩萨，经过连夜赶路，菩萨第二天就请回来了，果然当天就下起了雨，因为当天为农历六月初八，以后这天就成为庙会日，文殊菩萨也就逐渐成为本村供奉的神灵。庙会期间进行的祭祀十分隆重，规模也很大。具体过程：首先，会首组织百姓把水神（文殊菩萨）从传说的地方请回来，请水神的人由会首进行选拔；其次，请回水神后，请水神的人便换

---

① ［法］爱弥尔·涂尔干：《宗教生活的基本形式》，渠东、汲喆译，上海人民出版社1999年版，第50页。

上特殊的装束，他们上衣不穿，光着脚，头上戴着柳枝编成的帽子，然后这些人举着水神爷进行全村游行，游行要经过村里的每街每巷，每个巷口处的村民都摆放着面桃、水果、蜡烛、香烛进行供奉，等到水神爷通过时燃爆竹迎接，同时在水神通过时倒上一桶水，象征着祈雨；最后，游行完毕后，水神被供奉到庙里，完成祭祀。主持祭祀的人由村里威望较高的老会首担任，参加祭祀的民众是由村里的信佛者共同组成的，村里大部分人都参加到祭祀活动中，但以年老的妇女为主。男性多为祭祀活动的组织者和管理者，女性为祭祀活动的积极参与者。但从信仰虔诚度来看，女性尤其是中老年女性普遍比男性虔诚，当被请回的水神爷全村游行时，女性常代表家庭跪在道旁迎神，男性则很少用这样的方式接神。男性与女性在祭祀仪式中的角色分工，这是传统社会"男尊女卑"、"男主外，女主内"的遗俗。清末民初，民众受教育水平普遍较低，对庙会没有科学的认识，而只是作为一种心灵的寄托。

2. 从求神和还愿看祭祀仪式

如五台农历五月二十南神垴奶奶庙会是仅次于五台县城五月十七的又一盛大庙会。每次庙会举行之前人们都会叠元宝，把元宝叠成宝塔山，还有的就是插花，用红绿黄纸叠成各种花，有些人家还会把纸糊成房子并在房子周围挂上鞭炮，五月二十庙会日人们会拿着这些东西上山去祭祀，在磕头的同时人们还会进行许愿，以求得到神灵的庇佑。磕头分很多种类，有全挨地三磕，有半挨地三磕，还有全俯身三磕。全挨地三磕须头碰触地磕三下，半挨地三磕头不挨着地，但是每磕一下头双手在地上会正反各翻一次，全俯身三磕就是双腿着地然后再向前爬，这种磕头法，仅限于少数虔诚的佛教和道教信徒。对于平常既信道又信佛的人而言，都是采用前两种方法。如果来年，所许的愿望得以实现，那么人们就得兑现自己的承诺，进行还愿。还愿的种类大概有三种，第一种是捐香火钱，当地人叫"画布施钱"，愿望中许下多少捐多少，甚至更多；第二种是舍鸡舍羊，将自家的鸡羊捐献出来，上供神灵，以报神恩；第三种是还旗，旗有红旗和锦旗（锦旗上会写清自己的姓氏和居住地），等到五月二十这一天，就会将旗放在所许神灵的面前来还愿。在民众的求神和还愿的仪式链背后，体现了民众质朴的诚信观，在神灵面前许下的诺言，当应验时定要去还愿，尽管无人做这样的要求，但定当按事先承诺的时间和地点去完成。一旦出现差错，内心不仅万分惧怕，担心在神灵面前失信招致神灵的惩罚，甚或带来更大的灾祸，而且要加倍地酬神谢恩，如此方可心安。可见民间信仰在民众意识和民众日常生活上的根深蒂固。

3. 从"迎神"看祭祀仪式

如每年农历七月初一，定襄七岩山举办"捞儿会"（见图8）。六月三十以前，洪福寺便已经做好第二天请圣母下山的准备。首先，七岩山上的和尚与留晖村洪福寺的和尚清理七岩山到留晖村的道路，确保第二天晚上所走迎神路线的安全、方便、合理，以免发生意外以及做好发生意外所需做的补救设施。其次，准备迎神所需的物品，如香、纸、爆竹、供品寿桃、全副銮驾、拂尘、九龙曲柄黄花盖、一对日月掌扇绣龙绣凤扇龙凤掌扇、十八般兵器（刀、枪、剑、戟、斧、钺、钩、叉、鞭、锏、锤、抓、镋、棍、槊、棒、拐、流星锤等，此为戏曲中的十八般兵器）、"红棍"（即衙役们升堂时所持水火棍用来壮堂威和执法的。形状似棍子，棍子的一半涂红色，一半涂黑色。红为火之色，黑为水之色，有不容私情之意，故名"红棍"，寓意着七岩圣母的神圣）等。最后，要找好第二天迎神所需的引导人员及工作人员，具体须选出的人员包括迎神的指引人员和在迎神时的祈诵人员，鸣锣开道的二人，还有迎神所需的一对童男童女（十六岁），抬轿所需的十六人，手拿拂尘、黄花盖、龙凤伞、十八般武器的二十二人，以及一路上烧香敬神响炮竹的二人和八音会众人等。① 七月初一天亮之前人们就抬着轿子，还有八音会众人等去请神，去了圣母洞中敬香、烧纸、叩头、燃炮便可请神，将圣母的木像放在十六人抬的轿子里，前边有两人鸣锣开道，中间是圣母像的十六人轿，一对童男童女（十六岁）走在圣母像两侧，后边跟着的是类似于皇帝出行的全副銮驾，有两人拿着拂尘，一柄九龙曲柄黄华盖、一对日月掌扇绣龙绣凤扇龙凤掌扇、十八般兵器，接着就是持佩刀，执枪，拿"红棍"的人们。到达山脚下时，在迎神队伍的带领下，在吹鼓手的伴奏中，护送七岩圣母缓缓进村，顺时针绕着村子转一圈。当迎神队伍领着圣母进村时，不少人家还在家门口放置供桌，摆放供品，当轿子经过时烧香敬纸，

---

① 任保祥，73岁，定襄留晖村人，2015年2月2日采访记录。

祈求福佑，最后到达洪福寺。把娘娘安置好，供桌上点上蜡烛，一切安排妥当，吹打（方言，即响器）八音会仍在进行，已经陆续有人前来祭拜圣母并往功德箱里上布施。请神的仪规化，同样属于祭祀仪式研究关注的范畴，七岩山捞儿会的请神仪式相当的隆重，有似皇帝和官员的出巡访查，既体现了神灵的威力，也反映了民众对神灵的依附。

图8　定襄七岩山"捞儿会"

4. 从"送驾"看祭祀仪式

如静乐天柱山庙会有所谓"送驾"仪式，即每年农历六月十五天柱山庙会时，鹅城村民组织队伍到天柱山龙王庙送香火的仪式。六月十五，即天柱山庙会这一天，村民带着自己的锣鼓家什，打着大旗给龙王老爷送香火。香火能送到下午一两点钟，香灰堆得像小山似的。送驾的队伍一般由五部分组成，最前面是开道的，拿着爆竹，不停地往人群中扔爆竹以便开路。开道的后面是村里有威望的老人，举着"龙王牌位"。然后是锣鼓队和彩旗队。庙会上买卖东西的摊贩都得给锣鼓队让路，最后便是拿着香火的村民们。整个队伍显得特别神圣。"送驾"仪式同样可以看作是一个结构完整、有严格规程的活动。香不仅仅是香，还包含神性、神的灵验、民众对神灵的供奉和民众的地方感、历史感。只有借助香炉燃烧的香，人神之间的对话才能展开。当香燃烧时，特定的神灵才会被召唤而来，才能断定求助者所求事项的是非、吉凶祸福。在借助香的同时，还须准备黄表纸、金银元宝等多种纸供。对于求助者而言，只有通过烧一定数量、形制的纸供，神灵才会保佑他们及其全家人所希望神灵庇护的事情。[①] 可见民众将香火赋予至上的神圣性，是人神交流互动的重要途径。将送香火仪式称为"送驾"仪式，说明祭祀仪式是民众最紧要的生活方式，民众将自身的生命机遇、生活质量完全寄托于神灵世界。

5. 从"布财"看祭祀仪式

如五月十三代县武庙庙会期间有一项重要活动，即武庙传统的祭神仪式，即把祭祀主神的塑像抬上神轿，在城乡巡行，到大街小巷为各行各业、士农工商举行布财仪式活动。巡行队伍以狮子为前导，宝盖幡幢等随后，音乐百戏，诸般杂耍，热闹非凡。街上的人们凡是能遇到巡行的，都认为有个好彩头，在未来的日子里能够发财，实现自己的心愿，便跟着巡行队伍，于是，在庙会巡行的那几天，人们纷纷走上街头，希望能遇到关老爷的塑像，为大家"布财"，观赏杂耍的同时，也表达了对未来美好生活的期盼。还有还愿者，在庙会期间为武财神披袍、挂匾、献还愿鼓等。人们把关老爷的塑像符号当作财富的象征，所以都以能遇上关老爷神像为幸事，都希冀关老爷赐予财富。关老爷赐予人们财富的多少是与人们对关老爷的态度有关，希望通过庙会中的游神活动，在人们心理形成一种与关老爷沟通的神圣空间，在付出与回报中，人们获取财富的愿望得以实现。

在乡民看来，民间的生活自有其一套运作的逻辑，日常生活中的很多事情并不是国家的权力和意志所能够解决的。对于那些无法把握的未来，乡民在不能得到来自现实的帮助时，只有求助于神灵，希望通过人神之间的交流满足自己的需要，将世俗性的生活利益寄托在超自然的仪式行为，祈求神明指点迷津，有求必应、化解人世间的困难。[②]

无论从哪个视角考量祭祀仪式，首先，都可以将其看成一种标准被确认、一种秩序被维持。标准和秩序既是传统文化承续的结果，又是地

---

①　转引自岳永逸《行好：乡土的逻辑与庙会》，浙江大学出版社 2014 年版，第 146—147 页。

②　甘满堂：《村庙与社区公共生活》，社会科学文献出版社 2007 年版，第 209 页。

方社会的运行逻辑和变迁模式。其次，从祭祀仪式活动可以看出，人们崇拜神灵的现实性和功利性。人们对于此岸生活的关注远远多于对彼岸世界的关注，他们并不要求知道宗教的严格教义、组织和浩繁的经典，只希望能够通过随时可行却又不失某种庄严神圣意味的仪式来满足自己的、家人的，以及村落的一些要求，比如乞求长命富贵、生儿育女、趋福避祸、消灾祛病、风调雨顺等。正如韦伯所言："中国的宗教，不管它是巫术性的还是祭奠性的，就其意义而言是面向今世的……一般而言，正统的儒教中国人（而不是佛教徒），是为了他在此岸的命运——为了长寿、子嗣与财富以及在很小的程度上为了祖先的幸福——而祭祀，全然不是为了他在'彼岸'的命运。"① 费孝通也指出："我们对鬼神也很实际，供奉他们为的是风调雨顺，为的是免灾逃祸。我们的祭祀很有点像请客、疏通、贿赂。我们的祈祷是许愿、哀乞。鬼神在我们是权力，不是理想；是财富，不是公道。"② 晋北民间对神、鬼、偶像的崇拜是比较现实与功利的。正所谓"无事不登三宝殿""用菩萨挂菩萨、不用菩萨卷菩萨"等。

二　仪式与象征

"仪式和象征，作为最能体现人类本质特征的行为表述与符号表述，一直处于人类学研究的中心位置。"③ 祭祀仪式是人神交流的行为表述，按照《中国人的仪式与政治》一书作者马丁的观点，神俨然如帝国朝廷的官员，是皇帝下属的诸侯或"权贵"，而祭拜的人犹如向官府提出告诉、请求的百姓或臣民。很显然马丁是把祭祀仪式与政治秩序的建构结合在一起，强调了祭祀仪式背后的象征意义。祭祀仪式作为一种"隐秘的文本"，具有浓厚的"象征意味"。④ 对其解读，可以从象征意义入手，一是祭祀仪式建构着一种较为稳定的秩序，在秩序空间存在着官与民的层级格局。祭祀仪式的程式化，对人们的行为方式产生一定的规约性，

①　[德] 马克斯·韦伯：《儒教与道教》（中文版），洪天富译，江苏人民出版社 1995 年版，第 235 页。

②　费孝通：《美国与美国人》，生活·读书·新知三联书店 1985 年版，第 110 页。

③　郭于华：《仪式与社会变迁》，社会科学文献出版社 2000 年版，第 1 页。

④　王铭铭：《象征的秩序》，《读书》1998 年第 2 期。

在特定的时空范围稳固着社会秩序。而"官员化"的神灵，尤其是城隍爷，经常性地"巡察"民间，进一步强化了人们心中官与民的界限，形塑着一个有等级的差序社会；二是祭祀仪式作为一种集体行为，可以把同一地域甚或不同地域的人们联合起来，对乡土社会产生认同感和归属感，增强乡土社会的凝聚力和向心力，维系乡土社会的团结和稳固。祭祀仪式是在共同的信仰文化作用下进行的群体活动，由于文化的同一性和相融性，在共同的行为表象背后，形成信仰文化共同体和浓厚的乡土文化情结。

第四节 庙会祭祀的功能

一 政治功能

一般庙会都充斥着矛盾性宗教情绪或信仰情感，一方面，人们要求一切都得到规范，希望自己所崇奉的神灵能统摄一切，使身边的环境得到安宁，具有祥和、静谧的气氛。另一方面，人们在庙会中又可以尽情娱乐，放纵自己的情绪，使庙会成为东方世界特有的狂欢节。庙会的这种规范和放纵是统一的，规范对社会起到一定约束作用，放纵看似松解了某些禁令，如庙会期间出现的"野合"被视为合情合理，但在新的层级对社会又形成新的规范，有利于统治者实现对社会的统治和治理。庙会作为民众生活的重要组成部分，历来受到各届地方政府的重视，如前述巡抚和知县参与寺庙的修缮，以及县令带领民众祭天祈雨，统治者的这些行为皆出于统治的需要，是将神灵的应验和功能纳入了统治体系，借以作为治理地方社会的重要手段。

二 经济功能

祭祀活动既满足了民众精神寄托的需求，又消耗了大量的祭祀物品，客观上为民众提供了如从事祭祀物品加工供应等多种增加收入的机会，拓宽了民众通过从事非农产品加工、发展多种经营增加收入的途径，给民众带来一定的经济利益，有利于民众物质生活条件的改善。

首先，祭祀用品交易频繁，客观上促进了地方社会经济发展走上特色化、商品化道路。由于寺庙中昼夜不停地焚香祭拜，使祭祀用的香料、蜡、各色纸张、糕点、糖果等供不应求，价格上涨。这时民众可以投入一定的财力，购进原料，组织人员自行加工生产，然后将产品拿到庙会市场上去出售，使民众开始逐渐从事特色产品加工，如不少民众以家族为单位从事各色纸张、肉食、糕点、糖果等的个体加工生产，其产品价格便宜，不仅供应庙会期间小食品市场的绝大部分需求，而且还常年性地供应周边其他村的小食品市场。可见，庙会祭祀活动既为民众提供了从事多种非农产品加工生产的机会，使民众获得一定的经济收益，也有利于农村发挥地域资源优势，发展特色产业。

其次，对于祭祀所需的民众无条件加工生产的物品，如特制供品、专用香料等，就得靠商贩从其他县区购入。因庙会多举行于春末夏初的农闲时间，一些较有商业头脑的民众便会充当贩卖商从外地购进所需货物，这些调剂余缺购入的货物大多价格低廉，民众虽然增加了盘缠（即路费），但仍可获得一定利润。再加上这些商人更了解农村市场需求，往往在购入某些主要祭品的同时还会连带购入其他多种商品，如主要购入香料的商人还会购入针、线、剪刀、菜刀、鞋子、帽子、袜子等其他较为廉价而又实用的商品一起在庙会上出售。① 这样既丰富了庙会商品市场，又使村民赚到了钱。即便偶尔遇到庙会结束时，民众手里虽仍有"剩余商品"，但也不会给民众带来太大的损失。因为民众可以利用庙会举行的循环周期性，将此地庙会的所谓"剩余商品"运往周边村庙会上去卖，虽然因商品种类不全，赚不到太多的钱，但也可以使其顺利脱手，捞回成本。

最后，庙会举行祭祀活动，大量的香客前来许愿、还愿、求神赐福，带来数量不等的香火钱，这就增加了寺庙的经济收入。由于庙会组织成员尤其是管理人员不仅是单纯的宗教人士，还是村里德高望重、受人尊敬的老者和能人，这样就使庙会收入的香火钱除了部分用于必要的寺庙修缮外，另一部分还用于多项公共活动，为其所在地区的公共事业服务。每次庙会过后都会组织一次捐助活动，给本村和附近村里的鳏寡老人发放一些生活补助金。庙会的香火钱逐渐向"取之于民、用之于民"的趋势发展。

---

① 王爱梅，66 岁，大白水村人，2014 年 4 月采访记录。

三 教化功能

"欲教化其民，成其美俗，不可不学。"庙会祭祀作为一种民俗信仰活动，在很大程度上承担了当地民众生活的教化功能。在庙会中，"心诚则灵""有求必应"等字样的彩旗、匾额随处可见，既表达了民众的虔诚信仰和心理寄托，也是对他们行为规范的基本要求。庙会所拥有的佛道信仰，都有要求信众除恶向善的教义，且二教皆宣扬"因果报应"，其中"善有善报、恶有恶报"便是其传达给民众的基本观念。① 可见庙会祭祀有助于遏制越轨行为的出现。庙会所蕴含的宗教信仰对于个人的良知有很大的影响。它通过对与错、善与恶的观念起到软规则的作用，进而达到对个人行为的规范化。社会底层的百姓，他们大多不识字，没有受过正规教育，但烧香拜佛却非常的虔诚，见神就拜，不管何种神灵都要参拜。而且在这些民众心中，做坏事是十恶不赦的，是要遭到神灵惩罚的。这些意识形态影响着人们对事物的评判标准，规范着个体的行为方式。有一段话值得一提："今世之祭井灶门户箕帚臼杵者，非以其神为能飨之也，恃赖其德烦苦之无己也。是故以时见其德，所以不忘其功也。……牛马有功犹不可忘，又况人乎？此圣人所以重仁袭恩。故炎帝作火，死而为灶；禹劳天下，死而为社；后稷作稼穑，死而为稷；羿除天下之害，死而为宗布。此鬼神之所以立。"② 可见古人造神，除了在认识上有迷信鬼神的因素外，还有一种感情上的因素，他们认为应该感恩的，就要将对方神化。做了好事的人，当然要祭祀他。感恩戴德成了一种传统，其实就是一种道德教化，一种行为规范。③ 庙会祭祀的教化作用体现在两个方面：一是心灵净化，勿生邪念；二是行为约束，勿行恶事。

四 慰藉功能

庙会上的"一次献祭，一次祈祷，并不能改变不幸的命运，但它可以燃烧某些沉没的希望，或通过闪烁的烛光抹去哀伤，重构被现实的无

---

① 魏阳竹等：《庙会：传承新志》，中央民族大学出版社 2013 年版，第 59—60 页。

② 《淮南子·氾论训》。

③ 顾希佳：《传统庙会的当代意义：以浙江为例》，《浙江学刊》2010 年第 6 期。

常碾碎的生活想象"①。这正如乔治·桑塔亚纳所言："祷告虽未带来任何物质的东西，但至少是培养了人的某些精神方面。它不会带来雨，但直到雨到来之前，它可以培养一种希望，一种屈从，可以培养一种心情以应付任何可能的结果，即展开一种远景，在其中，人类的成功会根据它的被限定的存在和有条件的价值显示出来。"②

清末民初，境内民众生存条件较为恶劣，由于拥有较少社会资源，所以他们的生活经常处于不确定和无助的状态，现实生活的困境促使他们不断寻找新的生存路径，民间信仰世界正迎合和适应了他们的心理需求，他们借助神灵的力量，增强自身的战神困难和挫折的勇气。据被访谈者回忆，"小时候经常看到爷爷'赶会'前少精无力，诚惶诚恐，但每当从庙会上返回时则是精神抖擞，带着一副笑脸，并十分诡秘地和奶奶说着话，皱着的眉头舒展了，心中的疙瘩解开了，看到了未来生活的希望"③。民众生活中面临的各种各样难以解决的现实问题，只有通过求助神明，通过人神之间的交流以满足自身的需求，将世俗性的生活利益寄托在超自然的仪式之上，祈求神明指点迷津，消解人世间的烦恼。在虚幻的、空想的世界中得到自我安慰和心理满足。④庙会祭祀使民众借助神灵的力量，增强战胜困难和挫折的勇气，并得到精神上的慰藉。

庙会祭祀既有物质层面的行为符号，如请香、烧香等，又有祭神的变异方式，即庙会上的娱乐活动，庙会上的休闲娱乐是祭神的变种，通过娱神、娱人，人神联欢，大大满足了民众的精神需求。通过庙会期间各种文化娱乐活动的开展，调剂"白日田中作，黄昏家内息"这样一种日常生活的枯燥和乏味，使民众的精神得以安慰、生活日趋丰富。

可见庙会的祭祀功能是多元的。正因为如此，传统庙会代代相传，传承的不仅是特定地域人们的生活观念和生活方式，而且也是庙会祭祀向社会各领域渗透和介入的重要表现。庙会祭祀既体现了社会各阶层的

---

① 高长江：《民间信仰：和谐社会的文化资本》，《世界宗教研究》2010 年第 3 期。

② ［美］乔治·桑塔亚纳：《宗教中的理性》，犹家仲译，北京大学出版社 2008 年版，第 43 页。

③ 杨腮子，86 岁，保德杨家湾人，2015 年 3 月 6 日采访记录。

④ 甘满堂：《村庙与社区公共生活》，社会科学文献出版社 2007 年版，第 208、209 页。

意志和行为模式，也平衡着人与神之间的利益关系，满足了人们的物质和精神需求。

第五节　庙会与日常祭祀

庙会祭祀与日常祭祀的共同行为取向，皆表现为对众神灵的虔诚和祭拜。但由于时间节点的间或错位，以及祭祀方式上的差异性，导致祭祀意义的不同。但无论如何都影响着民众的思想意识和生活观念。

一　通与不通

（一）通

强调的是对神灵虔诚和信奉的同质性。无论是庙会祭祀还是日常祭祀其思想根源皆为万物有灵论。"万物有灵论，是人类对强大的自然力无法解释而只能认为是神的意志的一种观念。在此观念支配下，人们把所有的事物都视为是有生命的。"① 不仅自然界的一切动植物是有生命的，即使所有的无机物也都是有生命的。正如英国文化人类学家泰勒所指出的那样："自然的力量，一切看到的事物，对人友好或不友好的，它们似乎都是有人格、有生命或有灵魂的……"② 这些有灵魂有意识的事物，被认为比人更胜一筹，因而人们无法不对它们大加崇拜。

除万物有灵论的认识根源外，敬神本身所具有的实用性也是其重要因素。美国文化人类学家基辛曾说："宗教强化了人类应付人生问题的能力，这些问题即死亡、疾病、饥荒、洪水、失败等等。在遭遇悲剧、焦虑和危机之时，宗教可以抚慰人类的心理，给予安全感和生命意义。因为这个世界从自然主义的立场而言，充满了不可逆料、反复无常和意外的悲剧。"③ 此话应该说是有一定道理的。各种不同的神祇代表着不同的职能，因而民众为不同的目的敬奉不同的神祇。比如奶奶庙、娘娘庙是

---

① 郑立柱：《华北抗日根据地农民精神生活研究》，人民出版社2014年版，第141页。
② ［美］加德纳·墨非等：《近代心理学历史导引》，林方等译，商务印书馆1980年版，第199页。
③ ［美］基辛：《当代文化人类学概要》，北晨译，浙江人民出版社1986年版，第215页。

专管生儿育女之神，她们常是那些不生育的，或生育后难存活的家庭妇女们祈祷的对象；各家供奉的财神爷，为的是获得金钱财富，以摆脱现实的苦难；灶神是中国民间俗神信仰中一位显赫的家神，不仅专管饮食也兼管人间的寿夭祸福，成为天帝派驻在人间的全权监察代表。为了收买这位钦差大人，大凡婚丧喜庆，逢年过节，都要烧香供饭，以祈福弭灾。特别是在腊月二十三灶神上天之日，一般要举行送灶祭奠。不管诸神的具体职能有何区别，但其共同点就是都能够为人们带来好处和利益。

同时，在祭祀的某些过程要素上具有相通性。

祭祀供品。庙会祭祀与日常祭祀都要做好祭祀食品的准备，购买相关的祭祀用品。祭祀用品可以分为三类：一是香火供。如香、蜡烛等；二是食品供。如水果、面点等；三是纸供。如黄表纸、金元宝等。

祭祀程式。皆按照固定的程式实现祭祀。如摆供品、燃香、磕头、烧黄表纸等。庙会上的摆供品是为神灵提供吃食，燃香是将供奉的神灵进行召唤，磕头、烧黄表纸则是将自己的求乞送达给神灵，具有明显的世俗性（实用性）特点。日常祭祀无论是对神灵还是祖先，也都是民众从实际的需求出发，祈求各路神祇赐福和保佑人们，使其过上普通民众的正常化生活。

（二）不通

表现为时空的错位、主体的移位、金钱的地位。

时空的错位。庙会的举办时间通常是神明的诞辰日。庙会祭祀分村庙和家庙祭祀两种。村庙神为村落居民共同敬奉的神祇。家庙是家族供奉的神祇。境内较有影响的家庙庙会是五台槐荫祭祖庙会。每年清明节，村中均请戏班唱戏，请八音会在赵氏宗祠吹奏，并到始祖坟祭祖。时间一般为五天，唱戏 11 场，多在大寺戏场[①]唱戏。清明庙会期间，赵氏成员会举行祭祖活动，在这几天会把家谱、祖先像、牌位等供于家庙内。祭祖活动分为 9 个步骤。第一，上供品。安好供桌，摆好香炉、供品、冥钱，将三牲、点心、各类水果、米饭、馍馍等按顺序摆放在供桌上；第二，迎灵。点燃香烛，迎接神灵；第三，上香。族人鞠躬上前上香，

---

① 木质结构，建于清嘉庆年间。

上完退回；第四，上酒。族人将酒洒至供桌前；第五，跪拜。族人一跪三叩首；第六，烧纸。由家长带头，为先祖烧纸，祈求家族平安，风调雨顺；第七，诵读祭文；第八，呈祭文焚烧；第九，行鞠躬礼。一鞠躬，二鞠躬，三鞠躬。

每逢清明节，外地的赵氏成员都会回来祭祀祖先，给祖先上炷香，烧点纸，再听老一辈讲述本家族的源流和祖先的志业，表达祖先赐予生命之恩。中国人不像西方人，相信天地万物和人类是由某种神灵创造的，只是实实在在地相信"身体发肤，受之父母"。老一辈通过对祖先高贵品德的赞颂，通过对先祖的人格和能力的赞颂，告诉子孙后代要见贤思齐，通过对先祖拼搏奋斗的精神的弘扬，懂得稼穑之艰难，从而笑对坎坷，面对人生更加坚强、努力和从容。

在大寺戏场里，人山人海，摩肩接踵，路旁的小吃摊点和售货凉棚，足有五公里长。来自东冶、南大兴、北大兴、建安、河边等村的人，穿着形形色色，彼此客客气气。从远处来的人，背着干粮，坐在路旁的饭摊子上，吃着凉粉，就着饼子，不时引来路人的议论，说他们说话"怪"，说他们饼子大。他们则顾不上关心这些，只是彼此招呼着不要掉队，彼此叮咛着吃饱喝好，彼此争抢着结账付钱，从附近村落来的人，有的还捎上了"生意"，有卖自产果品的，有卖刺绣产品的，等等。可别小看了这些小本生意，对于身处偏远乡村的农户人家，每年庙会上的几天辛苦，就能解决一家人一年到头的油盐酱醋开支。

庙会期间，摆个小摊，不管卖点什么都能赚点钱。小贩们会按天数向当地交点地皮税，但由于是小本生意，当地收取的地皮税不多，一般是一天一个大洋。

唱大戏，是庙会不可缺少的活动内容。村里人看戏成瘾。逢会天，十里八村的男女老少拿上板凳，结成一伙，相扶相伴，不约而同地涌向戏台前。看戏时，目不转睛，眼耳并用；散戏后，说长论短，七嘴八舌；来回路上，情不自禁地放开嗓子，手舞足蹈，惟妙惟肖地重复着某个演员的唱法和动作。往返一路，谈笑全程，喜不自禁，乐不可支。最受人们喜爱的戏剧家有人称"北镇须生大王"的赵玉亭、赵成贵等。

日常祭祀的时间是农历每月的初一、十五，甚或民间节日等也要拜神。尤其是农历年，家家都要烧香敬神，"什么老天爷、土地爷、灶王爷、财神爷、龙王爷、马王爷等，不下一二十种，都要烧个遍"[1]。祭祀的空间为室内和庭院。在室内僻静的地方摆放观音菩萨、关老爷神像，在锅台旁供奉灶君爷等，庭院供奉天地爷、土地爷和马王爷等。

主体的移位。庙会祭祀是群体性信仰行为，不仅所在村落的民众参与，周边村落和城镇的民众也都纷纷涌向庙会。日常祭祀较多表现为家庭的信仰行为，以家庭为单位进行，通常由家长承担。祭神之前要准备足够多的祭祀用品，包括黄表纸、香炉、香、水果、食品等。如每年农历正月，人们普遍认为是一年之始，希冀万象更新。因而此月，所祀的神最多，行为也最庄重。仅以接神一项来作典型说明。接神，是境内民众除夕之夜必做的事情。一般情形是鸡鸣之时，全家老幼皆穿新衣、置香案、焚香、明烛、设供品并叩首，神情极为虔诚肃穆。如崞县西南乡一带，为了接神，五更前后家里的男性长者（通常是父亲）静悄悄地起床、开门、洗手，在各路神仙牌位前点灯，摆供品、上香，接着点旺火、放炮，给各路神仙及祖先奠酒、烧纸、磕头。室内室外明明亮亮，对联映放红光，旺火照亮半空，炮声此起彼伏，气氛异常神圣热烈。[2]

金钱的地位。日常祭用品主要是蜡烛、香炉、香及食品等，无纸质币的介入。即使对先祖和故人的祭拜也仅仅使用的是一种被人们称为冥币的纸币。而庙会祭祀"在人与神明的交易过程中，神明的灵验当成了可以用金钱衡量的商品，人与神明之间的交流越来越缺乏神圣意义，逐渐成为一种交换行为，而这种交换行为建立在互利的基础之上"[3]。显然民众把庙会上布施的多少作为福报大小的依据，因此庙会祭祀中带有明显的金钱因素，平时十分节俭的百姓，在神灵面前也表现得异常的"有钱"和"大方"。可见，庙会祭祀更体现了人们的功利性和实用性的生活态度和价值观念。

---

[1] 《华北学研究丛书》编委会：《齐一丁纪念文集》，电子工业出版社2004年版，第10页。

[2] 赵新平：《1912—1928山西乡村生活研究》，中华工商联合出版社2007年版，第137页。

[3] 刘晓春：《仪式与象征的秩序：一个客家村落的历史、权力和记忆》，商务印书馆2003年版，第192页。

二　神圣与世俗

民众按照世俗生活空间建构神灵的生活空间，从世俗日常生活设计神灵日常生活，包括神灵的衣食住行。如每次过庙会前都要给神像更换龙袍，按时提供各种供食，为神灵建造居所庙宇，对神灵的出行也特别的关照。比如忻县东石村建的茶房庙，据任连堂老人回忆，此庙主要是接待游邀村的黄堂爷进城时在此歇脚休息饮茶，故称茶房庙，也称歇马店。位于村西进城道南，离牧马河200—300米，庙前有水渠，进庙过桥，庙内供奉着关老爷和观世音菩萨。庙前还有用土堆起的戏台，戏台后有专供演员唱戏换装的房屋，戏台后墙正中开有一个圆形的窗户，墙体两边开有两个门子，供唱戏演员演戏出进。每年夏季举办庙会。① 民众就是这样试图将世俗生活和神圣生活融为一体，在人与神之间架构起世俗与神圣共存共融的桥梁。

从祭祀的本质看，庙会祭祀可以理解为是一种特殊的日常祭祀；从现实社会来看，庙会祭祀已成为民众社会生活中不可缺失的组成部分。在寺庙密集分布的晋北社会，一年之中庙会不断，庙会逐步走向日常。但不管是庙会祭祀还是日常祭祀，都体现了神圣与世俗的相融性。神圣的背后是世俗的利益考虑，而世俗又离不开神圣的依附。

---

① 石计寿：《石氏族谱》，内部资料，2012 年，第 231 页。

第 三 章

庙会与商业贸易

庙会是民间文化，更是日常生活。英国社会学家马林诺夫斯基说道："一物品只成为文化的一部分，只是在人类用着它的地方，只是在它能满足人类需要的地方。""所有的意义都是依它在人类活动的体系中所处的地位，它所关联的思想，及所有的价值而定。"① 晋北庙会作为民众日常生活中一个重要的节日庆典，存在于当地民众的文化系统中，是因为它在某种程度上满足了人们的需要。庙会是民间文化的集结地，也是民间商品活动的中心，庙会的商业贸易功能不仅满足了人们的物质需求，也在一定程度上促进了地方经济社会的发展。

第一节 庙会与商铺

一 庙会商人

（一）庙会上活跃着一支"临时商人"队伍，其中分本乡人和外籍人

从其原始职业身份来看，大体包括小商贩、独立手工业者和农民三大类。小商贩和独立手工业者可以乘机分取庙会利润，但小商贩和独立手工业者毕竟是小本生意，收入十分有限。农民利用逛庙会之机将自己家的农副产品售出，并购进一些必要的生产和生活用品，但农民在庙会上出售农副产品并未带来多少实际收入。正如著名的经济史专家冯和法所言："农民在市集庙会中出售其农产物，在形式上虽似直接售出，但

---

① ［英］马林诺夫斯基：《文化论》，费孝通等译，华夏出版社 2012 年版，第 17 页。

是：第一，因这种短期市场不是每天举行，农民需要现款的时候不易一时把其农产售出，每次举行以后，又须间隔一段时间，以致每到集市时日，农民即不得不忍痛把农产物在不利的条件售脱；第二，这种市场举行的时间短暂，范围不大，更使农民无法选择比较的条件；第三，这种市场的组织比较简单幼稚，全是中世纪市场制度的遗留，其间的卖买及市场价仍多为商业高利贷资本者所操作。"① 这些"临时商人"几乎人人手中都有本城乡社区的"庙会谱"，根据"庙会谱"所记录的庙会时间和地点"赶场"。通过赶场不仅卖出自家的商品，获得不菲的利润，而且成为除商业信息之外的其他社会信息的传播者，在经济行为背后构筑着地方社会生活网络。

（二）庙会所在地固有商人群体

他们往往以自己经营多年的商铺参与庙会的商业活动。提前备好即将在庙会上交易的各种物品，做好庙会的一切准备工作。这支商人队伍，他们有着较为丰富的商业经验和"先入为主"的商业优势，他们生活于"熟人"社会，手中的物品更易抛售，获得更多的利润。比如忻县城"五月盛会"所在地大东街，由西往东数起，商号买卖坐北有 35 家、坐南有29 家。账庄、钱行、绸缎、布匹、饭铺、糕点、山货、医药、纸墨笔砚、书铺、典当、金银铜铁、玉器、古董、衣帽鞋袜、旅店、染房、烟袋、镜框、估衣、家具、剃头、棉麻、干果、蔬菜、杂货醋酱……应有尽有，② 形成庙会上庞大的固有商人群体。

（三）庙会举办之日也是商人集聚之时

如河曲西楼口园通庵龙华庙会，本地外地大小商者数千人，其中有北京、天津、太原、西安、包头、绥远等城市的商贾 1000 余人。大小旅店客满，"高脚"③ 露宿不能入店，从西门河畔起经西阁街、南城壕，通向马营围大街、南关大街，街道帐篷林立，各街买卖声不绝于耳。西门河畔码头人声鼎沸，装卸货物昼夜不停，上下船筏，从沙口至许家口布成长蛇阵，缓慢蠕动。南来的有绸缎、茶、布、棉、漆、糖，北来的有

---

①　冯和法：《中国农村经济资料》（续编），上海黎明书店 1935 年版，第 916 页。

②　政协忻府区委员会：《忻州古城史话》，内部资料，第 173 页。

③　"高脚"即牲口驮货。

牛、羊、马、驼、油、盐、粮。市布、卡机布、呢料、克利缎等百余种洋货上市①；宁武县城老爷庙、新堡村灌沟寺、小石门晓庵庙，每当五月十三庙会期间，精于掌握商机的宁武商家，都会不失时机地携货带柜，前往会场赶会营业，获取较丰厚的利润。②

无论是"临时商人"队伍还是固有商人群体，庙会上他们都花样百出地夸耀着自己的商品，眼睛不停地在穿梭的人群中寻找着买主，并伴有各种腔调的吆喝声和叫卖声。比如定襄卖水果的，其叫卖声为"字（称）——梨儿来！""字（称）——果得（子）来！"或"耻（称）——梨儿来！""耻（称）——果得（子）来！"把"称"字发成了"字"或"耻"的声音；钉碗的，其吆喝声为"地（钉）——旁儿（破）忘（碗）来！"钉锅的，其吆喝声为"地（钉）——锅来！""活如（糊）——锅来！"他们以其自身的商业理念和商业行为不仅活跃了城乡商品市场，满足了人们的生产生活需要，而且也增加了其自身的收入，成为主要的谋生之路。比如，忻县匡村陈应全担着柳盆（即用柳条编制的盆式箩筐）从40里开外的奇村、温村一带收购小麦，担回匡村，用石磨人工磨成面粉，在八月十四的关帝庙会上沿街叫卖，在一买一卖中赚取利润，增加了家庭收入。同族的陈凌文先后在本村的"福和"干货店账房和"双盛全"醋酱铺站柜台兼记账。他自制的七厘散、益母膏等成药，疗效显著，求购者不绝。③ 尤其在庙会期间，其销售量位居各类商品前列，收益丰厚。

二 庙会商铺

庙会期间的商铺有外来的临时性商铺和日常固定性商铺，其中以后者为主。临时性商铺皆是搭建的简易帐篷，日常固定性的商铺皆保留庙会前的布局特点。

比如宁武县城不仅是本县商贸中心，也是邻近州县商贾经常往来贸

---

① 山西省忻州市政协文史资料委员会编：《忻州文史·第6辑》，内部资料，第127页。
② 山西省忻州市政协文史资料委员会编：《忻州文史·第8辑》，内部资料，第912页。
③ 山西省忻州市政协文史资料委员会编：《忻州文史·第7辑》，内部资料，第428—429页。

易的集散重镇。民初，仅县城即有两百多家商铺。东关（今东市街）、西门街（今上新兴街）、南门街（今梧桐路南段）和头百户街（今新兴街）四处，最为繁华，尤以南门街为盛。① 众多的商铺成为城关庙会商贸活动的主要交易场所；繁峙砂河镇，明代称砂河涧，设有官亭，是接待朝官和北方少数民族的朝台之所。万历年间，在土堡的基础上重建砖石堡墙，堡内多为商号店铺和粮油、糕点、酒醋等加工作坊。清朝末年，堡内有各类商号120多处，是方圆百里的商业贸易中心和产品集散地。三月十八的娘娘庙会，商贸活动即以堡内的商号为主；再如定襄宏道镇位于崞县、定襄、五台三县交界处，交通便利，有明以来即是三县货物集散地。清末民初，镇上四街已形成各具特色的四大贸易市场：北街市场以洋货、布匹、日杂、食品、饭铺为主，南街以蔬菜、水果、铁木农具为主，西街为麻绳、皮革、戏装、粮食、牲口市，东街则为炭市。四街两侧有上百家商铺，构成了鳞次栉比的贸易网络。五月十三关帝庙会期间，主要的商贸活动仍然在这些商铺中进行。

附：清末民初宏道镇的商铺

商号	货类	财东	附注	商号	货类	财东	附注
三盛源	饭铺	郭金卯		万泰店	货栈	王七存	
同心源	饭铺	张毛		广盛魁	杂货	胡魁隆	
三和成	饼面	梁还有	北社西	义丰和	杂货		
聚益公	饼面	王同生		三义永	古董杂货	杨满喜	
聚益恒	饼面	陈福虎		同聚恒	布匹	续二犇	西社人
晋丰永	饼面	蔚玉魁		万厚丰	布匹	赵崇年	
三聚成	饼面	王补来		天义永	布匹	续自保	西社
德合成	饼面	李海		源茂恒	布匹	续岑	西社
元和昌	饼面	李元中		同心成	布匹	梁通林	北社西
成记	饼面	李林、蔚广富		天聚恒	布匹	梁仲秀	
源恒瑞	饼面			天庆楼	布匹	李金贵	平东

①   山西省忻州市政协文史资料委员会编：《忻州文史·第8辑》，内部资料，第908页。

续表

商号	货类	财东	附注	商号	货类	财东	附注
义泰恒	面	白成文		义和永	布匹	温先槐	城头
公合泉	面、酒	胡白	贾庄	东合永	布匹	徐金其、郭连玉	北河底
益胜泉	面、酒	李计		明义新	布匹	祁高升	
万和昌	面、酒	孟满槐、宋还来		聚成祥	中药	胡成林	贾庄
万顺泉	酒	郝清堂	南河底	道生恒	中药	赵跃清	
涌聚成	酒	姜官元		济生堂	中药		
聚益恒	汤	潘树林		益寿堂	药铺	李官旺	北社东
庆和泉	粉条	张铁柱		广兴堂	药铺	刘火旺	
三义泉	粉条	陈雨秀		义生荣	药铺		
德盛源	肉	杨政鸿		福和成	皮革	张沙其	五台县
复盛源	肉	谢富彩、杨成		永泰成	皮革	杨计槐	
晋泰恒	粮油	续自保	西社	忠义成	皮革	郭旺	
四合堂	粮油	曲二喜、王积厚		集义成	戏装	梁在全	北社西
三盛和	粮油	李虎全		公益昌	戏装	梁海河	北社西
聚福店	粮油	李黄生	平东社	三德成	戏装	张海全	
广益店	粮食	续成德	西社	义盛茂	当铺	杜槐槐	
宏业店	粮食	刘金锁		天锡元	钱庄	梁来芝	北社西
广兴店	粮食	常春贵		厚记	钱庄	张天福	
三合店	粮食	张宽		三益公	钱粮	续西堂	西社
广聚店	粮食	刘丑登		协同书社	文具	续治良	西社
明盛源	杂货	温铁明	城底	树德昌	车铺	张全祥	
协和店	杂货	韩卯兔		自成久	车铺	张维泰	
庆福店	货栈	郝元宣、张世和	南河底	和记		续谦祥	西社

资料来源:《宏道镇志》。

商铺为了吸引买主,常常会装点门面,不惜耗材费力。"各店铺都要油刷门面，洗洁店容，张贴对联，悬挂彩灯。"① 1935 年（民国十四年）农历九月初十，河曲园通庵 12 年一遇的龙华庙会，城内商店和手工作坊油漆一新。

城镇商铺（商号），一方面作为城镇庙会的主要财源，成为庙会举办的重要前提条件。比如宁武县城五月十三、六月十五在财神庙、吕祖阁等处举办的庙会，都得到商铺的大力赞助。② 忻州城开春的第一场庙会就是由州城粮行举办的泰山庙庙会。粮行乘此机会正式开市，对面天顺粮店从此逢双有集，籴粮营业，四门两关粮行也都开业。四月二十一，全城商户又在泰山庙与财神庙同时举办庙会，各唱戏三天，其目的自然是祈求买卖兴隆、财源广进。同时免费为赶会的人提供开水，在两庙的大门以内，专门空出地方烧开水，"白公鸡"③ 在火炉上发出尖细的哨声。肩上搭块毛巾、嘴里不停吆喝着的伙计为商会首脑、十大商行头面人物、各地有代表性的来客、庙会会首一趟一趟提壶打水，并备有大瓷碗，供大家喝水，更体现了庙会的人文关怀。④ 另一方面，庙会也为商铺带来巨大的人流，即消费群体，借以获取超常的贸易收益。据《宁武府志》载："岁时祭祀，馈问燕戏之节，略如他方。岁祭时，乡人云集。"⑤ 人们借赶会之机，购置各自所需，促进了当地商业贸易的繁荣。

第二节   庙会与交易

一   交易物品

庙会期间摊贩云集，各种商品应有尽有，平时买不到的、卖不了的东西，一般都能买到、卖掉，商贩们忙得不可开交，营业额为平时的几倍或几十倍。庙会交易的商品种类齐全、功能各异。从种类上讲大致有以下几类：

服饰类：一是各种成人和儿童衣服。包括裤子、袜子、背心、帽子、

---

① 山西省忻州市政协文史资料委员会编：《忻州文史·第8辑》，内部资料，第911页。
② 同上书，第907页。
③ 即锡、铜、铝合金，银白色，状若茶壶，大肚小口，壶嘴细长，大者可容两三担水。
④ 政协忻府区委员会编：《忻州古城史话》，内部资料，第95页。
⑤ 山西省忻州市政协文史资料委员会编：《忻州文史·第8辑》，内部资料，第908页。

布鞋等；二是装饰品。有女性的头花、围巾等。

日常用品类：毛巾、塑料盆、肥皂、床单、被套、花布针头线脑；菜刀、砂锅、小凳子、饭桌、碗、盘等。

生产工具类：铁锹、镰刀、耕犁、锄头、扁担、木耙、箩筐等。

食品类：炒瓜子、炒大豆、炒花生、莲子、豌豆、麻子、糖葫芦、麻花、麻叶、锅魁、饸饹、削面、拉面、剔尖；羊杂碎、豆腐脑儿、丸子汤、油炸糕、烫包子、干炉儿、斜尖子等。

玩具类：戏剧面人、脸谱、刀矛、竹龙、扑扑登、走马灯、拨浪鼓、九连环、塑糖人等儿童耍货。

交易的物品既有种类的不同，也有城乡的差别。城镇庙会买卖的日用百货较多，杂以非耐用消费品和奢侈品；乡村庙会则多生产生活必需品，实用性较强。大城市庙会中，除大量中、高档消费品外，还有许多精神产品和消费用品，[1] 同时还有不少区域特殊商品，如马城的瓦盆、留念的箩筐和黄盐、西社的苇席、辛安的扫帚、南河底的麻皮、同川的梨果和红枣，以及马城的香瓜、西同川的夏果、东冶的白菜、赵家营的紫皮蒜等；也有蒋村的麻纸、西郦的铁锹、王进的风箱、河边的温石板、窑头的煤炭、东峪的花椒和核桃等，还有来自代州的箱柜、西八县[2]的莜面、内蒙古的骡马等。乡村庙会均以农具及日用品为主，这显然是以农民为主要的购买对象，交易的物品比较单一和专门化。

许多庙会有固定的交易产品。如五台山六月庙会以交易骡马为主，故称骡马大会；定襄十月初十蒋村庙会，以交易羊为大宗，故称羊会；繁峙三月二十八作头小猪会，以交易小猪为主；二月十九砂河的圪栏会，以交易木料为主；神池六月初六八角镇庙会也主要以交易牲畜为主；宁武八月初一城关会，以交易牲畜为主，并有地方土特产品上市。其时，城郊居民纷至沓来，边远山区的农民也进城赶集，并有神池、岢岚、五寨、河曲、保德客商农民远道而来。

"庙会存在的最根本原因是满足了人的基本要求，而这正是社会运动的基本条件。在庙会中，民众可以以商品交换获得所需物资，满足物质

---

① 赵世瑜：《庙会与明清以来的城乡关系》，《清史研究》1997 年第 7 期。

② 包括河曲、保德、偏关、神池、五寨、岢岚、宁武、静乐。

上的需求。"① 可见，庙会虽以求神拜佛的宗教活动为其源头，但使庙会形成规模并经久不衰的决定性因素却是经济活动。

二　交易方式

（一）钱物交换

这是最基本的交易方式，卖主根据所售物品的质地、成本、用途等确定价格，且为了获取一定的利润，往往设法抬高价格，买主则是想用较少的货币获得自己心仪的物品，所以拼命地"砍价"，千方百计地压低价格，讨来还去，最后商品以一个双方都满意的价格成交。其间也有"拉黑牛"和"搭腔成交"的。"拉黑牛"，即帮助卖主说话，推销其商品。有人买东西时，"拉黑牛"者和卖主一唱一和，以买者的口气说卖者商品的优点，以说服买者购买商品。"搭腔成交"，是指卖主将其商品摆放在地摊上，当人们上前察看问价时，卖主主动搭话解答，倘若要价和买主意向悬殊时，只一问了之，倘若相差不多，经双方的反复交涉，即可成交。前者带有明显的欺骗性。②

（二）摸指言价

即"捏价"，也称"捏手"，或者"捏码子"，是境内庙会上骡马交易的讨价还价方式。卖主和买主通常不直接叫价，通过中间人即经纪人在买卖双方斡旋。经纪人由熟悉牲口和行情的人担当，善于观牙口、看膘情，被众人公认。买主选定了牲畜，先与经纪人商量，双方把右手手指捏住，用袖口遮挡，以防外人瞧见，彼此用规定的手指表示可以接受的价钱。经纪人心中有底后，与卖主以同样的捏码子方式进行讨价还价，直至买卖成交。也有买卖双方直接捏码子的，但双方讨价还价差距太大，还需要通过经纪人用手语来回调节。每成交一笔买卖，经纪人从中抽取一小份数额做报酬。每个手指代表的数额在不同的地方会有所不同，所以，非本地人在第一次进入某个地方的市场，并与对方捏手之前，应该先了解和熟悉当地的"捏价"习惯。一般情况下，捏价应该遵循的普遍原则，即捏住对方的食指，表示一、十、一百、一千、一万；捏住对

① 李永菊：《庙会的文化功能分析》，《湖北社会主义学院学报》2003年第6期。
② 薛麦喜：《黄河文化丛书·民俗卷》，陕西人民出版社2001年版，第530—531页。

方食、中二指，表示二、二十、二百、二千、二万；食指、中指、无名指，表示三、三十、三百、三千、三万；食指、中指、无名指再加上小指，表示四、四十、四百、四千、四万；捏住五指，表示五、五十、五百、五千、五万；捏住拇指与小指，表示六、六十、六百、六千、六万；捏住拇指、食指与中指，表示七、七十、七百、七千、七万；拇指与食指展开，表示八、八十、八百、八千、八万；食指捏弯，表示九、九十、九百、九千、九万。当地流传的口歌为："六捏捏、七撮撮、八张口、九勾头、十指头。"

一般来说，"捏价"是在政府公共权力没有介入的自由市场交易中双方议价的一种重要形式。骡马交易双方议价，为何不通过语言进行？因为一是交易骡马时，嘈杂声太大，影响正常的语言交流；二是大牲口一般较难有统一的规格，也不存在统一的价格，双方在"捏价"前对商品最终的成交价格均难以预料，通过"捏价"可以使商品的价格逐渐趋于双方都可接受的水平；三是通过"捏价"也可以将自己掌握的价格信息保存起来，以便在交易中获得更大的利益。这种交易方式不仅可以保证各个买家在谈价时的公平，而且实质上是引入了一种竞争机制，使卖方可以从诸多出价者中选择最满意的出价人完成交易。同时也维护了自由市场的秩序，使每个人获得了平等的谈价机会。

（三）赊销赊购

一般是在本地商人和商铺中有此交易方式，赊销，就是买主急需物品，但卖主一时提供不了，于是卖主便答应留有一定时间组织货源，尽快满足买主需要。赊销时间不宜过长，否则买卖双方就难以成交。赊购，是指卖主需要某一物品，但一时没有足够的钱交付卖者，经反复说和以口头形式从卖主那里赊取物品，此行为的完成主要靠的是彼此间的信任，以及人们在相互交往中形成的好的"人缘"。当然，也与乡土社会的"人情"分不开，毕竟交易双方都是本乡本土人，乡里乡亲这点情分还是要给的。庙会作为商品交易的重要平台，在经济方面所起的作用具有不可替代性。

第三节 庙会与集市

一 庙会市场

庙会因商品贸易功能又被称为庙市（"庙会市场"的简称）。清末民初的晋北由于独特的自然地理环境和人文因素，使庙会成为城乡市场尤其是农村市场的一种主要形式，在晋北社会经济活动中，发挥着重要作用。晋北庙会一般举办时间三到五天，短者一天，大型庙会则会持续半月到一个月。庙会的时间制度很容易受农业文明的影响。农业文明的季节性特征也使庙会呈现出时间结构性特征。正如前文所述，境内庙会主要举办于春耕前与夏种后的农闲时间。这两个时间段是农业的相对空隙期，人们可以从繁忙的农业劳作中腾出身来，参与庙会的贸易活动。据《定襄纪要》载，农历三月十五为城内赛货大会。届时，"商贾辐辏，百货云集，颇具一时之盛"①；五台县东冶镇是历史悠久的三晋名镇，既是五台县最大的商业中心，又是五台、定襄、崞县三县交界区的货物集散地。商品种类繁多，商铺十分密集，它的繁华程度不逊于五台县城。据《中国实业志》载，1936 年，东冶镇有坐商 216 户，资金约百万银圆。按经营商品分类，有棉布行、日用百货商店、杂货铺、饮食业、医药店和书局等。最著名的商号有旺泰厚、志远久、阜丰昌、裕生源、明生泰、崇德永、德和旺、丰富昌、怀义明、丛生蔚、锦和成、德和源、怀义永、永兴合、同义荣、蔚庆昌、广庆茂、天合泉等。② 每年三月初八和四月初八举行的庙会是东冶镇集市贸易的重要形式。三月初八是道教节日，为纪念灵应寺十殿阎君而举行的祭祀活动，地点设在东冶镇西梢门外灵应寺前。四月初八是释迦牟尼的圣诞日，是佛教寺庙的重要节日，祭祀活动地点设在东冶镇东街三角戏楼前。因东街是富人的聚居地区，故东街商铺林立。每当会期，各家商铺都提前进货，做到货源充足，满足供应。定襄、忻县、太原和河北平山、保定、石家庄以及大同、内蒙古等外地的商家，也都来东冶镇搭棚售货，促进了东冶的繁华与热闹，构成东冶

---

① 山西省忻州市政协文史资料委员会：《忻州文史·第 8 辑》，内部资料，第 761 页。
② 同上书，第 768、769 页。

集镇商业的主要特点。

庙会市场是城乡市场的有机组成部分。清末民初，随着商品经济的发展，农产品商品化程度日益提高，城镇多有庙会，乡村庙会分布也随之日益增多，庙会的贸易功能也逐步增强。正如有学者所言："进入近代，乡村社会的农产品日趋商品化，由于小农经营的普遍存在，国内市场的不发达，农民出售农副产品的主要渠道，自然只能依赖作为产地市场的集市和庙会。"① 繁峙，道光年间县志有关庙会记载："三月十八日本城、砂河俱有香烟会，远近士民各以鸡鸭羊只入庙酬神，是日商贾云集，惟砂河会为最盛。"② 光绪年间，相关记载还有："祈年报赛，演剧酬神，事虽俗，义则古也。百室之邑必有社会，而以城中及砂河为盛，皆以三月十八日大祀后土，士女游观，商贾云集。"③ 庙会市场因庙而起，庙又因经济贸易而盛，所以民众的宗教行为与经济行为是紧密结合在一起的。

二　庙市与集市

庙市是一种特殊的集市。庙市一般以年度为周期，而集市则以每旬开市二至三次较为普遍，集期大都以一六、五十、二七、四九、三六九、一四七、二五八相搭配。比如保德州集市在城中，"仅枭米粟"，主要交易粮食，而城外"东沟集，每逢二七贸易杂货"④；崞县都庄每逢一、四、七为集；定襄县城每月单日为集，宏道每逢三、六、九为集，芳兰每逢二、五、八为集，兰台每逢四、八为集；宁武城关也是每逢一、四、七为集。庙市的辐射面广，参与者流动性大，人数多，而集市的辐射面窄，参与人群基本上以本村为主，偶尔有邻村人参与，人数较少。庙市从一个县域范围来看，一月之内有数次之多，如繁峙县庙市（庙会）正月有二次，二月有六次，三月有八次，四月有八次，五月有二次，六月有七次。⑤ 但从一个特定的地域概念考察，则更多呈现出年周期性。而集市是

---

① 小田：《近代江南庙会经济管窥》，《中国经济史研究》1997 年第 2 期。

② 道光《繁峙县志》卷二《风俗》。

③ 光绪《繁峙县志》卷一《风俗》。

④ 康熙《保德州志》卷一《市集》。

⑤ 资料来源于米成《民间节日、事宴、庙会的习俗和礼仪》，内部资料，2009 年，第108—120 页。

月月有集，其举办频率明显高于庙市，但庙市举办周期与农业生产的季节性极为一致的特点使其规模急剧扩大，数量激增，从而吸收了农民的大部分农闲产品，而集市交易商品则相对匮乏，不能很好地提供农民生产生活所需物品。① 究其原因，与土地贫瘠、天灾以及农民的购买力低下有关，农民一年辛勤劳作仅能维持基本的生存，用来交换的农产品较少，导致集市规模停留在较低的程度。而庙市所交易的物品种类繁多，一般以农具、日用百货为主。许多庙市形成固定的交易产品，如前文提到的五台山六月的骡马大会，以交易大牲畜为主，定襄蒋村十月的羊会，以交易羊为主。集市交易的商品种类多样，这是与庙市最为相似的地方。

随着经济的发展，庙会除了祭祀活动，庙会和集市交易融为一体，成为人们祭祀神灵、交流感情和贸易往来的综合性社会活动。每当庙会举办时，由于人群的聚集而吸引商人小贩前来交易，从而在庙会场所形成一个临时的集市。② 庙会引来各地的客商纷纷占地搭棚，在大街上摆满了各种小摊，有卖针头线脑的；有卖儿童耍货的等。可见，庙市和集市既有一定的区别，但更大程度上是二者的重合性。

晋北庙会是区域社会生活的缩影和区域集市贸易的另一种形式，是传统市场的重要组成部分。庙会举办衍生出来的庙市对于发展区域经济有着重要意义，甚至在一些交通不便的地方，庙会成为为数不多的商业渠道之一。而以交易某类商品为主的庙会其经济作用更为明显。"庙会是一个地区经济的反映，庙会对于促进区域经济的发展和繁荣，通过特殊的市场产生特殊的效果和作用。"③ 因此，庙会盛衰直接影响着地方社会经济的发展。

---

① 乔南：《浅析清代山西农村集市及庙会》，《山西财经大学学报》2008 年第 3 期。

② 华智亚：《地方政府与乡村庙会——以河北省为中心的考察》，《民俗研究》2012 年第 5 期。

③ 高有鹏、孟芳：《简论庙会文化的基本功能与基本特征》，《河南师范大学学报》1995 年第 6 期。

第 四 章

庙会与休闲娱乐

传统中国社会，闲暇生活贫乏，整个社会性的娱乐，主要就是庙会。
"民俗终日勤苦，间有庙会为乐"①，因此休闲娱乐成为庙会的又一大功
能，通过庙会上的各种娱乐活动，民众疲惫的身心得以放松，空虚的精
神得以补剂。庙会是民众休闲娱乐的好时机。庙会期间，为答谢神恩，
求得神明欢欣和庇护，唱庙戏、玩杂耍，并借此调剂民众枯燥和乏味的
日常生活。

第一节　唱庙戏

一　戏台与戏班

一般在每个中心寺庙的对面皆建有亭阁式的戏台，这便从建筑景观
上体现出庙会乃至寺庙本身所具有的文娱特征。如岢岚东门瓮城内的结
义祠庙、大东街东段的纯阳宫庙和中段的关帝庙、居仁街中段的马王庙
等对面都建有戏台；代县城关有戏台29座；忻县驼罗山古庙群、系舟山
福田寺古庙群、双乳山金山古庙群等，都建有古戏台。仅城内就有财神
庙戏台、关帝庙戏台，忻县总计有戏台200余座（见图9）；繁峙"至今
保存完好的寺庙舞台有130多座，多为清代建筑"②；偏关全县古戏台有
77座，现保存下来的古戏台有思泉心、草垛山、井儿上、滑石、万家寨、
老牛湾、新庄窝、高家湾、水泉、白草坪、骡驼山、大虫岭、教子沟、

---

① 雍正《深泽县志》卷五《礼仪·风俗》。
② 繁峙县地方志编纂委员会：《繁峙县志》，今日中国出版社1995年版，第363页。

下井坪、北场、双寨、大庄窝、南沟、楼沟、下川、磨老洼、堡子湾、上尧王坪、王家上石会、深埝、白龙殿、营盘梁、大红沟、大石洼、高峁梁、霍家沟、窄沟、大庙山、西寨、桦林堡、寺沟、梨园、天峰坪、老营、贾堡、下土寨、鸭子坪、方城、大河湾、岩头寺等村庄古戏台。①

图 9　忻县东张古戏台

几乎每个村都有一座戏台，有的大村有两座戏台，遇上大的庙会，请两个戏班子，唱对台戏是常事。有的村庄甚至有数座戏台。如崞县永兴村有 4 座戏台，前街有 2 座戏台，神棚和邢家彤庙对面各有一座戏台；忻县部落村有戏台 12 座。

值得注意的是定襄大南庄有一座较为特殊的戏台，即"连二戏台"，又称"双台口戏台"。台面上用木质栅栏围着，有两米多高，栅栏间距很窄，人在栅外只能望进不去，戏台里的后台进出口保管得很好，唯有在唱戏的时候才解开栅栏开放。台口石栏高三十厘米，嵌于十一根小望柱间，居中望柱有阴刻楷书"同治元年（1862）季夏谷旦"及"不许登台"两行，其余十根望柱，除二边柱已毁，中八柱阴刻戏联，两台望柱石栏居中刻有扇面形横匾，上书写"吟风""啸月"。其建筑结构精巧，石、木雕精雕细刻，图案出神入化，建筑样式全国罕见。有的戏台建在平地，有的戏台建在高地。如保德路家沟阎罗殿戏台（清代建筑，至今

①　山西省偏关县志编纂委员会：《偏关县志》，山西经济出版社 1994 年版，第 546 页。

保存基本完整）地处保德制高点，海拔 1200 米，由此可看到河曲赵家沟阎罗殿、陕西府谷五虎山阎罗殿和保德武家沟阎罗殿。

戏台是娱神娱人的重要载体，也是连接神与人的中介空间。戏台的文艺表达和文化符号，不仅使艺人的才艺得到展演，也承载着民俗民间文化和建筑文化。戏台也有着多种象征意义，是庙会祭祀的衍生。每次开场戏前，都一定要祭台，使祭祀文化圈进一步扩展，民众的神圣生活和世俗生活在更大的空间内叠合和勾连。

"境内戏班有职业班和子弟班两类。职业班又分两种：一种全由班主执掌，一种则是艺人组合，称共和班子，因按艺术高下划股分红，故又称股股班。子弟班乃是村中好戏者自行组合的班子，于农闲时演出。"① 职业班即科班，民国初年，北路梆子科班在各县大为发展。比如繁峙县有 20 多个科班，即山会郑其旺班、郑宽班、郑五洋班、郑二喇嘛班、高世兴班；大营黄骆驼班、田银班、韩尚章班；县城三齐王班（马计山，号"小韩信"一人领三班）、郑其云班；砂河马二旦班、耿海滨班、高宏计班等②；五寨县有程虎娃班、程四娃班等，其演出人员分别为 30、20多名③；保德县城有长盛班，演出人员有 30 多名。随着戏剧活动的开展，戏台题壁比比皆是。比如崞县上社岱山庙正对面的清咸丰二年戏台（见图 10）墙壁题字：

　　　　△大黑小大头

　　　　正虹　光堂红

　　　　坤角三个：五玉莲

　　　　　　　　　五玉林

　　　　　　　　　贵娃

　　　　（王银山）民国二十年来柱五虎班

　　　　△山西崞县城内同胜园在此一乐

　　　　二位班主　李红　王来喜

---

①　五台县志编纂委员会：《五台县志》，山西人民出版社 1988 年版，第 424 页。

②　繁峙县地方志编纂委员会：《繁峙县志》，今日中国出版社 1995 年版，第 362 页。

③　山西省五寨县志编纂办公室：《五寨县志》，人民日报出版社 1992 年版，第 94 页。

正红□眼红

正旦坤角 武玉鲜

正生 虎头生

正小旦 水鲜苑（花）

二套 王环

二生 吉祥

二正旦 存才

二花脸 老宝元

提笔人崞县南阳村拉厂的王银山留下

民国二十三年三月初一日吉立

△崞县辛庄村同和园道情

班主 赵海鱼

正□贵全

正红 存善

正旦 创仁

正生 阎岐

小旦　清明

老生　坐坐

正黑　文喜

二黑　由岗

中华民国二十年正月二十二日立

　　戏台墙壁题字显示的符号信息，一是哪些戏班来此进行过演出；二是具体演出的年月日时间；三是剧目及具体的角色；四是戏班的组织、规模和状况等。这些信息符号不仅是庙戏文化的重要呈现方式，更是庙戏文化代代承袭的文本书写。

图 10　崞县上社咸丰二年戏台

二　庙戏及功能

庙会期间，民众相聚一起，昼夜狂欢。各地庙会一般都要举办各种各样的娱乐活动。庙会的娱乐活动因时、因地、因神之不同而约略有异，但无论城乡，庙戏（见图 11）都是一个很普遍的节日，"有庙必有会，有会必有戏"，是当时庙会的真实写照。

几乎月月有戏。忻县东楼从三月初三庙会开始到十月十三每月都有庙会，18 家会首轮流执事，11 座乐楼相继演戏。往来班社频繁，戏曲种类齐全。《忻县志》载：正月里马王庙、火神庙、瘟神庙要唱驱凶化吉的吉祥戏；二月二，龙抬头，龙王庙要唱戏；三月三，天齐庙圣母过蟠桃会，也要唱大戏；四月奶奶庙要唱求子戏；五月十三关老爷磨刀，要唱谢雨戏；六、七月大雨如麻，要唱谢龙王戏；八、九月五谷归仓，要唱谢茬戏。① 此外，还有"搭棚戏""下棚戏"和"收白菜戏"等。"搭棚戏"，也称"上棚戏"。如忻县城，一进五月，城隍庙会首先要唱九天的"搭棚戏"，每三天一换戏班。五月下旬，还要唱数天的"下棚戏"；九月龙王庙会，由四门两关内外的菜农共同负担，公推会首主持，在龙王庙

---

① 忻州市地方志编纂委员会：《忻县志》，中国科学技术出版社 1993 年版，第 492 页。

唱"收白菜戏"三天，菜农们除祈求"龙王爷"来年及时施雨外，还利用庙会大量的人流交易白菜。

图11　庙戏

保德三月二十八东岳庙抢抱娃娃会，唱戏三天，看戏的人很多；五月端午瘟神庙古会，唱戏三天，以求平安，不生瘟疫；五月二十五帝君庙古会，唱戏三天，以求风调雨顺，五谷丰登；七月初二马家滩河神庙古会，为河神爷唱戏三天，因为马家滩扳船的多，坐船走口外的人多，又住于河畔，最怕水患；七月初七金峰寺庙会，每年都要唱五天至七天的大戏，两省五县（陕西、山西、府谷、兴县、河曲、岢岚、保德）的人前来赶会，求神赐五谷丰登、风调雨顺；五台县刘家庄村，每年的阴历五月二十八，岁岁礼羊拜神，贺雨赶会唱大戏，以求矿山寺神灵保佑风调雨顺、五谷丰登、隆兴和悦、吉祥平安；定襄中霍莲花会，每年六月二十六至二十八举办。届时，该村四台一楼同时唱戏。"不仅本县信女善男、游客商贾蜂拥而至，而且邻近州县的游客慕名而来。城乡富商大户，乘车坐轿，骑驴跨马，携家带眷，逛庙会，游山水，盛况空前。"①

①　张建新：《定襄民俗文化志》，中国文史出版社2006年版，第258页。

　　静坐台前凝神看戏的自然是年长的戏迷。台上名角粉墨登场，台下有钱的人家专门搭看台，显示有钱人的尊贵排场。民国十七年（1928）忻县东石村洪堂寺庙会（七月二十一），戏台上贴着这样一副对联，上联："五月鲜六月鲜鲜桃鲜果鲜供神"，下联是"七岁红九岁红十二红唱戏艺必红"①，此对联是对当时庙会及戏班名角的反映。

　　庙会唱神戏的时间有长有短，短的一天，一般三天至五天，长的可达十天或半月。庙会中的戏剧一般是以北路梆子为主。嘹亮的唱腔和急促的伴奏声老远就能听见。无论阴晴下雨，戏台下总是熙熙攘攘挤满了人。主要剧目有《打金枝》《十五贯》《逼上梁山》《八件衣》《杨家将》《下河东》《金沙滩》《三岔口》《算粮登殿》《卧虎令》《金水桥》《三娘教子》《芦花》《八蜡庙》《四杰村》《战宛城》《古城会》《长坂坡》等。戏剧的内容多为才子佳人、忠臣孝子之类，庄严悲烈，唱腔优美，非常适合百姓口味，深受人们欢迎。民众在休闲看戏之时，儒家的忠、孝和贞洁等观念无形中逐渐渗入头脑，对其人生观、价值观产生较大影响，从而成为日后参照自己和品评别人的道德依据。不管是识字的还是没有读过书的，都能看得懂其中的精彩。"山乡庙会流水板整天不息，村镇戏场梆子腔至晚犹敲"，这副戏台楹联，恰如其分地反映了境内民众对戏剧的酷爱。

　　庙戏大多是表现忠臣、清官、爱国大将的一些事迹，是十分值得歌颂和肯定的，是民众津津乐道的。还有一些是反映战乱时期各民族之间的战争给民众带来的灾难和痛苦。当然，还有一些庙戏是与民众生活息息相关的。有的学者从庙戏的内容上将其概括为五大类：说忠孝节义的伦理戏；道精忠报国的忠良戏；叙解民倒悬的清官戏；讲因果报应的宗教戏；唱男欢女爱的爱情戏和泄淫秽下流的黄色戏。② 但实际所演之戏以前三种为主。通过看庙戏，形成了人们普遍的价值认同感，大多数民众会更加珍惜现实生活中的和平，渴望清廉的官员为自己主持公道。同时，使忠君、勤廉的思想深入人心，增强了民众的爱国热情，对于巩固边疆地区的统一有着积极作用，且折射出民众对于幸福安宁生活的向往与

---

① 石计寿：《石氏族谱》，内部资料，2012年，第228页。
② 张鸣：《乡土心路八十年》，上海三联书店1997年版，第17页。

追求。

庙会上除了唱神戏外，还有一种特殊的演唱形式。如定襄白佛堂浴佛会，由于此地远离村镇又处悬崖峭壁之上，无法唱戏敬神，于是便产生了一种"说白"（白，读 pie）的演唱形式，这种说白腔调节奏近乎巫婆诵唱，其内容多为描述神灵的外貌、服饰以及何等的威风和灵验等。说白者多为已婚女性，说白时大多以村落为单位组合在一起，各占一小块地方，互相展开比赛，以吸引观众者为胜。为了压倒他村的说白，各村总是组织多人，或轮番说白，或集体说白。说白声此起彼伏，响彻山谷。此种"说白"的民俗演唱形式，不知源于何时，但一直沿袭至今。

庙戏的功能概括起来主要有以下几个方面：

第一，给民众枯燥乏味的精神生活带来愉悦。

庙戏源于古老的祭祀仪式，最初是娱神酬神，后来兼具娱人功能。定襄樊先瀛《保泰条目疏》记载："乡村戏会，春祈秋报，……由来已久而渐以加增……其以敬神为名，实则人图快乐。"① "庙会唱戏所以盛行，在于农村极端缺乏娱乐。农民平时农务繁忙，终日碌碌，生活极其简单，除春种秋收，娶妻生子，年节酬酢，烧香逛庙，墙根谈天外，无甚娱乐可言，惟庙会一事，在农村娱乐之中，占有极重要的位置，故农民绝不肯轻易放弃。"② 庙戏酬神又娱人，宗教性与娱乐性并重，体现出庙会的世俗性特征。正如涂尔干所言："倘若宗教没有给思想与活动的自由结合留有余地，没有给玩耍、艺术以及所有能够使精神得到放松的娱乐留有余地，宗教也就不成为宗教了。因为在极其乏味的日常工作中，精神已经憔悴不堪了，正是出于此种原因，宗教才产生并成为必需。"③

庙会期间，民众或手持小板凳与马扎，或席地而坐，尽享快乐。演一场戏，不知可以换回农民多少新鲜的精神。④ 邻近村民为了看夜戏，不辞辛苦，自制火具，翻山爬梁。著名散文家、诗人牛汉的名篇《南山》：

---

① 光绪《定襄县补志》卷一三《艺文·保泰条目疏》。
② 郑起东：《转型期的华北农村社会》，上海书店出版社 2004 版，第 165 页。
③ ［法］爱弥儿·涂尔干：《宗教生活的基本形式》，渠东、汲喆译，上海人民出版社 1999 年版，第 501—502 页。
④ 叶圣陶：《倪焕之》，人民文学出版社 1982 年版，第 96 页。

我看见了，正是南山那儿，数不清的红色的星星闪烁着，仔细一瞅，每一颗红星星都在活动，一摇一晃地向上浮动着，仿佛千百只风筝正挂着海琴和灯笼朝天上默默地升了上去，只是听不见海琴吹奏出的声音。

作者将远望到的定襄留晖庙会散夜戏之后窑头等村乡亲们翻越南山回家时举着的灯笼火把喻为一摇一晃向上浮动的红星星，写得宛如仙境，反映出山乡居民对庙戏的特殊情怀。

庙戏给民众带来的心理和精神的愉悦是任何其他活动所无法替代的，民众对庙戏的钟情近乎狂热。美国学者对此也有类似的看法，"一旦某一个乡村要举办戏剧演出的事情被确定下来，附近整个的一片乡土都将为之兴奋得颤抖"①，此观点尽管有点夸张，但确也反映了庙戏对乡民精神生活所产生的作用。

第二，有利于促进商业经济的发展。

忻州民间有"戏靠商开花，商以戏繁荣"之说。忻州商人在外经商少则半年多则数年，对家乡、亲人的思念就主要依托于家乡的戏曲，因此，忻商在异地普遍建会馆（会馆又被称为"关帝庙、关圣宫"等），内修戏楼，每逢农历五月二十三（关云长磨刀日）、农历九月十三（财神爷生日）或其他节日，会馆成为欢聚、祭拜祖先、酬神唱戏、解除纠纷与联络情感的主要场所，并为此组织唱家乡戏。

清乾隆年间，随着政治相对稳定、商品经济繁荣，会馆的数量不断增加。当地民间曾流传这样的民谣："先盖庙，后唱戏，钱庄当铺开满地……"此言反映和揭示了商业和戏曲的依存关系。忻县匡村每年八月十四关帝庙会唱戏的时候，本村村民和附近村村民，不论男女老少都会聚到戏台前看戏，人流量很大。"赶到唱戏的点上，樊野村的、逯家庄村的甚至东王村的人都会过来看戏，那真是一年中人最多的时候，到处都是人挤人。"②唱戏一般会分为中午与晚间两个场次，每当晚上的庙戏唱完后，一般会举行摔跤赛，会吸引大量的村民前去观看，常常持续到第

---

① ［美］明恩溥：《中国乡村生活》，午晴、唐军译，时事出版社 1998 年版，第 61 页。
② 孔美应，79 岁，忻府区匡村人，2015 年 2 月 1 日采访记录。

二天天亮。唱戏时间一般为两到三小时，由于人流量大，会产生巨大的消费额，这为小商贩提供了获取利润的渠道。如卖瓜子的、卖糖果的、卖水果的、卖其他各类小吃的等。看戏看累的人们往往走出戏场后，会买点消遣的食物。这样，庙戏作为一种休闲娱乐活动，既使得村民花费不少钱财，也使得许多商贩认为有利润可图，从而吸引越来越多的商贩参与庙会，不仅扩大了庙会规模，也有利于当地商业经济的发展。

第三，一定程度上促进了女性的解放。

由于长期受男权文化的影响，境内大多数女性过着枯燥压抑的生活，除了有限的劳动外出和偶尔的走亲戚外，几乎没去过其他地方。为人妻，要孝敬公婆，服侍好丈夫，料理好家庭的里里外外，照顾好家庭的老老少少；为人母，要生养众多的孩子，整日有忙不完的活计。唯有在庙会上可见到女性的身影，究其原因，一是在神明世界中女性神占有相当的比例，在同为女性的女神面前，女性比男性更容易走进神灵，随意倾诉心中的苦闷，获得神灵的庇佑；二是在人神交流的方式上，女性注重身心的感受，不习惯抽象的、理性的、形而上的思考。女性参与庙会的主要活动，就是看庙戏。看庙戏使女性长期受压抑的身心得以放松，心理和生理需求在一定程度上得到满足。但从女性学的角度来看，庙戏仅仅是女性反压抑的一种形式，是极有限的女性解放。因女性对自己所受压抑的原因茫然不知，在热情参与庙戏的同时，可能会使压抑在潜意识中被埋得更深。

第四，强化了民众的信仰意识。

每一场庙戏都有助于强化民众的信仰意识。因庙戏最初的目的是酬神娱神，尽管也兼有娱人的功能。庙戏是人与神交流的特殊形式。通过庙戏，进一步密切了人神之间的关系，神由于得到民众的崇奉极力恩泽百姓，而百姓为了得到神的庇护，也是竭尽全力去接近神、恭维神，或者讨好神，其各自欲望的实现，更强化了民众对民间诸神的信仰。

比如五台山五爷庙，也称万佛阁，面积虽不大，占地仅2000平方米，但因五爷庙有名而香客盈门。主建筑有文殊殿、五龙王殿、古戏台。正殿五龙王殿创建于清代，重修于民国年间。重建时，在殿外又加建了一个前庭，改变了原殿模样，在结构样式上显得雍容华贵，殿正面的檐台也阔多了，殿内供金脸五龙王，俗称五爷。五龙王是五台山特有的神像。

传说很久以前，五台山是个不毛之地。一次，文殊菩萨受请到东海龙宫去讲经传法，临走时，把改变五台山气候、造福百姓僧众的想法告诉老龙王，老龙王割爱陪送了歇龙石。不想，老龙王的五个儿子外出回海，见没了歇龙石，打问到是文殊菩萨带走了歇龙石，便大闹五台山，没讨得歇龙石，反而被文殊菩萨收服，答应做其弟子，这样五龙王就上了北台顶，专管五台山的播雨。

传说五爷喜欢看戏，所以戏台建在五龙王殿对面。农历五月十三是五爷的生日，因为五爷很灵验，所以这一天去许愿、还愿的人很多。久之，形成了祈雨、唱戏、赶集等一系列活动，即五爷庙庙会。一些人心愿实现，为表达对五爷的谢意，请戏班为五爷唱戏，俗称愿戏，愿戏是庙会的一种。五爷庙庙会持续时间较长，庙会期间，人们烧香拜五爷，心愿达成者还要为五爷挂匾送袍。关于五爷的传说在五台山地区很有影响，尽管传说是民众集体记忆的结果，但作为民众日常生活的重要构成部分，又强化了民众对五爷的信仰。

在西方文化人类学者看来，庙戏是民间社会对上层帝国政治的模仿，是乡民主动寻求与国家文化大传统的认同。[①] 庙戏已逐步成为一种社会制度，具有其独特的社会功能。庙戏是人神交流的重要形式，以庙戏为核心构建的人神文化链中，人始终以敬畏、乞求、感激的态度对待神，而神也以不同的方式庇佑着人，在"礼尚往来"的人神交流中，人神各自实现着自己的利益目标。不过，人类要根本性地达到自由生活，还得依赖人类自身对所处环境的改造和适应。

第二节　玩杂耍

一　大小社火

社火，是广义庙会的一种。之所以称为社火，必与"社"与"火"有密切联系。所谓社，是中国古代的一种基层聚落，也是上古以来的聚落或土地之神，以后又延伸发展成为乡村的基层社区组织。同时，又演化成为按职业、爱好、年龄、阶层、性别，以及特殊目的等结成的群体；

---

① 王铭铭：《社会人类学与中国研究》，广西师范大学出版社 2005 年版，第 149 页。

所谓火，通"伙"，表示群体和众多之意。以后逐渐演变成在城乡各地、年节演出的一种娱神娱人的歌舞杂耍。① 这是对社火的一般性解释。境内社火通常还有另一种解读路径。崞县在四月初八"各村多迎神作戏"，其中"东南乡多办社火，合数十村，各汝演故事，观者如堵"②。崞县的社火有两种，一为小社火，又名拳棍社火，表演各种拳术，并作刀枪剑戟之开打或徒手对打，着便装表演，主要流行于白水、中阳、北贾、下薛孤、上封、南阳、南三泉、张家庄等少数乡村，其中"南三泉国术团"闻名全县。上封社火分前街、后街各一伙，都有纠首操办，并请外地武术高强的老师教，学费由学员自付，学员们刻苦学习，掌握了不少技术。曾因村中举办庙会，唱戏班主改了计划，集合村中武术高手到班村戏台上将戏抢回，返途路上原平村民获知，亲自用锣鼓欢送出村，此事一直流传至今。二为大社火，全部作戏剧中之武将打扮，前列有儿童所扮对子数数人，其余均为成人，全部盔甲，背后并插有靠旗，都持有适当武器，表演古代之作战故事，主要流行于定襄宏道和崞县同川一带，而尤以同川北河底村的大社火（见图 12）著名。据《北河底李氏家谱》与《李公仙盛墓碑序》记载：李氏十三世孙李生仪，少时习武，练就一身本领，号称大力士。雍正初年，其经商在京，有幸与十七王允礼（康熙十七子）比武，视为知己，遂结金兰之交，并得以在王府办事，后十七王进亲王监管工部事，生仪随即为工部石雕嫡传之人。相传，工余小憩，李生仪等人便表演社火几套招式，博得一片喝彩。从此北河底的社火带到京城，一时轰动王府，十七王欣然为社火军旗题写"纛"字，社火至今仍沿用此字作军旗标志，也成为北河底社火的金字招牌。清末民初，战事已息，社会相对太平，遂将实战性练兵习武演变成民间社火演艺。

此后，每逢七月七日古会，社火演员勾画脸谱、披甲戴盔、背负靠旗、手执刀枪绕村一周。前面是仪仗队，高举立瓜、卧瓜、朝天蹬、开路马锣等，接着是口径一米的大战鼓、八音队，后面便是社火队，将士们手举兵器，威风凛凛，耀武扬威。转街游行后，进入东河戏台院演出，围观群众人山人海，气氛十分热烈。《北河底李氏家谱》载：社火演出，

---

① 赵世瑜：《明清华北的社与社火》，《中国史研究》1999 年第 3 期。

② 乾隆《崞县志》卷四《风俗》。

有单人演武、对打套路等。单人演武要求演员功夫过硬，招式规范，架势威风，亮相准确。对打套路，不能差错，耍器械"眼跟枪尖走，对打防伤手"。演出中，战鼓密切配合，它既是临场指挥，又是气氛的渲染者，鼓点轻重要恰到好处。

图12　崞县同川七月七北河底大社火

演出时，场内设立宽一米，长一米的"矗"字军旗一面。全队由二十人至二十四人组成，分甲乙敌对双方，各方有统帅一人，大将三人至四人，士卒（又称鞭探、棍探）二人。统帅和大将各配一名打将旗人（似戏中马童）。将旗是一根长约3米的竹竿，上面有三角形牙边旗，旗上写将帅名，顶端有鸡毛掸，拴有小铜铃，饰有花布条，摇动时如花束摆动，叮当有声。打将旗人，头包白巾，穿紧身皂色衣，摇动将旗，紧随将帅配合表演。演出剧目有《金沙滩》《张飞夺粮》等。

双方队员在鼓乐声中整队入场，亮出阵容，旗帜分明，阵容有别。将士手执兵器，威风凛凛。双方统帅先后出场，挥动令旗，调出每员将士上场做单人演武。按传统套路演出，以显示将士的基本功夫。单人演武时，打将旗人要踢飞脚同时上场，摇动将旗配合表演。最后是统帅上场表演，统帅多由老手扮演，武功高强，动作规范。单人演武，鼓声不急不慢，称为"文鼓"。

　　败方布阵，由败方统帅出场，高举"令旗"，引导己队上场，走动几圈，挥动令旗，将队伍分成几组站立，叫"布阵"。站立布局不同，分别称"梅花阵""七星阵""八卦阵"等。布阵鼓声轻慢，称"雅鼓"。胜方布阵，下战书。胜方统帅高举令旗和兵器，带领自己的队伍，以单列队形绕阵观看。观阵后，看出对方破绽，决心战胜。然后由一士卒（鞭探）手执"令箭"，挥动马鞭，快速驰出，将"战书"送给对方。双方气氛突然紧张，准备战斗，各亮出架势。最后对打破阵，双方统帅各调令出一将上场对打，兵对兵，将对将，以一人败阵了结。对打通常为大刀战长枪、双方破长矛等套路。为防刀器伤身，对打用棍棒代替。最后两帅对战，结果以一方全败告终。战鼓雷鸣，气氛达到高潮。最后胜方统帅领己人马，绕场一周，唢呐吹奏"大得胜"，为众将贺功，全局结束。

　　北河底的大社火，不仅在本村表演，也走遍同川，每当同川地区举办大型庙会时，如北同川伏水会、南同川龙宫圣母歇马殿会，皆少不了北河底社火的助兴表演。北河底社火（又名盔甲社火）具有四大特点：一是绝伦乐土。社火遍及二州五县，其渊源可追溯到隋朝，历史较为久远，招式套路传承最为完备，参与人数之众、表演阵容之大，独占鳌头；二是绝招技艺。演员无论是单人演示还是双人对打，布阵与破阵，招式沿袭杨家将和李将军传授的高超技法。如银枪三点、霸王举鼎、凤凰双展翅等，功夫过硬，招式规范，气势威武，亮相优美，场面壮观无比。三是绝活脸谱。采用熬油熏黑之特技，所彩绘之脸谱，不被汗水冲渍，色彩不相混渗，人称脸谱艺术之活化石。四是绝妙鼓乐。如进军鼓、阵鼓、战鼓、大得胜鼓乐等。文武相间，抑扬顿挫，文鼓优雅悦耳，武鼓惊心动魄，堪称中华鼓乐之精华。[①]

　　大社火成为崞县同川一带跨村落的祭祀组织和庙会活动。据北社东李晋武编纂的《龙宫圣母歇马殿史料》收录的《同川五都八十三村半各村跳社顺序》，可知民国时期83村半分成12组，按十二生肖顺序排列跳社顺序。这份村落名单是民国年间"恢复旧规"之后留下的。[②]

---

　　① 张美庭：《原平大社火》，来源于《秀美梨乡 诗画原平》。

　　② ［法］劳格文、科大卫编：《中国乡村与墟镇神圣空间的建构》，社会科学文献出版社2014年版，第96页。

民国时期 83 村半跳社顺序[①]

年份	值年村落	表演内容
子	宏道	社火二马、背阁四架
	贵茹、西社（各）	社火二马
丑	北社东、北社西（共）	社火六马
寅	平原东社、南社、贾庄（各）	社火二马
卯	沟北村、神岗头、寨上、中原岗、堡子里、清水沟、下西岗、北塔寺、西庄头、下神原（各）	社火一马
	横院、上神原（共）	社火一马
辰	上庄、湾里、峪里（共）	献戏三日
	东岔、西岔（共）	著供一桌
巳	都庄	戏一本
	村西头、薛家庄、枣坡村（各）	社火一马
午	朱家东社、城头村、王东社、温东社、李张高东社（各）	社火一马
	南庄	戏一本
未	闫庄、康村、河底、山底（各）	社火一马
申	上社	戏三日
酉	北河底	社火二马
	西坪村、赵村（各）	社火一马
戌	山西、南旺、北庄头、合村（各）	社火一马
	南河底	戏一本
亥	上南白	戏半本
	下南白	戏一本
	里城、辛安村（各）	社火一马

①　资料来源：《北社东村志》第 14 章 "村俗文化"，第 60—61 页。尽管表内提到的村落远不够 83 村半，但此表足以说明大马社火既是同川地区酬神、娱神的重要方式，又是当地民众缓解生活压力，娱乐身心的主要途径。"八十三村半" 中的 "半"，这个 "半村" 指的是辛安村的北半部分即后辛安村。跳社，即跳大马社火。所谓 "一马" 指的就是一队表演队伍，表演者 "穿铠甲，戴头盔，背靠旗，手执大刀、长枪、鞭等兵器，通过演武、布阵、对打等表演，再现古代战场作战的场面"。"二马" 以此类推。表演的节目多是三国战事。

二　民间舞蹈

（一）凤阳歌

凤阳歌是崞县庙会独有的一种民间歌舞。凤阳歌，又名过街秧歌，也叫份秧歌。关于凤秧歌的名称及其由来主要有三种说法：其一，因所用道具而得名，表演时，男角头上所佩戴的甩圈草帽的顶端，缀有一个乒乓球大小的红绒球，颇似凤凰头上的红冠，故名；其二，凤秧歌由安徽凤阳传入，故冠之以"凤"字；其三，凤秧歌与其他地方的秧歌不同，是另外派生出来的一种艺术形式，是另一份的，所以称为"份秧歌"。

崞县凤秧歌，作为传统节日和庙会节日的一种民间集体歌舞，究竟起源于何时、何地，至今未查到确切的文字记载，仅据一些资料和传说进行初步性分析。

光绪六年版《定襄县补志·艺文》载："禁卖艺，绝杂戏，驱流娼，可以杜欺罔而弭奸盗。卖艺，如舞拳棍、弄枪刀、耍艺方。杂戏，如上刀山、跑马、缘绳、弄猴、耍熊以及花鼓、凤阳歌、霸王鞭、莲花落之类，乡官概禁入村。"①

光绪八年版《崞县志·风俗》载："元宵，乡村稍有灯火，城市则鳌山灯海，秧歌社火，角抵之戏，喧闹街巷……"②

关于凤秧歌的起源主要有三种观点：

观点一：秦始皇走马修边时，有一家老少为躲避苦役，儿子装疯卖傻扮成疯公子模样，扬襟舞扇，癫出城外，野太医和全家老少追着儿子逃出城去。后人为了纪念这种足智多谋的行动，便产生了这种艺术形式。凤秧歌中的两个领头人，恰巧是"疯公子"和"野太医"。

观点二：在北宋末年，梁山起义军为了搭救被官家捕捉的兄弟，扮成卖艺人模样，混入城内，劫了法场。后人为了纪念起义军这种英勇行为，便沿用了此种形式，产生了"凤秧歌"。

观点三：北宋末年，为了抵御辽国的入侵，从中原各地征调士卒开赴边地。当时，地处雁门关里的北贾村驻有许多安徽凤阳县籍的将士，

---

① 光绪六年《定襄县补志》卷一二《艺文》。
② 光绪《崞县志》卷一《风俗》。

为表达思乡之情，常在营帐外演唱家乡的"凤阳花鼓"，民众争相学习，并与当地固有的民间艺术踩圈秧歌结合，形成独具特色的"凤秧歌"。

上述三种观点均需进一步印证，方可得出更具说服力的结论。至于其产生的年代，根据民间传说和光绪年间史料记载推测，可能产生于清初，清末至民国年间是为鼎盛时期。北贾村位于内地通往塞外的一条官道旁，南来北往的人很有可能将他们的民间艺术带过来，后经当地艺人的不断发展演变而成。

凤秧歌的演出队伍少则十余人，多则几十人。早期凤秧歌的扮演者，都是男人，女角色也由男的化妆而成。后来，不少姑娘踊跃上场演唱，有男有女，更具风采。男角都是武士打扮，身挎腰鼓，头戴军盔，奇妙的是盔上盘绕着一个竹圈小帽，是一根长约八尺的富有弹性和韧劲的竹条，竹条顶端缀一束红缨，表演时可甩出收回，上下翻飞，伸缩自如，令人叫绝。女角都打扮成古代村姑模样，手拿小锣，边扭边行，舞姿优美轻盈。

凤秧歌的表演形式主要有三种：踩街、踩圈、开轱辘。

踩街，即在街道上穿行表演。男女排成几列队形，边扭边舞，交错向前。队伍前面有一个手击水镲者指挥，前面两个领头的分别化装成"疯公子"和"野太医"。后面的男角扬臂击鼓，头上甩圈；女角击打小锣，载歌载舞。音乐高亢悠扬，表演自然生动，队形灵活多变。

踩圈，也叫小秧歌，是继踩街后的定场表演。领唱者为一对老夫妻，其余均为女角。演唱前有段纯舞蹈表演，按"四开头""长流水"等锣鼓点进行。之后，便由男主角手持花扇，将绕圈舞动的女角一个个逗引出来。被点到的女角与男角跳"扭麻花""掏八字"等舞蹈。然后全体围圈演唱，通常是男角领唱，女角合唱，尾声时男女大合唱。歌词大都自编自演，以颂人、描景、说事为主要内容。表演时的节奏也较前加快，幅度加大，男女对舞，演唱风趣幽默，富有乡土特色。

开轱辘，也叫大秧歌，是以上秧歌演唱部分的延续，演出一个个小戏，剧目内容有人物性格，有故事情节，甚至有矛盾冲突，构成一出出民间小演唱，所以当地俗称"出儿秧歌"。

凤秧歌（见图13）的传统节目达80多个，其内容非常丰富，有反映农业生产劳动的，如《薅苗》《打麦》《秋收》等；有表现年节习俗的，如《过大年》《观灯》等；有刻画自然风景的，如《四敖八景》《朝霞峪赶会》《南神头赶会》《蟾蜍寺赶会》《崞县城赶十三》等；有描写爱情、婚姻、家庭邻里关系的，如《二女告状》《等新郎》《怀胎》《亲家相骂》等，形象地向人们展示了一幅幅农村生活图画。其中《南神头赶会》有这样的唱词："走一村我过一村，路过薛孤不进村。北岗上这有美景，葡萄杏儿乱洞洞。雨过天晴热得很，阳武河水发得紧。背过老伴送过孙，三媳妇扑喇爬上公公身。左右看看没有人，三媳妇你这身子真叫外轻。"①赶庙会也成为民间舞蹈的重要展演内容。

图13　崞县北贾凤秧歌

（二）小秧歌

主要活动在宁武盘道梁、薛家洼和崞县牛食尧、官地、红池、龙宫等村庙会上。据老艺人之女——杨仙桃介绍说，"小秧歌"演出前，都要先去村里的庙堂拜祭，以表达村民对神灵的感激和敬畏。

各村的演出活动都要进行三天至四天。活动前先由村里的纠首们研究推选村里德高望重的一个成年人当"灯官"，村民也把"灯官"称为"登烛府官"，"灯官"就成了本次歌舞活动的总管。接着，由"灯官"挑选三个年轻精干的小伙子，分别担任"书班""背硬架的"和"背圣旨的"。由纠首确定起唱日期，共唱几天，征求各户上布，筹款集资，外出购买香纸、爆竹烟火等。活动开始后，由"灯官""背硬架子的""背

---

① 中共原平市委、原平市人民政府编：《原平文化大戏·民间舞蹈》，内部资料，2013年，第42页。

圣旨的"和"书班"四个人各自骑马先后到村里的龙王庙、五道庙、观音庙行香敬纸（一般在早饭后），敬神的规程是："灯官"站在正中上香烧纸叩头，"背硬架子的"和"背圣旨的"由"书班"喝令而动作。"书班"喝唱：跪——鞠躬——三三九叩首——行（礼毕的意思）喊定了，"灯官"就站起。在各庙敬完神后，秧歌队就在街上跑小圈子歌舞，即沿门闹秧歌。主要程序是"灯官"穿礼服骑马，由一个纠首领秧歌队在锣鼓声中边走边扭，扭遍大街小巷，查看各街道院落门口的旺火。查完旺火，各队秧歌就在当街圈子上依次表演，尽情尽舞，一直唱到深夜。

其具体表演先由锣、鼓、镲打一段引子，然后男角出场表演，男角唱一段后再邀三个女角进行表演，整个舞蹈在表演中一会儿走成"单八字"，一会儿变成"双八字"，一会儿四人穿插扭八字……让人眼花缭乱，目不暇接。各角色活泼灵巧的动作，边唱边舞的表演，给人以诙谐幽默之感。其中最逗人喜爱的角色是一位戴着长短胡子的老头（男角），他一只手拿纸扇和马鞭，边跳边扭，不断地旋转，另一只手则起劲的挥动着，并不时地朝观众做出各种怪相。

"小秧歌"戏在唱、念、做、打的手段中，唱功是最主要的。剧中人物性格的表现，戏剧情节内容的交代，主要是靠唱词，而唱词又主要是通过歌唱表达词意的。如"一朵莲花靠山墙，咱家养女有贤良。一岁两岁吃娘奶，三岁四岁不离怀""进了院喜气生，子石满院脚底蹬，房口安的铁角兽，滴水檐前挂纱灯"等。"小秧歌"是集庙会文化与日常生活于一体的民间舞蹈形式。

（三）拉碌碡

拉碌碡表演主要流行于静乐七月十三的牛王神庙会上。拉碌碡起源于何时，不见明文记载。据被访谈人甄大成[①]老人口述，拉碌碡是民国十年（1921）由河北传入静乐的，从此，静乐便有了"拉碌碡"这种民间舞蹈形式。从歌舞内容和形式来看，拉碌碡与宋代兴起的"村田乐"有相似之处。南宋吴自牧《梦梁录》、周密《武林旧事》，在提到民间社火村舞队时，都写到竹马、跑旱船和村田乐。当时的村田乐是扮作田舍儿、村女等人，表现农村的劳动和生活。明代朱有炖《黄钟醉花阴》散套中

---

① 祖籍河北邢台岗西村人，是静乐拉碌碡创始人。

曾写道:"贺贺贺,一齐的舞起村田乐。"农村打场、轧地要用碌碡,"拉碌碡"便从村田乐发展变化而来,成为表现农家劳动生活的一种艺术形式。

拉碌碡有一个传说:隋炀帝昏庸奢侈,开凿大运河后坐龙船四处游玩,16—18岁的女子被选来拉龙船,拉得不好就要挨鞭子。运粮的大臣为了显示权势也找妙龄女子拉碌碡轧粮,稍有歇息就要鞭打。隋朝灭亡后,为了警诫人们不忘暴虐奢靡的荒淫,就产生了这种民间花会。朴实的民间传说体现了民众的价值判断,寄托着人们对善良、仁爱、平安的美好向往。

庙会表演由于场地有限,舞蹈在场地上的队形主要以左右、原地行进,锣、鼓、镲等乐器伴奏,而无蓝弦,演奏起来音色浑厚,粗犷欢快,节奏分明。加上演员灵巧多变的舞姿,给观众以视觉和听觉的高度统一。大鼓强有力地烘托气氛,激发了演员的表演欲望,大锣、大鼓与大钗清脆悦耳,融合衬托了舞蹈的风趣特色。

舞蹈开始之前,由童养媳拉着碌碡在前,左手拿手帕,右手拿扇子;公子拉着碌碡的另一侧在后方,右手拿着六尺麻鞭;左侧站着老婆,左手拿笤帚,右手拿布娃娃;右侧站着财主,左手拿着鸟笼;挑夫在最后,肩上挑着一副扁担;二不愣围着舞蹈队在后面绕圈。在表演过程中,整个队伍跟着童养媳的碌碡走,舞蹈的队形是一个向内旋转的圆,六个人物脚下走着统一的秧歌步伐,上肢随着锣鼓点的节奏自由扭摆;打击乐表演人员在场地中心的后方敲打,铿锵有力的鼓声结合演员的表演,为庙会添色,为人们带来欢声笑语。

(四)杠箱

杠箱是一种深受广大群众喜爱的独具地方风格的民间舞蹈,一般作为打头开边的在庙会队伍的最前面表演,是仅流传于境内崞县下薛孤村的民间绝活。"杠箱"起源于明朝后期,明末清初开始在宫廷表演,是一种皇家文化。清代乾隆年间,由于受到皇帝重视,发展达到了鼎盛时期,清朝灭亡后流传到民间。起初,"杠箱"在宫廷中的表演是将它演绎成一个故事,讲述的是古代地方官给皇上进贡路上发生的事情。"杠箱"本身属于一种"皇会",富有宫廷特色,到清朝时还有故事情节,大体是:"县太爷出巡,官员前一般还有四位打竹竿的演员,意为肃静、回避牌的衙役，他们边走边喊，表示开道的意思，官员也假装摆着官架子，甚为滑稽。"后来百姓们为了风调雨顺，五谷丰登，国泰民安，保留和传承了这一古老习俗。

"杠箱"的道具是一个长80—100厘米、宽40—50厘米、重50—60斤的大木箱，抬杠箱的木杠为3—4米，两头细中间粗。杠箱只有老艺人们才会制作，工序不是特别复杂但是要精细，用普通的木质材料做出箱子的形状之后给箱子涂上鲜艳的颜色，并在箱子的四面画上不同的农作物、花鸟兽形图案，象征五谷丰登。箱子本身是空的，在箱子的最上端摆放一些仿做的金银珠宝、当地特有的食用产品和庄稼粮食，如小米、山楂、麦子、玉米等。箱子制作完成后还要为箱子专门制作一个铁架子，主要用它抬起杠箱。木杠从架子中穿过，抬杠箱的木杠都是老艺人亲自砍伐，用桑木或槐木制作。木杠的中间配戴一个大的铜铃，其余地方挂小一些的铜铃。箱子四个角上插有戏剧特色的彩旗和戏剧里用的刀，代表以前进贡护送的官兵。箱子整体显得很简洁，但色调又不单一。

演员的服饰由黄稠缎子制作，脚上穿的是白色的袜子、黑色的鞋，头上裹着白色的羊毛巾。服装不能太复杂，怕影响耍杠箱动作的发挥。但在盛大活动时比较讲究，穿着富有宫廷特色的服装。

此舞蹈一般由两组共四名演员完成，表演者把杠子扛在肩上，两手不准抓杠，但杠子却能够在表演者的两肩、前胸、后背间任意调换，既表现出高难度的技巧，又给人以轻松自然之感。其风格动律集中地突出一个"颠"字。即两肩举平，脚不离地，成"八字"步，小脚用力，向前擦地而行，使杠箱上下颤动起来。崞县人对此有句歇后语叫"下薛孤的杠箱——紧得颠"。行进过程中步伐沉稳、均匀。前进时，起步的脚要脚后跟先落地，推至脚掌到脚尖，双脚交替前进时，步子略微大一些，后退时，脚尖先落地，再到脚掌。因道具关系，后退时步伐略微小一些。头部因身体的动律也要左右晃起。双膝屈伸随身体节奏颤动。

高难度技巧性动作有肩扛杠、前胸顶杠、肚子顶杠、喉咙顶杠、后背顶杠、腰间顶杠以及换肩、翻转、倒立踹杠加前滚翻加鲤鱼打挺等，舞姿别致，让人看得目瞪口呆，给人们带来一种健与美的享受。比如"肩扛杠"（见图14），是在漾起杠箱的基础上，主要用肩部抬杠箱，身体在扭动摇摆的过程中，双肩向两侧平齐打开，身体弯曲成90度，肩膀平稳架起，头要低下以免碰撞杠杆，脚下沉稳均匀的步伐顺时针旋转 180 度，将木杠随肩到背部换至另一个肩膀。"换肩"，是将木杠向上颤起，人则是需要下蹲，使木杠越过头顶从左肩跳到右肩。

图 14　"肩扛杠"

　　表演的关键在于两个人一前一后默契的配合，时而面对面一起做动作，相互交流，夸张喜悦的表情，手上脚上都是有套路的表演。动作利索而有节奏，前者多表演一些动作，后者主要是配合前者来表演，一人后仰，一人前倾。步子不能太大也不能太小，步子太大就会使杠箱不稳掉下来，步子小了又会使动作施展不开达不到要表演的效果，时而向前走，时而向后走。表演惊险刺激，吸引人们的目光，又带有风趣逗乐的表演和舞蹈动作，整个表演将这些元素融合，极其独特。

　　一般白天在街头和广场进行表演，队形简单明了，线条流畅。当然，表演中也有不同几个队形的配合动作，但基本的队形都是在直线、弧线的基础上进行表演的。两人抬一个箱子，为一组，四人为一个表演单元，并排站齐，其中一组抬箱者留在原地保持表演时，其他组逐个向前进行着形成队形，场面庞大，极有秩序。除有队形的表演外，也有随意性的跑场。杠箱是境内庙会极其罕见的表演形式，深受民众喜爱。

（五）鬼判

主要在崞县西南土圣寺庙会上表演。土圣寺庙会历史久远，每年四月初七由寺庙附近的白水村、南庄头、卫村、闫庄、麻港、串道、魏家庄七个村轮流闹红火，七年一转。届时，"鬼判"队伍从土圣寺把"神"请回村里，接着各种红火在村里指定地点尽兴地表演一天，晚上在庙院里唱戏。正会那天，"鬼判"等所有红火再把请回来的神送回土圣寺。"鬼判"曾被当地人当作一种神灵的象征。"鬼判"这一舞蹈形式反映的是老百姓辟邪祈福、祈求神灵庇护的一种美好愿望。"鬼判"有九人表演，表演时每人都戴一副鬼脸面具，领头者是曹师，中间是七个小鬼，最后一个是老鬼。一鬼、二鬼手拿小旗，三鬼、四鬼手拿狼牙锤，五鬼拿铜锤，六鬼拿通红四方牌，七鬼拿铁链，老鬼拿生死簿。"鬼判"一般在街头和广场上进行表演，表演的基本动作是脚下的碎步和手半举并来回抖动的动作。有的村庄由于条件有限，由六个人表演：一个为判官，五个为小鬼，俗称"五鬼闹判"。鬼判这种民间舞蹈，虽以鬼怪的面目出现，表现的主题却是祈求风调雨顺、天下太平，间接地反映了民众的意愿和情感寄托。[①] 对于研究当地的民俗风情、民间信仰及历史演变等有着重要的价值。

（六）调鬼

调鬼主要流传于崞县赵村一带。据赵村唐长寿二年（693）《修故伽蓝之碑》记载，调鬼曾为北同川伏水会、南同川歇马殿庙会及北河底将军山将军庙会做过助兴表演。关于调鬼的起源，民间有一种说法，农历七月为农闲时节，老百姓期盼此时风调雨顺，以保秋天有个好收成，但却事与愿违，冰雹暴雨连绵，瘟疫肆虐，鬼怪横行，整个村子阴云笼罩。无奈之下，百姓去将军庙和大王庙焚香叩拜，祈求大王爷（赵氏孤儿赵

---

① 中共原平市委、原平市人民政府编：《原平文化大戏·民间舞蹈》，内部资料，2013年，第130页。

武）和将军爷（韩厥）保佑百姓平安，驱灾除难。于是神灵请来判官钟馗为百姓捉拿恶鬼，驱除邪祟。后来钟馗捉鬼就逐渐成为百姓避邪的一种活动，并代代相传。每年七月初七去将军山将军庙演出，祭祀神灵，祈求保佑。

调鬼属于哑剧舞蹈。其内容分四码，即四场表演。头码名为钟馗点兵，又称五鬼闹判。五鬼即四个小鬼和一个阴猴，头码主要讲述钟馗召集四鬼和阴猴训练捉拿恶鬼的本领，四鬼和阴猴畏惧恶鬼权高位尊，不去捉拿，于是和判官闹腾起来；二码名为鬼捉阴猴，又称众鬼驯猴。讲述判官最终说服四鬼去捉拿恶鬼，唯独阴猴逃跑，四鬼奉命追回阴猴并驯服野性十足的阴猴；三码名为擒拿恶鬼，又称驱除邪祟。主要讲述在判官钟馗的带领下，四鬼和阴猴以及张善婆齐心协力制服恶鬼并擒拿归案，最终邪祟驱除；四码名为万众欢腾，是全剧的尾声。讲述恶鬼伏法，大家欢饮鼓舞，庆祝胜利。整个表演剧情完整，并与祭祀紧密结合，正式演出前一般要绕村转街到各个庙宇祭拜，祈求神灵保佑，其活动仅局限于庙会表演。此舞蹈反映了百姓驱恶避邪，祈求神灵保佑、风调雨顺、国泰民安的美好心愿。

（七）一挑轿

主要出现在定襄宏道镇一带的庙会上。由两个健壮后生肩扛一条粗铁杠，杠中铆一条长一丈五尺，厚一寸五分且可以上下活动的打墙板。穿街过巷，每到人稠处"挑"一次，表演时，墙板扁短的一端有几个"大力士"狠狠地朝地面压下，坐在扁长一端的"表演者"就被高高挑起，给人以新奇而惊险的刺激感。打铁杠的两人由于负担太重，持续不久就有另一对同伙接替。除扛杠人、"表演者"和挑板若干人之外，还有一位丑角扮演的"打傻官"，每当走到十字路口或人多处，他就喊"挑上老爷一杠子"，话音一落，那个"表演者"就被挑起，发出一次次欢呼声。

（八）跑驴

一般在忻县、定襄一带的庙会和赶集期间表演。表演者多为两人，一人扮演骑驴的少妇，一人扮演赶集者，用地秧歌的舞蹈形式表演。具体道具是用竹条或木条扎缚驴子的形体"骨架"，外表蒙以类似皮毛的饰物或在布匹上彩画，毕具口鼻眼耳。中央的背服开洞，"骑"驴者两腿由洞中穿下双脚着地，驴背恰在胯下。前后襟下似乎遮了鞍鞯，以仿真的被、毯分披驴子的侧腹，又好像遮掩了骑驴者的腿脚。骑驴的人左手拉住缰绳，右手拿摺扇彩绢之类行进或扭动起来，驴子的耳朵尾巴都会晃动，远远看去无异于驴子驮人奔走。如忻县城隍庙会（五月十一）的红火热闹由城隍庙与大东街扩展到整个县城。其中跑驴是一项重要的、颇具特色的红火内容。

三　摔跤挠羊

忻（忻县）、定（定襄）、崞（崞县）一带，凡有庙会，必有摔跤。摔跤为庙会增光添彩，招徕四方的许多观众。正如当地俗谚："赶会不摔跤，瞧得人就少，唱戏又摔跤，十村八村都来看热闹。"摔跤比赛使庙会的人数猛增，给人们精神上带来极大的愉悦，而此地也被冠以"跤乡"之称。

摔跤在当地民间叫"跌跤"或"跌对"，日常生活中人们的嬉闹玩耍之摔叫"瞎跌"，有组织的以羊为奖品的比赛称为"挠羊赛"。"挠"意为"扛"，"挠了羊"就是获得摔跤冠军者把羊扛走。此活动的产生是该地区自然环境、经济发展和社会变迁综合作用的结果。摔跤挠羊赛是忻、定、崞地区长期存在并延续发展的民俗文化现象，并成为影响人们行为规范、价值判断、生活方式的主要因素。"立了秋，挂锄钩，吃瓜看戏跤场游（唱戏挠羊放牲口）"，这一俗语充分体现出民众对挠羊赛的挚爱和向往。

集健身、娱乐、习武为一身的摔跤挠羊赛与该区域庙会相伴而行。有庙会就有摔跤挠羊赛，不举办庙会而单独举办挠羊赛的情况也有，但较为罕见。"自古民间多庙会，庙会场上必摔跤"，是该地区的真实写照。有庙必有会，有会必有戏，有戏必摔跤。摔跤挠羊赛既是庙会不可缺少的内容，更是当地庙会的压轴戏。它把庙会中人们所追求的狂欢发挥到极致，全面显示了人的原始的、纵欲的自然本性。在传统道德约束和"面朝黄土背朝天"的单一生产生活方式下的广大农民，无时不在凭借他们的智慧和力量寻找和创造机会和方式，来调节他们单调的生活。庙会为他们提供了参与迎神赛会、观看戏剧表演的机会，使他们借助神灵之力尽显了情绪的狂放。而忻、定、崞的挠羊赛是当地庙会狂欢活动的顶点。

依托于庙会而举办的挠羊赛也是跤手与观众的互动过程。就跤手和挠羊汉来说,来自以农民为主体的各个行当,他们并没有把摔跤当成安身立命和养家糊口的专门职业,是挠羊赛把他们这些互不相干的人吸引到一块,凝聚在一起。上了跤场,他们又表现得粗犷豪放、不畏艰难,既是人性的尽情释放,又是庄稼人生命力的充分彰显。那扣人心弦的比拼、各具特色的跤技,给观众带来的是欣赏的快感和身心的愉悦,给单调的乡间生活注入勃勃生机。

妇女虽受传统文化的诸多限制,不能像男人那样常常过把跤瘾,然而她们却成为赛场上忠实的观众。在传统社会,妇女深受封建礼教的种种束缚,男女有别、授受不亲是人们根深蒂固的思维观念。仅光绪版《忻州直隶州志》所载烈女节妇就达 918 人,可见跤乡农家的闺教也是相当"成功"和"有效"的,跤乡女子也是非常循规蹈矩的。可是,每逢挠羊赛举行时,便破了这千年的礼禁,大姑娘、小媳妇甚至孕妇三个一伙、五个一群争着往人群里钻。这一举动,家长"纵容",社会认可,没人说他们不守"妇道"。实际上日常生活中在男孩子以摔跤为游戏,并得到长辈悉心指导的同时,女孩也在研究摔跤、学习摔跤。她们被挠羊赛场上那激情的狂欢场面深深吸引,也有冲破束缚上场比拼的冲动,而跤乡的男人们对女性渴望参与摔跤也是认同和理解的。民国初年,当男女平等、妇女解放的观念在多数地方还属知识分子专利的时候,跤乡的那些身上沾满黄土的农民却走在了其他地区的前列,号称忻县最大跤场的辛庄跤场就率先推出女子挠羊赛。

尽管男女老少聚集在跤场时各有不同的心理目的,如忻县摔跤俱乐部的胡竟仑在《跤乡颂》中写道:"老汉看跤看门道,哪个后生有绝窍。老太看跤心圪挠,宝贝儿子别伤着。后生看跤看破绽,上场破跤不蛮干。媳妇看跤暗祈祷,孩子他爹把羊挠。姑娘看跤眼睛瞟,心中暗把情郎挑。小孩看跤看热闹,扑拉露水学跌跤。"他们忘记了自己的地位、身份和性别,因精彩的搏击场面而叫好,为自己所崇拜的跤手而欢呼。这样的狂欢场面远远超越了单纯的庙会狂欢,成为一种疏通人们心理阻塞的主要渠道和方式,使人们平时受压抑的心理得到全方位的调适。

伴随着摔跤活动的盛行,在民间产生了成套的有关摔跤的词汇、谚语、歇后语、跤手绰号、渲染比赛气氛达到娱乐之目的的逗引语等。这些语言符号，口耳相传，妇幼皆知。它们担负着承载这一特有民俗事象的使命，其大体可以分为三类：

第一，比赛用语。庙会期间举办挠羊赛的标志是"跤旗"，拔取跤旗的人叫"应羊人"，通常由久经跤场的挠羊汉充任，是赛事对阵双方的组织者和召集人。比赛的主持方叫"社家"。现场解说、审查跤手资格、确认跤手上场的时机与动机是否与赛事宗旨相符、判定胜负的叫"喝跤哩"。比赛过程中，如果双方对阵实力悬殊，但按规矩必须出场应付，这种以"羊"送"狼"的弱势应战现象叫"喂羊"，这样的跤手叫"喂羊货"。彼此熟悉的挠羊汉分别代表自己一方交战时，事先商定由谁挠羊，形成场上摔假跤的舞弊行为叫"串羊"。技术不错，反应快，脑子灵活，能看出对手破绽，针对已胜四五跤的跤手的技术特点使出自己的绝招破解对手，但一般挠不了羊的人，叫"破茬儿"。比赛到白热化时，最有实力的跤手上场，起到力挽狂澜和起死回生的作用，力保"羊"归我者叫"保羊汉"。在挠羊赛最初阶段先让小孩上场摔跤，为其提供实战机会，培养后备人才，称"扑拉露水""打露水""打茬儿""出马枪"。比赛的中间阶段为技术尚不成熟的跤手较量阶段或者比赛时不分甲、乙双方对阵，而是在场的跤手根据场上的情况随时自愿上场的一种比赛，称为"跌混跤"。在比赛中双方选手实力相当，都采取防守战法，不冒然使招，相持时间较长，称为"熬油"。连续摔倒五个跤手的为"好汉"，能连胜六个对手的就是冠军，称"挠羊汉"。为了满足观众的兴致和要求，组织者一般要在一晚上安排两场比赛，第一场叫"挠头羊"，第二场叫"挠二羊"。

第二，摔跤动作用语。此类属于方言性的摔跤专业性词语。比如：抱住对手的腿将其摔倒，叫"扳腿"；用脚横踢对方的脚，叫"泼脚"；紧握对方一只手，迅速转身将对方背起并摔倒在前面，叫"大背子"或"狼背娃娃"；头钻入对方胯下，双臂紧抱对手的大腿，将其向后摔倒，叫"大过肩"；对面紧抱对方腰部，并用小腿钩住对方小腿，将其摔倒，叫"大坎子"；当对手抱住自己的腿时，迅速抱住对方的腿将其摔倒，叫"倒扳腿"；对面双臂紧抱对方的腰部，一腿绞住对方的一条腿，将其仰面摔倒，叫"对面绞子"；双臂从两侧紧紧夹住对方的脖子，叫"驴夹脖"；弯腰扳回对方的腿，叫"搂腿"；一臂迅速插入对方腋下，并抱紧后背，叫"掺肩臂"；两臂抱紧对方腰部，并将其摔倒，叫"四把楼腰"；突然抱住对方双腿，叫"双搂腿"；当对方把手伸过来时，顺势一手推住对方的臂，一手扳对方的一条腿，叫"顺手牵羊"；双方立着摔的架势，叫"上架子"，弯着腰，叫"下架子"；因力量悬殊，蹲下来与站着的对方摔，叫"让圪蹴蹴"；因力量悬殊只用左臂、左腿或右臂、右腿与对方摔，叫"让一半半"；双方弯腰相互紧握双手，一方猛然把对方摔倒，因摔倒者似鸡食后在地上磨嘴的动作，所以叫"鸡儿磨嘴"；猛然下蹲，一臂插在对方的两大腿间托住屁股，头抵对方腰部，另一手紧握对方一手，叫"小穿"；从背后紧抱对方腰部，叫"后抱老爷"；一方猛扑上去紧抱对方上体，并将一腿搭在其腿部，叫"野背子"；此外，还有"铁板桥""穿裆靠""架梁踢""鬼缠腰""地爬虎""羝羊碰蛋（即阴囊）""提勾夺叉""玉手夺蔓箐""揪手扳脖子""扑脚带钩子""刹手野钩子""一插一抱手钩子"等动作名称。

第三，比赛现场解说词和跤手的绰号。喝跤人，也是比赛现场解说人、跤场欢乐气氛的制造者。现场解说词主要来自人们创造的各种动作名称，如前文提到的"后抱老爷""驴夹脖""让圪蹴蹴""鸡儿磨嘴"等；有的来自跤手的外貌特征、个人秉性及其绰号，如菜团长、小狐子、小狗子、大簸箕、醋糟囤、毛猴、半挂车、三斤半莜面、二十四个窝窝、毛驴子等。喝跤人那插科打诨的解说令人捧腹大笑。"嘿！这一位长得像'愣头青'，这一位咋看也是个'气门芯'。愣头青遇上气门芯，谁输谁赢大伙可得看分明……咳！你看这愣头青，猫倒腰就来了个山羊抵蛋，气门芯却使一个顺手牵羊，没招架愣头青耍开了狼叼死娃子，气门芯呀你真是个气门芯，咋就摔了个蛋（指阴囊）迎天。"虽口出不雅，但跤手习以为常，观众捧腹大笑，对阵双方激烈紧张的气氛顿时消融。

上述摔跤挠羊赛词语，都来自民间，没有丝毫加工修饰的痕迹，文字质朴，乡土气息极浓，是民众共同智慧的结晶。它们中的一部分直接来源于乡民的生产生活，如比赛中一系列与羊有关的用语，像"挠羊""应羊""保羊""破羊""串羊"等；一部分是对摔跤实践经验的总结；至于跤手的绰号，则是对其外貌特征、个人秉性的反映。这些摔跤所用词语在使挠羊赛得以传承的同时，形成了该地区特有的乡土语言风格。

摔跤挠羊赛在传统社会的分层体系中游离出一个特殊的群体——挠羊汉。所谓"挠羊汉",是指在摔跤挠羊赛场上凭借自身健康而充满激情的体魄、风姿绰约的动作、独特而富有创造性的跤技连续摔倒六位跤手的人。他们在成为挠羊汉之前,大部分是乡村社会的普通成员,在乡村社会并没有多大的影响,充其量不过是一个摔跤爱好者。成为挠羊汉后,其身价倍增且名字迅速传遍本村和邻村,一夜之间社会地位发生质的变化。不仅表现在职业的改变、经济实力的提升,而且可以直接参与村庄的公共事务。挠羊汉在二州五县享有盛名,成为人们崇拜的偶像,颇受人们尊重。跤乡人对挠羊汉的崇拜,除了在赛场上对自己喜欢的跤手表现出如醉如痴的激情外,更为现实的是演绎出无数"跤场择婿"的佳话。挠羊汉是家长为姑娘选择的佳婿和姑娘心中的偶像。家长会千方百计地打听跤手的来历,姑娘们往往会"以心相许"。传说定襄有一个跤手叫康三,由于跤技不错,人也长得英俊魁梧,在跤场上总是吸引着那些多情女子的目光。有一年,在宏道镇五月十三过会跤场上,康三与第四个对手交手时裤腿被撕破到腰部,大腿都露了出来,十分着急,不知如何是好。站在高凳上观战的一位姓刘的姑娘,立即跳下,掏出随身携带的针线,蹲下缝了起来。因有跤场缝裤这场戏,之后两人经常形影不离地出现在跤场上,很快喜结连理。民众对挠羊汉的崇拜,强化了尚武观念,也影响着当地民众的价值观念和人生态度。

四　九曲灯会

境内凡临河的区域皆在庙会时举办灯游会。因会上摆布的灯阵曲折绵延如同黄河之九曲,蜿蜒缠绕,故又名九曲黄河灯会,俗称黄河九曲灯、九曲黄河灯阵、转九曲等。比如位于黄河边的保德东关每年正月二十五庙会时都要举办"灯游会",摆布九曲黄河灯阵,其中转会的活动更盛,东关民众不论男女老少都会在晚上去转一回会,会期少则三五天,多则七八天。其具体步骤:

首先,灯阵的摆放布置。九曲黄河灯会,是将中国民间社会传承已久的阵法与民间的集会相结合。其灯阵阵势为31路,按周易九宫八卦方位九曲而成。其摆布方法是:选择一处宽敞的平地,用361根细木棍或秸秆栽成一个等距离的四方形阵图,横竖各十九排,再用绳索分隔成九个盘环不断的"卍"字曲阵，形成九宫八卦迷宫（见图15）。摆布九曲黄河阵是个技术活，阵势之中曲曲折折的道路要能容纳集会表演的队伍与转会的群众，多半有两米宽，将之称为"六尺香道"，其中最难的便是号桩坑，必须严格按照阵图来打桩，一旦桩坑位置错了，阵势便连不上，成了死胡同，横竖难以成行也就无法成为首尾相连的一个整体。

在九曲黄河阵的正中心栽一根高高的老杆，下面悬挂帅字旗与大红灯笼，这个叫作天灯，下面围着一个四四方方的小空间，摆设香案，供奉云霄、琼霄、碧霄三位娘娘牌位，下设三个蒲团，由游人跪拜祭祀。阵南并开二门，一为入口，一为出口，并在此处搭一彩门，叫作"会门"，会门对面是神棚，神棚内供着佛教诸神、道教诸神以及民间俗神，游人在转会前可以前去上香布施。

在361根小木棍上设置用彩纸糊制的灯碗，内置点燃的小瓷灯，夜幕下显得五光十色、万紫千红。如恰遇瑞雪，盏盏灯火，更富有诗情画意。阵内悬挂四象、五德、天干、地支、八卦、二十八宿等旗幡，二十八宿中的每一宿又与一种动物对应，旗幡上书：角木蛟、亢金龙、房日兔、心月狐、奎木狼、昴日鸡、娄金狗等，追根究底这些都来自原始的图腾崇拜，是古人将所崇拜的动物与星宿形象加以联想产生的。"人类正如它的实际生活那样，既生活在生物圈中，同时又生活在精神世界中。"① 从老杆到四角斜拉着四串小彩旗，甚是庄重威严。铁匠铺村所栽的"会"（见图16）是八角形的，这种形式十分少见，但两者的内涵是一致的。

其次，转九曲黄河灯会。保德东关正月二十五庙会的娱乐内容与元宵节相似，都离不开火，主要有垛火笼、观灯火、放烟火、玩社火，总称闹红火，这大概与中华先民对火的崇拜有关。这些都是很热闹的，但庙会上最必不可少、最红火的活动，自然便是转灯会了。

灯会期间，游人鸣鞭放炮，循道游玩，体会人生曲曲折折以求得一年的通顺吉祥，万事如意，这种活动就叫作"转会"，民间有一种说法，若是能够顺利地转完九曲，一年四季就能够健康平安，消灾免难。传统民间社会中的民俗活动是百姓心理的外在表现，转会这一民俗活动，既体现了保德民众对身边流淌的母亲河的亲近之意，也更深层次地反映了

---

① 陶思炎：《应用民俗学》，江苏教育出版社2001年版，第31页。

其对弯曲环绕的九曲黄河意象的内化，同时这也是坎坎坷坷、纷繁复杂的人生道途的物化。民众通过转九曲这样的民俗活动，表现出一种生生不息、奋勇向前的民族精神。

保德九曲黄河灯会的平面图[①]

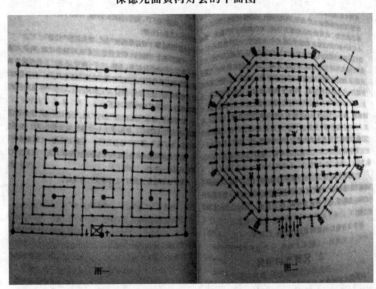

图一　　　　　　　　　　　　图二

图15　东关九曲黄河阵图　　图16　铁匠铺九曲黄河阵图

　　转会一般在晚上进行。转会时，要由列队表演的队伍在前面开路，边敲锣打鼓，边舞蹈游艺。转会民众紧随其后，一步一挪，声势浩大，曲折环移，漫漫而行。每进一曲阵门，都要作喜庆唱腔，祈求各路仙神保佑新的一年如意安康。转会的方式五花八门，可以一人去转，也可以跟家人一起，或携朋伴友去转会。人们从入口进去，进得一门就步入了一个回型方阵，游者沿着弯弯曲曲的路线走下去，便可游遍整个灯游会场。有的顺着阵道游出去了，有的小孩子没有耐心，喜走捷径，直接从下面横冲直撞，并不循规蹈矩，引发游人一阵阵的欢笑。

　　灯会上流传着一种"偷灯"的特殊习俗，这种习俗与中国传统社会中"不孝有三，无后为大"的观念有很大关系。在中国传统婚姻中，子

　　① 陈秉荣：《林涛遗俗》，三晋出版社2008年版，第202—203页。

嗣是一个十分重要的因素，若是女方结婚多年仍无儿女，尤其是没有儿子，男方便可以休妻再娶以传承香火，并且不会为人诟病，人们反而视之为理所当然。所以无论是新婚的还是已婚多年的夫妻，都十分重视这一习俗，这种"偷灯"行为民众都是心照不宣的，甚至会引诱那些年轻媳妇去偷灯。因为民间传说"偷个绿灯生女子，偷个红灯生儿子"。在庙会上，想要求子嗣的已婚女子，就会在转会时，偷灯一盏，想要生男，就偷红灯，想要生女，就偷绿灯，然后拿回家在灶神位前点燃三天，如果当年应验，生了孩子，第二年庙会期间，一定要去还愿。

作为民众传统节日习俗，灯游会上民众约定俗成的行为事象，往往有着特殊的文化象征意义。

一是求平安意识。

在中国传统社会中，每一个岁俗节日、民间集会都沉淀着历史和文化结晶，不论是节日还是集会，不仅是百姓农业生活时空变幻的标志，而且总表现出辞旧迎新、扫晦除尘的意味，总是寄予着民众内心驱逐邪魔、消灾免难的企盼。保德正月二十五庙会上的种种习俗，也都寄托着东关民众对社会安定、生活平稳的由衷向往。"九曲黄河阵"极富神秘色彩，民间有许多相关传说，多与封神演义中三霄娘娘为兄报仇与玉虚门人摆阵斗法的传说有关，它是灯会的文化内涵所在，若是没有九曲黄河阵，九曲黄河灯会想必会失色很多，难以在民间代代传承。它城城连环、城城相套，复杂多变，规模宏大。民间传说，正月二十五转了会，全家会和睦相处，一年通顺，四季平安。在保德如果遇到两人争辩或抬杠，人们就会说："你俩总是没转会。"①

转会作为当地的民俗事象，包含着民众消灾避难、生活通达、平安顺遂的强烈信仰诉求。民众信仰的一大特点就是从生存的实际出发，而不是从文化定义出发，其信仰更像是一种对生存手段的补充形式，介于信与不信之间，有时信，有时不信，有事信，无事不信。② 民众每年转会，很大程度上是从现实利益出发。清末民初社会动荡、战乱频仍、百姓流离，所以民众内心也寄希望于转悠过曲曲折折的灯会，寓意着自己

---

① 陈秉荣：《宝德民俗》，三晋出版社2011年版，第383页。
② 陈秉荣：《林涛遗俗》，三晋出版社2008年版，第253页。

及其家族同样可以走过充满艰辛曲折的道路。

二是添丁多福观念。九曲黄河灯会中包含着民间传统的生育观念，它是民间转九曲艺术的文化内涵之一。生存和繁衍意识是人类的基本文化意识，人们基于对生命和生存的渴求，开始信仰生育神，有了生殖信仰，也可以说成是生殖崇拜。①生育神大多起源于史前时代的女神，人类对神秘的生育现象不能解释，把生殖、生殖的主体及其器官神圣化，生育过程和器官被延伸扩大为生命的象征，视为生命力的体现，因而担当生育任务并拥有生育器官的女性被作为膜拜对象。我国民间传说中司掌生育之职的女神很多，有补天造人的女娲大神、瑶池仙境的西王母、俗称泰山奶奶的碧霞元君、护佑一方海域的妈祖、民间传统的送子娘娘、催生娘娘等，百姓对她们要定期进行祭祀，民间也有许多祈子的活动，如抱娃娃、掏子孙窑、生菜会、抢童子等。

九曲黄河灯会所拜的生育神是三霄娘娘，所摆灯阵传说也是由其所布。据传是在封神大战中，赵公明为殷商出战结果惨死西岐，他是通天教主座下三霄仙子的结拜兄长，三霄为兄报仇，摆下黄河奇门阵，将玉虚十二仙困于阵中，欲磨其神魂、散其元神，后被姜子牙设法破阵，三霄阵毁人亡。九曲黄河阵便是由黄河奇门阵演化而来，百姓为纪念三霄的高义，便将其演化为民间游戏的活动，也借此大阵对付带来灾祸厄运的邪祟，将其代代流传下来。三霄娘娘是云霄、琼霄、碧霄的合称，封神之战结束后封其为感应随世仙姑正神（又称"感应随世三仙姑"），司掌生育之职，她们是道教神话传说中的三位仙女，其法宝为混元金斗，不论神仙圣人、贫富贤愚，降生都要从金斗转动。凡是流传九曲黄河灯会的地区，百姓欲求儿女，都要拜三霄娘娘，所以也称三霄娘娘为送子娘娘或送子奶奶。

九曲黄河阵祭祀的生育神是三霄娘娘，地方志也有记载："送子娘娘为三女神，或疑即碧、琼、云霄，小儿生产，俗皆谓为该神所司。妇女求子，络绎不绝。"②关于这一习俗，在谐音民俗中也有所体现，"灯"

---

① 罗曲：《民俗学概论》，中国社会科学出版社 2010 年版，第 200 页。

② 丁世良、赵放：《中国地方志民俗资料汇编·华北卷》，书目文献出版社 1989 年版，第 472 页。

音同"丁",用在祈子风俗中,凡是欲求儿求女者,会在转会时悄悄地偷盏灯,期盼三霄娘娘保佑其夫妇来年能够喜得儿女。除了这个寓意之外,偷灯也有偷福之说,人们也希望能够多沾沾福气,新的一年更能平平安安、顺顺利利。

集会是"全民族在其生存和发展的文化过程中,进行选择的结果"①。它沟通着民众的社会关系,反映着民众集体的意愿,是该群体共同心理素质的显现,同时,又以族群为载体进行播布,从而生生不息。② 黄河灯游会的转会习俗饱含着人们祈求平安、生活顺遂的期望,而转会中"偷灯"的习俗,则体现了人们传统的子孙延绵、多子多福观念。"灯游会"是人与人相互交流的"窗口",是传承人类文明的重要载体。

庙会上除了上述提到的杂耍外,还有许多不同类型的闹红火。如保德东关正月二十五庙会,其游艺项目有"独龙杠""西洋秋千"等活动,比城内其余庙会更吸引人,游人常在万人以上;偏关十年一度的"万人会"。届时,江湖卖艺、南方杂耍、山东武术、八音鼓手云集白衣殿。高跷、船队、挠搁、西洋游千、狮子老虎舞、龙灯舞一起出动。二人台、大马戏、踢拳卖艺也各逞其能;偏关二月二庙会更是取代了元宵节成为年文化丛中的一大盛会。白天有各种各样的街头红火,晚上有花灯、烟火。街头红火主要有高跷秧歌、狮子舞、耍龙灯、抬阁握搁、挠搁、跑驴和哑女告状等;五台东冶三月八庙会有旱船、牛头虎、绿毛狮、老秀才送闺女、大头和尚背侍女等杂耍。

传统社会民众可以娱乐的地方很少,即使有戏楼、影院,大都价格昂贵,也只有达官贵人才能享受。庙会则向所有人开放,不论贫贱富贵都能在庙会上寻得乐趣。马林诺夫斯基曾说:"娱乐中人们可以改换兴趣,并将常态的和连续的生活暂时地打断一下。人们为文化担负了许多艰难的工作之后,文化为他们备下一些补偿,调剂一下单调的生活,减轻一些人生的担子。"③ 庙会期间,摊棚栉比,百戏竞陈,各种杂技、武

---

① 仲富兰:《现代民俗流变》,上海三联书店1990年版,第211页。
② 蔡秀清、钱永平等:《社火·社戏从娱乐神到娱乐人的智慧》,中央民族大学出版社2008年版,第167页。
③ [英]马林诺夫斯基:《文化论》,费孝通译,华夏出版社2002年版,第89页。

术、曲艺、游耍、戏剧，无奇不有。民间艺人登场献艺，百姓花一点小钱，甚至不花钱就可以欣赏他们的节目，让你看不尽、逛不够、听不厌、玩不腻。[1] 庙会期间的各种表演活动，既丰富了民众的精神文化生活，也可以被看作是等级性重构的一个重要场景，在此重构中，世俗的人与神圣的神之间应该有的结构关系得到确认与加强。[2] 庙会为民众提供了群体狂欢的场所，庙戏杂耍则成为民众释放心灵、愉悦性情的节日盛宴。[3] 发生在特定区域的庙会娱乐活动都可以理解为人神交流的体化实践，并经常性地以跨村落的酬神娱人方式，实现人神共悦。

　① 曹荣、华智亚：《民间庙会》，中国社会出版社 2006 年版，第 172 页。
　② 赵旭东：《中心的消解：一个华北乡村庙会中的平权与等级》，《社会科学》2006 年第 6 期。
　③ 崔蕴华：《从娱神到娱人——北京节令庙会与说唱艺术关系研究》，《中国政法大学学报》2009 年第 4 期。

第 五 章

庙会与乡风民俗

庙会是民众的公共生活空间或生活方式，也是民众世代相习的生活文化的传承载体。庙会是文化的集结地，既有宗教文化，又有世俗文化，构成了各具特色的"文化元"。庙会民俗文化是对庙会进行的民俗学视域下的文化解读。围绕庙会而发生的一系列行为事象，皆可作为庙会民俗的学术范畴加以关注。区域庙会是特定地域乡风民俗的折射，也是民俗集中展演的重要平台，更是民俗流播、承续的重要纽带。

第一节　庙会组织

一　总会首与会首

将庙会组织纳入庙会民俗范畴，主要是出于庙会组织具有的相对的稳定性的考虑。庙会的组织者有多种不同的称谓，如"总会首""会首""社首""纠首"等。

清末民初，晋北村落权力多是二元结构，村务、村政归村长管理，民事以及与宗教有关的大事小情，如祭祀、唱戏、祈雨、敬神等信仰活动，则归社首掌握，两者虽有交叉，但更多的是独立。由于事情涉及人神两界，所以这种二元结构基本上没有权利的冲突。村长一般是官选，社首多为民选。由于社首的工作主要集中在一年中庙会举办的几个时间节点，其届时用人比较集中，靠一人之力很难组织，必须由几个头目协助，这就使一社（一村）之中往往不止一个社首（或者会首、纠首），而是在一个总会首下，还有六七个，甚至十几个分会首，是一种多元的组织建制，会首没有任何报酬，财政制度民主、公开。① 总会首和分会首在民选的共性下，各地也有一些特殊的产生方式。如保德一带庙会总会首的产生是通过抓阄进行的。即在一个村里先按家族各推举一个候选人，然后将写有"总会首"三个字的纸单单（方言，即纸条条）放进磨眼里，让推举出的候选人去抓阄，谁抓住谁就是总会首。② 这种办法虽看似十分荒唐、滑稽，但从百姓这种惯习的选举办法中确能体悟到百姓对权力的漠视和冷淡，百姓要的是实惠；忻县吕令村农历二月初九举办瘟神庙会。庙会组织机构为牛王会。牛王会由若干会首组成，而会首由村内饲养耕牛的家庭主人通过抽签产生，且每年庙会结束后在其内部产生下一年庙会会首。忻县独担山庙会，据古碑记载"民国十四年，四股七厘"。意即：独担山庙会中，由四大股东即呼延、大王、小王和兰村担任庙会主要负责村，选出四个会首，七厘由其他十四村共同分摊，并且各村选出一定比例的会员（协助本村会首的工作）负责庙会相关事宜。忻县金洞寺庙会，由东呼延、西呼延、西沟三村联合主办。东呼延七股、西呼延和西沟村共三股。③ 会首与会员的产生办法同独担山庙会。

会首的职责，主要是负责庙会的筹办，具体包括庙会前安排专人打扫寺庙，更换神袍，筹集经费，组织祭祀，联系戏班、管理庙市和庙会收入等。境内伏水会期间，会首还担负发传牌和监督之责。据《龙王出庙传牌》载："同川五都会首为传知事，照得北社村歇马店龙王圣像每年伏水临莅各村，赐降雨泽，向于彼此迎送，往往任意迟滞，甚至今将届冬，驾犹不返"，因此公议派人持传牌"随传检点"，"每村应发传资，按工付给"。④

二　庙会经费

组织庙会，通常需要一定的经费，而经费的数量一经形成定制，也就具有了民俗的部分特性。庙会的经费来源包括：

---

① 苑利：《华北地区祈雨仪式中的男性组织》，《西北民族研究》2003 年第 3 期。

② 陈秉荣，74 岁，保德石塘村人，2015 年 3 月 6 日访谈记录。

③ 郭迎龙，92 岁，西呼延村人，2014 年 8 月 10 日访谈记录。

④ 《龙王出庙传牌》，参见《龙宫圣母歇马殿史料》，第 108 页。

（一）捐助

庙会经费很大部分是来源于商和民捐助，人们认为捐助是行善积德，会获得善报。据《重修贯坪洞庙碑记》载："尝闻作善降祥，修德获报。凡庙会之事惟赖行善者，广助资财，共成庙功，乃谓诚善也"①；《修白衣殿庙碑记》载："同治年间，石窊村叔侄二人各施地三十亩，租金用于龙华盛会；又有县城商人张大基为龙华会施舍百金。辛亥（1911年）万人会，万福、林和泰与其子弟共施地一百七十五亩，每年得租金三十余两，用于修庙。张大基于庙东之北城下修理河堤三十八丈，计费白金百两。以上诸君人财两旺，生意增荣，因心之至诚，神力感应而至"②；《寓龙洞碑记》也有类似的记载："寓龙洞山险地僻，神灵庙威，求无不应。自光绪三、四年年岁荒旱，无人修补，业已废坏。迄今李梁、马茂等，各秉诚心，重修庙洞，设立古会，以显威灵云尔。"③现存于原平魏家庄好蚄庙院的一通村志碑也有民众集资修庙过会的记载："一九零八年（清光绪三十四年），郭世鼎、赵守先、杜范久等人倡议，共集资白银266.97两，铜钱53100文，其中杜森楠捐出204.55两，再次维修好蚄庙，续建娘娘、财神殿，以及南楼、东楼、大照壁，楼庙古迹气势恢宏，气象万千"等。

纠首带头捐助修庙过会。如雍正十年崞县土圣寺庙会（周边七村轮流主办）由纠首带头捐助，具体情况如下：

> 南庄头纠首郭凤鸣、郭方元、郭士选施银五钱。白水村纠首王相智、王相机各施银一两，王□英施银二钱，王岖施银五钱，王维机施银五钱，王负图施银□钱。卫村纠首闫应宜施银一两，郭凤朱施银七钱，闫应行施银一钱，□□□施银五钱。闫庄村纠首索施银二两，索瑾施银□钱，王相施银七钱，天九贤施银三钱。魏家庄纠首郭应祚施银五钱，崞付春施银五钱。窜道村纠首闫庄施银二两，

---

① 《重修贯坪洞庙碑记》，同治二年，现存于偏关县城东15里处、贯坪与王家坪村后2里交界处的山峰石洞神庙内东侧。

② 《修白衣殿庙碑记》，宣统三年，现存于偏关城北白衣殿庙内。

③ 《寓龙洞碑记》，光绪十三年，现存于偏关县老营镇大河湾村北二公里处的寓龙洞中。

闫应大施银一两，闫三喜施银三钱，闫祥施银一两五钱，麻港村纠首。……白水村众善人刻碑施钱七百三十文。[1]

（二）均摊

主要指来自城乡富户及百姓的均摊，或曰"解钱粮""解饷"等。另外还有商品交易税及布施钱等，据《偏关志》[民国四年（1915）版]增补整理本记载："邑内凡有按神道日过庙会时，乡民信众自奉常约，踊跃参加，不吝布施于庙会，称之为作功德。"[2]

（三）募捐

据偏关《重修城隍庙碑记》载："有人作中流之砥柱，幸光绪二十七年（1901）邑侯王明府莅任祀斯土，每月朔望拜谒之下，目击心伤，慨然顿起鸠工之念。于明春三月内择吉开工，先自捐廉二十金以为之倡已。……适闻前任徐明府由黎城调任大同，会首与主持亲身前往，共募化银五十余金……游斯庙者，望之俨然，皆有迁善改过、怵惕惟厉之心。"[3]崞县《重修后土圣母庙碑序》载："奈工程浩大，薄力难成，向附近村庄募化良缘。亦在圣德之感格，各村善男信女好善乐施，以助其力。"[4]崞县土圣寺也有募化经费过庙会的现象。据《重修佛殿碑记》载："崞之南有古刹焉，曰灵泉。其地有崇山峻岭，茂林青松，甚盛境也。至楼阁飞惊，金碧辉煌，又足以壮一方之观瞻也。内有佛殿一座，庙貌巍峨，圣像庄严，奈经年已久，为风雨鸟鼠所毁伤，诚有今人目击而心伤者矣。主持寂惠欲为修葺，奈工程浩大，一力难成，爰率纠首募化各村，共集布施银两，以供木檀砖瓦之资。自雍正元年起工，越四载而功始告竣，丹涂□垩，焕然维新，又建钟楼一座，使金声远播，讵不神喜人欢共成盛事哉？"[5]

从一场庙会来看所需费用往往是多渠道筹措。比如静乐天柱山庙会

---

① 《重修佛殿碑记》，雍正十年，此碑现存于崞县土圣寺大雄宝殿前廊右侧。

② 卢银柱校注：《偏关志》[民国四年（1915）版]，中国文史出版社2007年版，第73页。

③ 《重修城隍庙碑记》，光绪三十三年，现存于偏关城北白衣殿庙内。

④ 《重修后土圣母庙碑序》，乾隆三十年，抄录自崞县石盆村后土圣母庙遗址。

⑤ 《重修佛殿碑记》，雍正十年，现存于崞县土圣寺大雄宝殿前廊。

的经费主要包括：第一，向当地商民征收。庙会所需的用费，多由会首负责向当地商民收取；第二，收取庙会期间的交易税。清末民初，天柱山庙会规模很大，商贾云集，货物充盈。向赶会商贩收取摊位税、交易税，这项任务也需会首完成；第三，捐助。捐助有两种形式：一是平时香客或当地乡绅商人捐助，以供香火；二是庙会期间香客或当地乡绅商人资助会首举办庙会活动；再如忻县吕令瘟神庙会的费用来源分为三部分：香火布施钱、会期商贩地摊钱和村内饲养耕牛驴骡马农户摊派钱。对饲养耕牛驴骡马农户摊派的征收办法是在香火布施钱、会期商贩地摊钱不足以承担庙会费用的情况下，不足部分由村内饲养牛、骡马、驴的农户承担，牛承担 1 股、骡马承担 0.8 股，驴承担 0.5 股。养牛户承担的最多，这也是庙会组织定名为牛王会的缘由。① 忻县东楼洪济寺庙会经费主要由两部分组成：一部分是根据各户的银粮情况自发把白银和粮食放到洪济寺庙前的大钟里，有一两、二两甚至几钱，也有三五斗的小米和谷。这里值得指出的是以张洪君为首的五大财主，他们贡献出大量的白银和粮食。另一部分是香火钱或者说是布施，在参拜神灵时人们一般会捐上香火钱，香火钱有少有多，最多时有百十两。

此外，还有垫会钱等。名目繁多，类型纷杂。垫会钱是较为特殊的一种经费来源渠道。偏关《龙华会碑记》载：

> 龙华盛会，辛年一举，经费在数百余千，观乎众善之布施。先视上会之积累。辛亥（1851）之余，积累仅一百五十四千焉，足敷数百余千之费，所幸合邑好善，人有同心，现又垫会二百六十余千基，斯 [植] 值而会举矣。是会也，神人共悦，垫会布施之多，几遍四方。而邑人郝怀瑾从乌里雅苏台募化众善银八十两。代州、繁峙众善垫会钱九十六千为更盛焉。至会圆满，共收垫会布施壹仟捌佰零玖千文，除会费壹仟贰佰五十六千，除修庙堤六十六千。垫会愿收者，还之愿仍垫者生息之，共余肆佰八十六千出货当杂两行，预作下会之根基。于乎所接少而所遗多，实因感者诚而应者灵，顾吾喜其会之独盛而利及会。会也，爰循旧规，刻垫会者之名于石，

---

① 付宏亮，78 岁，忻府区吕令村，2012 年 3 月 2 日访谈记录。

记垫会者之钱于账。至旧垫会，前碑载明，兹不赘云。

大清咸丰二年（1852 年）岁次壬子如月吉旦邑岁进士高许攀薰沐敬记书丹

垫会：复源成、添福永、延龄堂、开源成、亿生荣、义和德、大恒魁、仁义德、大兴恒、宋琅、张昉、添福永、送琅、万廷杰、姜光嗣、高许攀、源远长、德盛公、永吉公、大全义、万世隆、韩巨海、刁秉信、万名扬、王勋、白仲元、赵仁安、张敬、王振之、高季扬、万寿、范朝凤、张文魁、李泉、刘熙、吴锡宝、李宽、昌兴公、高渐逵、白珩、刘世秀、史存质、白明、贺世达、杨世忠、李珍、万鸠、郭元正、田种德、白熙章、卢存恒、贾裔昌、贾坤、攀立基、王守宝、樊受基、张创业、杨世忠、王继业、郭赓三、孟文辉、刘折柱、刘烈、张映川、刘际清、斛玉兰、王应斗、俞杲、张庆福、韩匡廷、王睿、韩谏廷、公立、孟天助。①

庙会经费的多渠道构成，既体现了社会不同阶层的经济社会地位，也说明了民众对庙会文化认同感的区别，貌似经济行为的背后，反映的确是社会的分层体系和结构，以及个人和群体在基层社会运行的地位和角色。庙会组织在推动庙会产生和发展的同时，也在不断建构着地方社会秩序。

三 庙会组织功能

"庙会是在长期的社会发展过程中伴随庙宇或寺观的宗教活动而出现，在特定时期举行的集祭祀神灵、交易货物、娱乐身心于一体的群众性聚会。"② 区域庙会，是地方民俗风情的博物馆和活化石，在其运行中受到家族文化介入的影响，反过来又影响着家族文化。比如：

东楼村位于忻县城区七公里处，土地平坦，依河傍渠，自然条件较为优越，素有"衣洪精"之称。方圆十里内，村庄众多，是乡村人口稠

① 《龙华会碑记》，咸丰二年，此碑现存于偏关城北白衣殿庙内。
② 吴孟显：《清至民国晋南庙会市场研究》，《山西师大学报》（社会科学版）2008 年第 3 期。

密区域。洪济寺是村中最大的寺庙，每年的庙会都是在此举行，辐射力强，影响广。张氏家族是东楼村中最大的家族，《张氏家谱》载："吾族世传秦城人也，明洪武初吾始祖鲁公爱迁是里至。"根据村里老人回忆和家谱得知，张氏家族的始祖张鲁与其叔叔张彦实是明洪武初年从朔州马邑县圪针沟烟洞村先迁往忻州的前秦城，随后又由前秦城迁到了楼村（即今天的东楼村）。东楼村的张氏家族作为昔有"晋北锁钥""三关重地"之称的忻州的重要家族之一，其实力雄厚，活跃时间久长，活动区域广泛，并且影响深远，特别是在清代同治、光绪年间，位居忻州六大户之列（清代同治、光绪年间，出现了郜、王、张、陈、连、石六大户，他们的座次是在一次对清政府慷慨解囊中以捐银多寡排定的），是庙会组织管理的中坚力量，在村内最有权威性，其家族文化导引着庙会的发展方向。家族文化因此巩固着村落庙会文化，而庙会组织又进一步强化了家族文化。

首先，庙会会首构成有利于家族的发展。庙会"主事者"称会首，所谓"宁带千军，不领一会"，是说庙会组织者必须有比常人更大的本领和更高的威信，也就是说村民往往通过庙会来认识这些人的能力和人格力量。"村族"是庙会活动的基础和资源，也是构造社区关系的基本元素，庙会体系实际建构了一种地方的秩序，奠定了这一区域内各宗族一村庄之间的相互关系。张氏家族在东楼村"洪济寺"庙会组织中举足轻重。清末民初全村分为16闾，洪济寺庙会由全村16家闾长轮流做东，做东的那一闾将推举出五位德高望重热衷于搞庙会的村民，负责筹划集资、修缮戏台、戏班演出、规划管理、善后布施（庙会结束后把供奉的面桃送给村里的孤寡老人）等事宜。会首们考虑到庙会过程中需要操办的事项以及可能出现的种种问题，例如人员太多会引起火灾或者挤压等，特设三门，来疏散人群。①

据张林郁老人提供的资料显示，清末民初在东楼庙会上做东的人有张圣聪、张万邦、张执中、张洪钧、张官文、张伟、赵成、张宪昌、张伟生、张全、张河生，王旭兰、杜全堂、张表云、张心蒙等人。② 在洪济

---

① 张林郁：《东楼村村史手稿》，内部资料，2005 年。
② 张增喜、张林郁：《张氏家谱》，内部资料，2003 年。

寺庙会会首构成中张氏是大户，占到70%—80%，① 李氏、王氏、赵氏则是小户。洪济寺会首构成中张氏家族成员所占的比例最大，势力最强。

张氏族人在修复寺庙中捐款捐物最多。"洪济寺"始建于隋唐年间，先后修复过四次，根据现存的四通碑刻显示，"洪济寺"的修建与张氏家族密不可分。从十三世张执中始，从事长途贩运逐渐发家，并在本地和内蒙古等地建了许多店铺，之后同门弟子及其村民纷纷仿效走上了从商之路。在洪济寺保存的《大清光绪十年募化重修》② 碑上，刻有650多家为重修洪济寺而捐募的店铺的名称及所捐钱的数额，其中张氏占90%的比例，可见当时张氏家族对洪济寺的重视以及张氏家族在洪济寺庙会修复中的重要作用。张氏族人在庙会中所处的地位，决定了其在村落中的地位，有利于家族的发展。

其次，在庙会组织中增强了家族凝聚力。庙会的集体意识和集体行为，有助于培养人们的共同意识。庙会是家族或村落集体力量的表达，既能团结群体自身和防止力量的分散，又能同时向外界展示自己的力量和形象。在东楼洪济寺庙会组织中蕴含着丰富的家族文化，而家族文化恰恰具有社会成员实践长久、认同广泛、行为一致的特点。洪济寺庙会是在历代东楼村民精心呵护之下逐渐形成并发展起来的。伴随着庙会发展给村民带来的精神寄托和愉悦，东楼村民的陶醉、叹服、感激之情会油然而生，成为人们自豪感和自信心的凝聚。"看我们村有庙会你们村没有，我们村的庙会比你们村的更热闹，今年的会首又是我们张家的"，这是多数村民的一种心理和口头常挂的说辞。张氏家族的会首常常会告诫族人一定要把庙会组织好，而庙会的成功组织也显示了家族的凝聚力和向心力。

庙会的集体性特征源于它是一种集体和全民活动，从庙会最早的形式到以后的发展，始终彰显着这一特征。东楼庙会的准备工作是由会首和帮会的人一同进行的，会首们议事完毕后便开始陆续招募帮会人员一同开始前期准备。会首们需要做的准备工作有许多，最主要的是各项事务的人事安排。会首们一般都是男性，但是庙会期间也有许多工作需要

---

① 该数据由张林郁老人走访30多位老人家了解所得。
② 《大清光绪十年募化重修》，光绪十年，现存于忻府区东楼村洪济寺。

由女性来做，比如制作精巧的供品和祭拜仪式所需的道具（如彩纸、纸元宝等）。这些工作一般都是十分虔诚的中老年妇女义务性地帮忙，当地称作"帮会"的人或者"行好的"，她们也认为是为神灵服务的。[①] 应该说帮会的人们都是自愿来的，而受时间和地域的限制使得在洪济寺庙会组织中，会首和前来帮会的大部分都是东楼村张氏家族的人，并且贯穿庙会始终，他们在一起为同一目标（办好庙会）谋事干事，在某种程度上增强了张氏家族的凝聚力。

最后，在庙会管理中提升了家族地位。东楼庙会管理活动中，组织、领导、协调、督促、管理庙会的会首（大部分是张氏家族的精英），他们提前三天开会安排，把"帮会"人员分成若干群组：精打细算、办事公道、民众信任的老人管理钱物；身强力壮的年轻人维护秩序；出门多见识广且能说会道的负责戏班的联系与接待；吃苦耐劳的布置场地；细心的人负责善后布施等。

庙会管理实则会首管理（也可以说是家族管理），是维护村落秩序的重要手段。会首制定村规民约并强制执行，他们是管理者也是权力的象征。可以说，管理洪济寺庙会的那些人基本上都是东楼的"精英人物"（而张氏家族的子弟在其中占有绝大部分），他们同时也参与了东楼村的管理。张氏家族作为村中大户，左右着东楼村的政权组织。根据调查，民国以来，东楼村主持过村务的张氏族人有 50 多人，包括张伟、张晓玉、张伟生、张继锁、张浩旺、张根义、张吉庆、张富和、张凤明、张全霓、张本吕、张全根、张心蒙、张全寿、张清旺等人。可见，张氏家族对维护乡村社会秩序具有不可忽视的作用。随之，家族地位不断得到提升。

第二节　庙会消费

一　消费人群

消费（consumption）是社会再生产过程中的一个重要环节，也是最

终环节。它是指利用社会产品消费来满足人们各种需要的过程。消费又分为生产消费和个人消费。前者指物质资料生产过程中的生产资料和活劳动的使用和消耗。后者是指人们把生产出来的物质资料和精神产品用于满足个人生活需要的行为和过程，是"生产过程以外执行生活职能"，是恢复人们劳动力和劳动力再生产必不可少的条件。可见，消费是有物质消费和精神消费之分的。庙会上的消费也主要体现在这两个层面上。

从庙会的消费主体来考察其消费状况。从不同的视角可以把庙会的消费主体分为富人群体和穷人群体、男性群体和女性群体、中老年群体和青少年群体等。

富人群体和穷人群体　按生活水平可分为富裕阶层和贫穷阶层。庙会期间，城乡富商及大户乘车坐轿，骑驴跨马，携家带眷，有的相约挚友结伴相随，从四面八方赶来。如定襄留晖庙会，有钱人家坐着轿车，带着铜火锅，饿时即支起火锅边吃边看，晚上坐在轿车中，前面几排出布施，把轿车帘子掀起，供富家太太、小姐看戏。富人利用庙市的经济功能尽情消费。贫穷阶层是庙会的主体，由于生活的拮据，日常的物质消费水平很低，但在庙会上却表现出一种畸形消费。平时舍不得吃、舍不得喝的大妈和小孩拿着手中仅有的几个零钱到庙会上"潇洒"一把，如此消费，更多追求的是精神的满足和愉悦。在庙会上，穷人终于可以和富人一样购买自己需要的食物，享受一年中最为放松和快乐的生活，可见庙会在等级建构的背后体现的是民众平等理想的诉求。每个人都有享受生活的权利，无论是富人还是穷人，正是由于人类对美好生活的向往和享用在现实社会中往往得不到实现，才把目光转向神灵世界，俯就于庙会这一载体，这抑或是庙会不断延续的深层次原因。

男性群体和女性群体　按性别可分为男性群体和女性群体。男性群体中的精英多扮演庙会组织者、管理者的角色，其他普通男性民众则参与庙会的祭祀、商品交易和各种娱乐活动。女性群体在传统社会受到多方面的压制，被剥夺自由出行和交友的权利。唯有庙会，可以改变其现实生活状况，让她们走出家门，走向社会。她们把多年的郁闷和苦恼在庙会加以倾泄，平时对妇女的各种约束解除，女性可以和男性一样，在庙会上尽情狂欢。

中老年群体和青少年群体　按年龄可分为中老年群体和青少年群体。据原平下合河村几个老人回忆，过庙会时，崞阳的一些做买卖的商人就来了，有卖黑枣的，有卖干炉儿的，有卖针线的……好不热闹！其中，最开心的就是小孩子了，不管是贫穷的人家，还是富裕的人家，在庙会期间，都会多多少少给小孩子点零花钱，满足小孩子吃和玩的欲望[①]；岢岚康家会的几位老者回忆："小时候我们几个猴娃娃（方言，意即小孩）拿着大人给的几个铜子到崇典寺、老龙庙、山神庙和高庙等庙会赶会，俗称'乱赶会'。那时，吃过傅山先生的饼子，6个铜子可以买一根麻花，五分钱喝一瓶饮料。"[②] 可见，庙会给青少年尤其是儿童带来"口福"，使他们吃到平时吃不到甚至想都不敢想的食品，因此庙会自然成为青少年心中的盼头和念想。当然，如果要说消费状况，还是地主、富农这些有钱人家的孩子消费的多。中老年群体在庙会上占有相当的比例，他们的消费首先体现在购买一定的祭祀用品，如黄纸、供香以及购买生产生活必需品，而用于娱乐方面的消费主要是看庙戏（其唱戏的费用已统一由所在村落集体支付，个体民众无须再掏腰包）。

二　消费内容

从庙会的消费类型考察其消费内容，可以分为交际费、施舍费、购物费和娱乐费等。

（一）交际费

村际之间由于相互通婚，每个村民在其他村都有亲疏不同的亲戚朋友，庙会成为附近村与村之间村民交流的平台。正如明恩溥所说："不管这些亲戚朋友是否已经被邀请，其实都没有什么分别。就一般的村民来说，来访者总是要来的，即使他们确切地知道没有什么人希望他们来拜访。"[③] 尽管明恩溥的观点有失偏颇，但是在庙会时宴请周围的亲友，确实是晋北社会延续至今的传统。庙会期间，庙会举办地的村民家庭都会款待来访的亲朋好友。"父母的亲戚朋友、祖父母的亲戚朋友，甚至平时

①　2014年7月21日采访原平下合河村的几位老人的记录。
②　2015年3月10日采访岢岚康家会村的几位老者的记录。
③　[美] 明恩溥：《中国乡村生活》，午晴、唐军译，时事出版社1998年版，第62页。

都很少来往的亲戚、朋友，在庙会期间都会过来，为了尽地主之谊，都会盛情款待。那些亲戚朋友来了之后，家里往往会拿出平常都舍不得吃的食物来款待他们。"①

　　既然是招待客人，自然就不能"小菜一碟"。在当时经济状况较差的乡村社会，为了招待亲朋好友，都会去庙会上买许多平时舍不得买的食品，但无论如何都会使主客高兴，因为在庙会上贩卖各种产品也会给民众带来一些收入，所以村民也会乐于招待。由于庙会期间人们都会款待亲朋，使得有些食品供给不上，价格上涨，但还是有许多人继续购买，因为不买会丢面子。"为了给那些其中绝大多数并不想见到的不速之客烧水、做饭，原本能够维持一家六个月的燃料，现在一个星期就烧光了。这对于勤俭持家的中国人来说，似乎是难以忍受的。保守地估计，招待的费用是观看戏剧本身费用的十倍。"② 此观点尽管并不完全符合境内民众庙会消费的实际，但也的确反映了庙会期间的交际费是一项重要的消费支出。这也正如顾颉刚先生所言："乡民不费于戏资而费于请吃戏饭。每年演戏，邀请它乡村之亲友来看，杀猪设酒，费百余元不为奇也。"③此项消费实际上是一种人情消费，鉴于多年的传统交往习惯，以及碍于情面，定要邀请亲朋好友前来赶会，并且家中备上等饭菜款待。这种人情世故对穷苦人家来说无疑是一个沉重的负担，是中国人情文化的直接反映，无奈的人情交往编织着中国特殊的人情关系网。

（二）施舍费

　　在庙会举办期间，寺庙周围总是有许多所谓的"坐夜者"。本村的好心村民总会给他们一些食物，这是一种施舍。当然最常见的施舍还是对乞丐的施舍。参加庙会的各村村民，此时尤为虔诚。所谓"乐善好施"的心理，更容易在这种时候产生。庙会期间，家家户户都会施舍食物给乞丐。寺庙附近的街道上，出现很多乞丐，有短手的、缺脚的，种种惨状，乞求人们可怜、施舍他们，即使是平时比较"抠门"（方言，即小气）的家庭也会施舍食物给乞丐。

---

① 李万，82 岁，忻府区匡村人，2015 年 2 月 5 日采访记录。
② ［美］明恩溥：《中国乡村生活》，午晴、唐军译，时事出版社 1998 年版，第 63 页。
③ 顾颉刚：《苏州史志资料笔记》，江苏古籍出版社 1987 年版，第 216 页。

"那些缺胳膊少腿的乞丐，不是来进香的，他们也虔诚，不只是对神，更是对虔诚地信奉神的人。他们也常常排列在山道两侧，大路两旁，根据进香者的不同身份，用'奶奶、大娘、姑姑、姐姐'之类的称呼，用有如捣蒜的磕头，用最能让人皱眉怜惜的身体部位的展示，用谁也听不懂的念叨、咒语，求得人们的施舍。"① 尽管庙会上用于施舍的花费绝对数不能算高。但是在当时吃饭问题是多数村民面临的最主要的生存问题的情况下，人们还是感觉到这种消费的不合理。据老百姓说，周围一些村里平日好吃懒做的懒汉主动假冒乞丐的也有，有人还能借此机会小赚一笔，但假冒一旦被撞破，大家就不会再去看他一眼。庙会期间，每天的乞丐多达十余人，甚至几十人，当然假乞丐也会有不少。②

庙会施舍费是一种单向性和无交换性的家庭资源外向转移。③ 这种家庭资源外向转移，一定程度上可以说是社会资源在不同阶层人中的再分配。

（三）购物费

庙会除了祭祀神灵之外，另外一个重要活动就是商品贸易。在庙会期间，本村及周边农村的村民纷纷而来，商贩也会从四面八方汇聚在庙会举办地。庙会市场上聚集了各种日常所需的商品。一些商贩甚至把日常积压的货物摆出来也能销售大半。对于那些终日弓腰劳作，难得进城的村民来说，热闹的庙会不仅是一次娱乐，而且也是自己添置生产生活用品的良机。同时对孩子们来说，还可以从父母那些索要一些小钱，买点吃喝以解馋。因此人们都积极参加庙会。

对于城乡庙会来说，乡村庙会服务乡村社会的特征更为突出，在很大程度上弥补了农村商品集贸的缺陷，从而极大地方便了村民，这也是清末民初晋北农村庙会得以持续发展、长盛不衰的原因所在。村民在庙会上购买一部分日常生产和生活的必需品，促进了商品物资的交流。由于村民对庙会的依赖性较大，庙会的商业贸易色彩很浓。

庙会举办期间，附近村落经销饮食、布匹、杂货等商贩都会来参与，

---

① 小田：《近代江南庙会与农家经济生活》，《中国农史》2002 年第 2 期。

② 孔美应，79 岁，忻府区匡村人，2015 年 2 月 1 日采访记录。

③ 小田：《近代江南庙会与农家经济生活》，《中国农史》2002 年第 2 期。

摆摊设点。"琳琅满目的各种货物，悦耳动听的吆喝声刺激着村民们的消费欲望，许多人就是勒紧裤腰也要在庙会上买点吃喝，不仅仅是为了自己和家人，更是为了招待客人。"① 再加上庙会期间出售的多数日用生产生活用品，价格十分便宜，而且摆放在村民的家门口，这对于当地村民来说更是一种刺激。届时，不仅本村的人积极参加庙会，周围村落的村民以及从外地赶来参加庙会的人员也会参与其中，他们共同组成了农村庙会上的消费群体。同时，庙会上会出售一些十分畅销的生活所需品，有巨大利润空间，一些有商业头脑的村民先用低价大量购买，再转售给其他村民，获得不菲利润，这就更加刺激了家庭经济消费。

（四）娱乐费

民众在庙会的休闲娱乐活动方面也会产生一些消费，同时也在一定程度上促进了庙会规模的扩大。"庙会上的休闲娱乐活动主要是对祭祀活动中的娱神活动的衍生和发展"②，与祭祀活动相比，民众在庙会上的休闲娱乐活动使村民在一年繁重的劳作中有难得的休息时间，起到了放松身心、娱悦乡里、振奋精神的作用，促使村民以放松的心态投入之后繁重的田间劳作。不过，娱乐费只是一种精神消费，并没有像其他消费一样产生实际的物质消费。

虽然村民在庙会上产生交际费、施舍费、购物费和娱乐费等，会促进家庭经济消费，提高家庭生活质量，但是要一分为二地看待家庭经济消费。由于庙会上的消费带有极大的盲目性、攀比性，使得庙会上用于交际、施舍、精神等方面的消费也会给家庭经济带来较大负担，尤其是在当时本身就不富裕的家庭，有可能会使其更加贫困。

第三节　庙会：习俗承载体

一　求子习俗

孟子曰"不孝有三，无后为大"，此话在很大程度上道出了民间百姓

---

① 赵新平、王忠：《清末民初晋北庙会对乡村经济社会的影响——以河曲树儿梁、山庄头等四村为例》，《忻州师范学院学报》2013年第2期。

② 赵新平：《庙会与乡村经济发展——以晋北大白水村为例》，《晋阳学刊》2009年第3期。

的普遍心态。人们为了家族繁衍，传宗接代，盼望早生贵子。新媳妇如果没有在预期生育，媳妇、公婆或娘家就会履行祈子习俗。祈子习俗是人们在传统生育观制导下祈盼怀孕生子的持久性意识和行为表象。境内的求子习俗五花八门，大致有四种类型：一是妇女平日向生育神求子（如拴童子）；二是投石入石洞求子（投石求子）；三是到池里摸石捞儿求子（捞儿求子）；四是庙会求子。这里重点论述崞县天涯石鼓神祠的"捞儿"习俗、静乐丰润的"拔花花"习俗及定襄七岩山圣母祠的"捞儿"习俗。

（一）求子习俗事象

1. 崞县天涯石鼓神祠"捞儿"习俗

崞县天涯石鼓祠位于原平镇东8公里处，停旨头村东南。每年清明节都要举办庙会。届时，前来赶庙会的人中不乏意欲求子者，皆到"捞儿池"捞儿求子。"捞儿池"位于石鼓之下，求子者蹲于池边，俯身摸石，想生儿子的就摸长形石头，想生女儿的就摸圆形石头，俗称"捞儿"。捞到自己满意的石头后，用红布将石头细心包裹揣在怀里，带回家中，供奉起来。次年，如若怀孕生子必还愿。还愿的方式很多，有的出资让前来祠庙演出的剧团加演折子戏，有的赠送牌匾，有的为圣像披红戴花，有的布施钱财供修复和扩建祠庙资用等。更有甚者，为表虔诚，许诺到约定时日，自己装扮成罪人模样，赤双足，裸上体，脖颈戴榆木制作的枷锁，脚上加铁镣，让人用铁链牵系，环绕庙宇顺时针转三圈，再逆时针转三圈，而后卸掉这些附带物件，毕恭毕敬地静跪在神像前，长达一两个小时，以表忏悔。

2. 静乐丰润"拔花花"习俗

静乐县城南15公里处的丰润村南有一座娘娘庙，娘娘庙坐北朝南，正殿五间，青砖院墙，庙门上挂着写有"娘娘庙"的大匾，高大雄伟，院内翠柏两行，青砖铺路，供奉着娘娘塑像。

每年三月十八举行盛大的庙会，一大早"管事们"（庙会负责人）忙着开始放炮，大炮、花炮、鞭炮齐鸣，响声震天动地。放炮完毕后，"拔花"活动正式开始。方圆十里八乡的人们天没亮就在庙门口等着"开门"，"开门"不仅是打开神前来的无形的门，同时也开启神与人的交流之门。① 因此，当庙门一开，人们便一起涌进狭窄的寺院内。有的是来拔花的；有的是来还愿的；还有的是单纯来看红火的。此时庙院内的旺火仍旧燃烧着，响工们也奏起了当地流传的乐曲。娘娘塑像前摆放着一个供桌，供桌上摆满了各种各样的供品，应有尽有。老主事把早已做好的白、红花放在娘娘像的怀里，然后就站在供桌一旁，准备接待前来"拔花花"的妇女们。来"拔花花"的妇女们都拿着供品，进入庙后，她们先把供品摆在供桌上，接着跪在娘娘面前烧香祭拜、许愿，想生男孩的就对娘娘说："娘娘送我们一个当官的、坐轿的、光宗耀祖的"，想生女孩的就说："送我们一个如花似玉的、漂亮的女孩吧。"许愿完毕后，主事们就送给她们各自想要的花（想生男的要白花，想生女的要红花），然后她们拿出一些钱，放进供桌上的功德箱里，以表谢意。妇女们把拔来的花揣在怀里，悄悄带回家，放在自己的衣柜里，谁也不能动它，每天都要看着小花许愿，直到怀孕生子。生了孩子后，第二年必去娘娘庙还愿。她们同样是早早就去了庙门口，带着供品、香纸。进入庙内，把供品摆在桌上，然后磕头致谢。同时也会为孩子祈福许愿，保佑孩子长大成才。此外还要求娘娘给孩子戴枷（枷就是用三根木棒拼成一个三角形，用红、黄、绿纸缠在三角形上）。戴枷的意思就是把孩子用枷锁起来，以防孩子跑掉，寓意孩子长命百岁。枷每年三月十八做一次送到庙里燃烧，直到孩子满十二岁为止。此习俗一直流传至今。

　　3. 定襄七岩山"捞儿"习俗

　　七岩山，古称七宝山，其最初的建筑为灵光寺。因为灵光寺的西壁，刻有千尊石佛，故后人改称千佛殿。继灵光寺的建筑是圣母祠。圣母祠内供奉的是惠应圣母。惠应圣母原是赵襄子的姐姐，是代王夫人（其夫代王为狄人，是北方少数民族）。《七岩山记》载："襄子北登夏屋，请代王，使厨人操铜枓击杀之，遂兴兵平代地，其姊闻之，泣而呼天，磨笄自杀。迄今二千余年，实为山神。峰峦高耸，洞宇清幽，士人呼为圣母，前代加有封号。每岁七月朔，远近焚香者络绎不绝，自山麓而上，蜿蜒屈曲约三四里。洞中滴水，四时不绝，至冬则为冰柱，又有石穴滴水常

---

① 岳永逸：《行好：乡土的逻辑与庙会》，浙江大学出版社 2014 年版，第 262 页。

盈，僧投石其中，求子者用手捞之，得石则有子，此土俗也。"①《惠应庙记》也有类似记载："圣母，赵襄子姊也，先为代王夫人，襄子杀代王平代地，夫人曰：以弟慢夫，非仁也。以夫怨弟，非义也。泣而呼天，磨笄自杀。其后，襄邑人为建祠于七岩山。宋崇宁间赐庙额曰'惠应'。"②惠应圣母最开始是山神，元朝以后，民间又赋予其"送子"的使命，随即得到"送子娘娘"的封号。每年七月初一为古庙会，八方朝圣，香火不断。又因祈子人们最多，所以又称"捞儿会"。

七岩山捞儿是不定时的，多为个人行为，地点即为惠应泉。惠应泉是捞儿洞神像背后汇集流水的斗大的一个小潭，又叫"七宝池""惠泉"，滴水长注不盈，频取亦不涸。悬挂着明代知县王立爱写有"惠泉"二字的牌匾。乡人士女，已嫁而未孕者，相与临神潭以摸石，得石者宜男，得瓦者宜女。但是每年七月初一庙会时间"捞儿"者最多。平时大部分为留晖及附近村庄的人，而到了庙会时二州五县的人们，较远的还有来自内蒙古伊克昭盟的。多数人是步行而来的，富裕的家庭便坐着轿车早早来到留晖村（此村建有惠应圣母的行宫），等待迎神，上头炉香，"捞儿"祈子。

到七岩山祈求七岩圣母赐子的妇女们，先带好香、纸、供品、爆竹等去圣母祠拜七岩圣母，并向七岩圣母祈子、上布施，然后去七岩圣母祠后边的捞儿池捞取石子。按当地人的规矩捞起石子时不允许看石子的形状，要立马拿出事前准备好的红布，迅速地将石子包好揣在怀里，等到回家后，放在自己家里的神灵面前供奉着。

捞儿得子者，定要还愿，到圣母祠归还原来捞取的石子。还石子仪式要比捞石子时隆重得多。男孩则要做十七个寿桃，女孩十五个寿桃，寓意为长寿，带一个"箔箔"（方言，读 piepie）③，寓意着圆满，表示"捞儿"的圆满结束；带一个笤帚，寓意为孩子扫除一切邪恶的东西让其健康成长；带一些染红的棉花线，100 圈，寓意为生命线的长久及吉祥；最后则带一些香、纸、蜡烛、白银等，还可以给圣母披红。更有甚者，

---

①　光绪《定襄县志补志》卷一一《艺文上》。
②　同上。
③　农村中用高粱穗部下边做成圆形的东西，尺寸可大可小，可把东西放于上。

还要雇用八音会吹奏，给七岩圣母搭台唱戏等。

捞儿者得喜，孩子出生三天的时候要到寺里报喜，名为寄寺僧，满月时，按寺内排就的法名，从小住持的辈数 X 字给婴儿起名字。儿童长到十一岁、十三岁、十五岁时即行还愿，即"完神盘"，意为寄寺僧结束。七岩山的法名有四十八字：智慧清静、道德圆明、真如性海、寂照普通、心源广续、本去昌隆、能仁圣果、常演宽宏、维传法印、洞悟真容、坚持戒定、永继祖宗。① 据被访者说："现在已传到'果'字辈了。本村凡名字中带有'能'字的均为寺庙中法师给起的名字，以保平安，有能耕、能香、能福、能善等，村里将近200多人，现在已有近半数人去世。"②

（二）祈子习俗成因

无论是捞儿习俗，还是拔花花习俗，都是对生育神的崇拜。清末民初，晋北民众祈子习俗的产生与自然和人文因素有着密切的关系。

1. 自然因素

如七岩山位于定襄"县治东南十八里，以石洞凡七得名"。③ 北与五台山相邻，东南与文山、系舟山相接。七岩山地区的土地多为阶梯状，可耕种的土地较少，并且大多是小的块状土地，参差不齐，不利于人们集体耕种。此外七岩山位于黄土高原，土地比较贫瘠，粮食产量较低。该地区属于温带大陆性气候，春季气温低，常有大幅降温气象，致使植物在开花季节遭受冻灾，而且春季多风，降雨量少，常有春旱；夏季气温高，雨水较少，有时降雨后伴有风灾发生，致使农作物减产甚至颗粒无收；秋季短暂，但降雨量高，在农作物收获的季节大量的降雨影响收获的进程，使得农作物遭受霜冻；冬季气候寒冷，风多雪少等。人们常年受干旱、风灾、冰雹和霜冻等自然灾害尤其是旱灾的影响，生活比较贫困，因而便将子嗣的多少视为家庭、家族势力强弱，以及社会地位高低的重要评判标准，十分期盼得子和雨水。七岩山圣母由于受儒家文化的渲染，变得更加的令人信服，于是惠应圣母便成为人们祈子和祈雨的

---

① 资料来源于续俊谦、石效忠主编的《七岩山传》。
② 任保祥，73岁，定襄留晖村人，2015年2月2日采访记录。
③ 雍正《定襄县志》卷一《地理志·山川》。

民间神，人们大都相信他们的保护神会赐予他们想要的一切。

　2. 人文因素

　　祈子习俗与传统生育观也有很大关系。"不孝有三，无后为大。"此话出自孟子，但孟子并没有具体说不孝的内容。汉代著名经学家赵岐所作的《十三经注疏》中在"无后为大"下面有注解："于礼有不孝者三，事谓阿意曲从，陷亲不义，一不孝也；家贫亲老，不为禄仕，二不孝也；不娶无子，绝先祖祀，三不孝也。三者之中无后为大。"① 对于"无后为大"的解释是：为人子，如果不娶媳妇，传宗接代，沿袭家火，过年过节，无后代为先祖扫墓和祭拜是为三不孝。传宗接代成为境内人的一种神圣的责任和义务。"在西方国家，只有世家贵族保留着传宗接代的意识；而在中国，百姓家里的每一家似乎都把传宗接代当成义不容辞的重大责任……人们对它郑重其事，为它蒙上了一种神圣的色彩。"②

　　早在西周时期，汉族民众就确立了以祭祀祖先为核心的信仰。孟子作为儒家学派的后继者，强调敬奉祖先，进而强调传后的重要性。传统社会，人们普遍认为人的生命只有在子孙身上才能得到延续，子孙的庞大才是先祖功德的体现，通过后代对祖先的祭祀，使祖先知道自己的功德，他们灵魂才可以得到安息。没有后代去祭祀的祖先，他们的灵魂在地狱里会不得安宁，成为孤魂野鬼，处处受人欺凌。因此，无子嗣是最大的不孝。只有世代相继的子嗣才能使祖先、神灵香火不断。所以人们大多希望传宗接代、重视生育、追求多育，这种传统生育文化观影响深远。

　　劳动力缺乏也是促使人们求子的重要因素。在农村，一个男子就是一个劳动力的代表，就是全家土地收成的主要依靠。尤其是晋北地区土地贫瘠，旱灾频发，所以一个男子就是全家生存的基本保证，是家庭在经济上安全保障的最可靠、最有利、最重要的"资源"。劳动力越多，尤其是男性劳动力的增加，会极大地增加家庭收入，这就进一步促使"早婚早育"、"早生贵子"、"多子多福"观念的深入。随之而产生的还有"养儿防老"的观念。当父母年迈的时候，就更需要儿子去田里劳动来养

---

① （汉）赵岐：《十三经注疏》，北京大学出版社 1999 年版，第 210 页。
② 李银河：《生育与村落文化》，中国社会科学出版社 1994 年版，第 121 页。

活全家人。民间将"多子"与"多福"紧密联系，子嗣多劳动力就多，所创造的财富就多，多子是家族人丁兴旺的标志，能提高家族社会地位。若家族人丁不旺，势单力薄，就会使祖宗的香火难以为继。正是如此，晋北农村地区才会出现祈求子嗣的神仙及庙会。

此外，在传统社会，人们赋予美德与繁衍子孙之间必然的联系。往往将子嗣的有无与祖先和自己是否积德行善联系在一起，所谓"德厚者流光，德薄者流卑"①。由此人们认为，做好事多积德，一定能为自己及后世修来善果和厚报，即善因生善果，恶因生恶果。没有子嗣的先祖会断绝后代繁衍的血脉。此观念已浸透到人们的深层意识之中。传统道德标准影响着人们的价值判断，人们用是否行善积德来判定是否能有子嗣。比如人们将当地的七岩圣母奉为神灵，七岩圣母一方面保佑人们幸福，另一方面圣母带给人们子嗣。既然圣母的主要功能是赐子，那么拥有子嗣就是遵守了圣母神圣的指示，反而没有子嗣的人则是违背了圣母的旨意，违背了道德标准，会遭到人们的谴责。这是特定地域的文化特性，以传统庙会形式得以表现。

（三）祈子习俗特征

境内祈子习俗具有民族性、仪式性、目的性、认同性及传承性等特征。

1. 民族性

即民族融合性。仍以七岩山捞儿会为例，"在七岩洞内，圣母即赵襄子姊，前为代王夫人，襄子……遂兴兵平代地，乃使人迎其姊，代王夫人……泣而呼天，磨笄自杀而死，使者亦自杀而死，地名为磨笄山，襄人建祠内"②。史料中涉及的地理范围包括今河北怀安、蔚县以西，山西省阳高县、浑源一带。代地即原来的代国，由狄人建立。《逸周书·伊尹朝献》中称其为"代狄"。《后汉书·西羌传》称其为戎，说"代戎，即北戎也"③。可见，代国对于赵国的发展和壮大有着非常重要的意义，为赵国的强大奠定了基础。圣母与代王的姻亲也具有了向大一统时代发展

---

① 承载：《春秋谷梁传译注》，上海古籍出版社2004年版，第88页。
② （清）王会隆：《定襄县志》，成文出版社1976年版，第242—243页。
③ 沈云长：《赵国史稿》，中华书局2000年版，第113页。

的民族融合渗透性。而代王的被杀说明了在中原和少数民族的征服与被征服中充满着民族融合及价值观的逐步认同。所以代国历史才会载入《史记》，宋崇宁年间七岩圣母又被敕封为"惠应圣母"，并以七岩圣母的身份载入《定襄县志》，"完成了其由'磨笄认同'到圣母信仰的转变"①，也说明了祈子的民族融合性。

2. 仪式性

从祈子习俗的媒介看，如庙会住持、祈子者的名字，他们作为祈子媒介，搭建着祈子能否成功的桥梁。在整个祈子过程中，带有宗教的仪式性。每一次的祈子仪式中都有特定的过程，祈子和还愿的每一步都是严格按照当地习俗来进行，如有一点差错则是对神灵的不尊敬，是会得到报应的。对于每一位祈子的妇女来说，她们的心愿是一样的，信念是虔诚的，这种活动体现了祈子过程中每一个细节的特殊意义及其必要性，更是祈子习俗神圣与否的主要衡量标准。

3. 目的性

祈子活动都是围绕着人口生产的目的展开的。人们对生子的期盼和对神灵的虔诚，足以证明在农耕社会人口多少确实是衡量一个家庭完美与否的重要标准。如人们向七岩圣母祈子，虔诚侍奉圣母，广积善缘，直到如愿得子。求子如愿后，按照当地习俗向七岩圣母举行还愿仪式。还愿仪式体现了人们对于祈子的现实目的性。

4. 认同性

如对七岩圣母的信仰，从时间上来说，自春秋便有，"圣母即磨笄夫人，原殉节代地。代人尊而立祀于中海，曰赵高观。当战国时，该观系赵祠，故立祠于上"②。到魏晋时期，佛道兴盛，民众对于圣母更加推崇，"山僧之盛，无过此时者"③。七岩圣母更是成为人们心中不可抹去的神灵。皇帝作为统治者对圣母也深信不疑，自"宋崇宁间，敕封惠应圣母祠"④，从此成为七岩山的主神。自宋以后，七岩圣母的信仰便更加广泛

---

① 林献忠：《赵国发展战略研究》，硕士学位论文，华中师范大学，2007 年。

② 续俊谦、石效忠主编：《七岩山志　七岩山补志》，定襄文化研究会，2001 年，第 10 页。

③ 同上。

④ ［清］王会隆：《定襄县志》，成文出版社 1976 年版，第 242—243 页。

流传。上至皇帝下至平民，不分民族、僧俗，对于七岩圣母有着广泛的认同，特别是七岩山地区民众对于圣母的信仰非常深远悠久。此外对七岩圣母的信仰无论满汉都虔诚之至，"递传至清代，咸丰、同治、光绪之际，本山始引有北蒙瞻拜之迹。汉蒙乞嗣、祷雨者，为极盛之时也"①。

5. 传承性

传承表现在仪式的传承和精神的传承。在仪式传承上，不论是朝代的更替还是社会的变迁，人们对神灵（如七岩圣母）的祭拜仪式都一脉相传；在精神传承上，人们对于圣母的信仰自春秋时期便有，而且受当地自然和人文环境的影响，人们也离不开祈子的信仰和意识，精神性的传承也从未间断。如七岩山的祈子"捞儿会"传承性极强。

（四）祈子习俗影响

1. 使民众精神得到慰藉

求子习俗折射出人们的生育观念，这种以家庭为载体的生育观念隐藏在人们的意识之中，形成一种生育文化。传统农业社会粗放的经营方式产生了对人口增长的需求，与之相适应的是传统宗法社会对家族人丁兴旺的渴望。人口的增殖不仅是抵御自然灾害的原始思维的遗留，也是增加农业生产的现实保障，同时也体现了孝道的基本要求。祈子活动的举办使求子的民众在精神上得到慰藉，如人们对七岩圣母的崇拜使得祈子成为一种习俗，而不仅仅是有需要才进行求子。

2. 影响着民众的信仰

随着七岩山圣母祠信众的增加，不断影响着民众的信仰意识，而且七岩山圣母祠释儒道三教并存，人们并不排斥三教的不同。定襄县与五台县接壤，当地佛教信仰兴盛。圣母信仰从形成到发展，始终与佛教相伴，体现了佛教对圣母信仰的接纳，而这种状况也是我国民间信仰较为普遍存在的现象。道教自产生以来就深深扎根于普通民众的心理，人们在祭祀佛家神仙时不忘道教。民间关于关公的信奉和崇拜，也使儒家文化入驻七岩山。最终，七岩山圣母祠形成了以当地神灵为主的多元信仰体系。

---

① 续俊谦、石效忠主编：《七岩山志　七岩山补志》，定襄文化研究会，2001 年，第 10 页。

3. 促进当地经济发展

祈子成为七岩山圣母祠的主要功能，带来了众多的人群，流动的人群使七岩山地区商贩增加。人们通常是上午去七岩山拜圣母，中午下山吃饭，下午逛留晖，进洪福寺烧香或到集市上购物，集市上有日常生活用品，晚上看戏。每年农历七月初一会期，不单单是留晖村，整个南王乡的人都要邀请亲朋好友前来自己家做客，共同过会。庙会上有很多人，不仅为村落增添了许多热闹，更是一种礼尚往来。一般来说，赶会看人，登山望景。如七岩山"捞儿会"，普通民众首先是到梳洗楼看娘娘的神像，再到捞儿洞看捞儿、上布施，然后去右侧的眼光楼、锦衣楼，看看娘娘的神姿，最后在返回时拜拜老君庙、关帝庙；文人墨客去了则会去欣赏七岩山摩崖造像、老松台的王维读书处、魁星阁，然后上文殊洞抱佛腿，再向东北行到睡佛殿、千佛殿处等。七岩山敬神结束后，人们开始下山，在下山的路上有许多挑着东西来卖的人，等回到留晖村后，村里有更多的商品市场，人们会置办一些物品。到傍晚时，在留晖村洪福寺对面的戏台为七岩圣母唱戏，人们早早吃完晚饭就去看戏。庙会举办的三天中，由于人流量大，吃喝住等消费较多，一定程度上刺激了当地的经济发展。

庙会是民俗文化集中展现和传承的媒介，祈子信仰的形成既离不开祈子这个各民族的集体认同，也离不开儒家正统思想统摄下的孝道文化，更离不开地方农耕文明的影响。正因为多种因素的交织，共同培育了祈子信仰的深厚土壤。祈子习俗既具有地方特色，又不失普遍意义，其中的优秀文化因子，值得我们继承，但对于其迷信成分，我们要坚决予以剔除。

二　祈雨习俗

（一）祈雨习俗仪式

"十年九旱"是对境内自然生态环境的生动写照，境内许多庙会因祈雨而生，祈雨又使庙会成为民众表达生活诉求、满足生产生活需求的重要途径。境内的祈雨习俗多样、代代相传。如五台大建安村的伏水会就是典型的祈雨习俗，其主要仪式包括搭神棚、取水、请神、请戏、祭神、分水、送神等。其中每一个环节都体现了百姓对水神的崇拜。

搭神棚，前文"神棚祭"中已提到，此处不再赘述。

取水，又称为请水，是伏水会中特别重要的一项内容，也是百姓水神信仰和佛教文化逐渐融合的体现。在伏水会开始举办的前几天就必须由有名望的人动身前往五台山的玉华池去取水。百姓认为龙王居住在深潭，只有到龙王真身藏匿的地方取水才有效。取水人必须要有一颗虔诚的心，要赶在伏水会举办那天把水请回来。前往玉华池取水的人需要从早晨太阳升起的时候出发，到达玉华池的时候先摆上供品，将带来的香烛纸焚烧后取水。取水完毕后在取到的水里面放几朵金莲花①，因为"他处之金莲花皆单瓣，惟玉花池所产为双瓣"②，以表明这是从五台山玉华池取到的水受水神龙王爷的保佑，是其赐给村子里的圣水，可以帮助人们解脱烦恼，心想事成，蕴含了佛家的哲理。然后原路返回，放置在水神旁边。由此可知，取水与佛教有着千丝万缕、密不可分的联系，打上了深深的佛教烙印，是伏水会在地化的一种典型表现。③ 取水是百姓水神信仰的仪式实践，也是人神互动交往的行为媒介，自然也就连接了人和神。

请神，是请龙王爷和龙母的神像。最初大建安举办伏水会只请三龙王和本村的龙王爷，后来变成五位龙王爷（大龙王、二龙王、三龙王、四龙王、五龙王）和本村的龙王爷，再后来又逐渐将龙母也加进伏水会，这其中还有一个关于五龙王爷和龙母的传说。据徐成生老人说，大建安村伏水会请龙母是有原因的，跟河边村有关。在他们很小的时候就听长辈们讲请龙母的故事。相传河边村有一年举办伏水会，请来了五位龙王爷祭拜，祈求一年风调雨顺，但是由于五龙王爷喜怒无常，性格暴躁，使人们的祈求适得其反，在伏水会当天他就给河边村下起了冰雹，把河边村和周围村子的庄稼打得稀巴烂，后来轮到大建安举办伏水会的时候，害怕重蹈河边村的事件，大建安的百姓就想谁能管住脾气暴躁的五龙王爷，某个聪明百姓就想到龙母是五龙王的母亲，儿子肯定听母亲的话，就认为只有龙母才能管住五龙王，所以就在伏水会中加进了龙母，目的

---

① 佛教认为金莲花出淤泥而不染，常用以比喻佛陀在生死烦恼中重生进而得到解脱。

② 光绪《五台新志》卷二《山水》。

③ 王海霞：《晋北古村镇佛教信仰与民众生活研究》，硕士学位论文，山西大学，2012年。

是防止五龙王下冰雹，造福老百姓，后来逐渐延续了下来。以前几位龙王爷还不在一起待着，而是分散在各个村子，后来逐步将他们一起放在五级村供奉，请的时候到五级村即可。① 水神龙王由分散各村到聚居一村，同时又增加了龙母，可见百姓是以拟家庭来建构神圣世界的，而坚信龙母可以有效管教脾气暴躁的五龙王，是将世俗生活中的传统家长制与神圣生活进行勾连和糅合。

请神那天，村子要派几个俗称"水手"的代表去五级村请五位龙王爷和龙母，他们从早晨太阳升起的时候出发，去的时候由于是快到暑伏的日子，天气特别燥热，"水手"代表为避暑，往往在出发前习惯折几根柳枝编成草帽，然后戴在头上，后来渐成一种习惯，一直流传至今。为了能顺利请到神，他们想方设法讨好神、取悦神，一路上敲锣打鼓到达供奉几位龙王爷和龙母的五级村。到达后先将带来的供品和香烛摆上，"水手"烧纸供奉后，才能请神灵，寓意是得到了龙王爷和龙母的首肯，同意到大建安村接受百姓的祈雨祭拜。"水手"代表将五位龙王爷和龙母分别放到六位代表背上一路背回，中途不能停歇，因龙王爷和龙母是由上好的木头雕刻而成，而不是石刻的，故比较轻。其他代表则负责吹"响器"② 和放炮，热热闹闹地将神灵请回村，放在已搭建好的神棚中。龙王和龙母的摆放极其讲究，龙母位于供桌的正中间，龙母的上手（也就是龙母的左手方向）依次是大龙王、二龙王和三龙王，下手（龙母的右手方向）依次是四龙王、五龙王和本地所供奉的龙王爷以及请回来的圣水。之后在神灵面前的香桌上要摆放供品和香烛等。神棚中水神的排序体现了神灵世界的级序，神有大小和地位的高低。香桌上摆放供品和香烛等体化实践，是人神交往的重要过程，而人对神是否虔诚直接影响了神灵的灵验程度。

请戏，也是伏水会的一个主要程序。大建安伏水会请的戏班一般为本村的子弟班，有时候也请外村的。所唱戏曲的曲目一般是文戏（以唱功、做功为主的戏），很少有武戏（以武功为主的戏），俗称伏水戏，一般为期五天。为何要请戏？百姓认为水神龙王爷喜欢看戏，是个戏迷，

---

① 徐成生，83 岁，大建安村人，2015 年 1 月 22 日采访记录。

② "响器"为方言，即乐器。

就应该满足其这一嗜好和欲望，只有让龙王爷高兴了，才会普降甘霖，惠泽百姓。

祭神，暑伏那天，其他 8 个村子（五级、东冶、北大兴、河边、张家庄、永安、新堡、槐荫）的代表都会聚集到大建安村，参与伏水会的祭水神仪式。拜祭神灵正式开始的时辰是正午时分，香桌上摆放供品，且把一头活羊牵到龙王和龙母面前，由专人宰杀并被当作供品摆放，俗称礼牲。然后由顶神人①组织烧香烧纸，且嘴里念念有词，祭拜完毕，由地方官说一些吉利的话语，宣布祭拜结束，最后放炮吹响乐。在一定意义上，供品、香烛、黄表纸、响乐是伏水会"祭神仪式的主要内容和主导符号"②。摆供、杀牲、烧香，与其说是敬龙神，倒不如说是讨好龙神，献媚龙神或买通龙神，即民间俗语所说的"钱能通神""有钱能使鬼推磨"的本意。③ 祭神正如费孝通所解析的那样，很有点像请客、疏通、贿赂。④ 祭神仪式是人神交流的重要方式，这里既包含人与神的交流，也存在官与民的互动，官在伏水会中的角色扮演，进一步固化了其在乡土社会中的地位，有利于地方社会秩序的构建。

分水，是祭拜完水神后举行的。由主办村子大建安的代表将请回的水分别倒向 9 个小瓶子，分给 9 个村子的代表，寓意各个村子都受到龙王的庇佑，一年风调雨顺，9 个村子的代表把分到的水分别朝自己村子所在的方向洒出去，寓意龙王说话一言九鼎。分水仪式结束后，大建安要宴请其他村代表。9 村分水足以说明伏水会是一个平等、自觉的共同体，更确切地说是一个水神信仰文化的共同体。

送神，伏水会结束后，大建安再派原来请神的"水手"敲锣打鼓按来时的方式将龙王爷和龙母送回五级村，村落又恢复到原来的日常生活状态。⑤

---

① "顶神人"为方言，即"神汉"。

② 薛艺兵：《神圣的娱乐：中国民间祭祀仪式及其音乐的人类学研究》，宗教文化出版社 2003 年版，第 367 页。

③ 乌丙安：《中国民间信仰》，长春出版社 2014 年版，第 5 页。

④ 费孝通：《美国与美国人》，生活·读书·新知三联书店 1985 年版，第 110 页。

⑤ 刘晓春：《仪式与象征的秩序——一个客家村落的历史、权力与记忆》，商务印书馆 2004 年版，第 141 页。

大建安伏水会是一次隆重的祈雨盛会，其举办流程是水神信仰仪规化的体现。伏水会仪式的烦琐神秘，反映了百姓对伏水会的重视，也再次印证了当地百姓对水神的虔诚和崇拜。

崞县同川八十三村半伏水庙会也比较典型。明清时，同川设五都，即同乐都（北同川）、崇信都（东同川）、崇义都（中同川）、神原都（西同川）、崇仁都（南同川）。北社东地处同河下游，即南同川。同川春夏干旱少雨，禾苗多枯死；秋季则雨水大涝，山洪暴发，同河水涨，庄稼被淹。人们认为这是"龙王爷"作怪，使百姓遭受灾难。只有敬神，才可免灾去难。明代以前，北社还没有龙王宫，人们求神还得到五台槐荫村，该村有规模宏大的"龙王宫"。每年夏季暑伏节，同川八十三村半的村民们，在摔锣湾集合，浩浩荡荡到槐荫村，用神轿迎上龙王爷，以仪仗队为前导，敲锣打鼓，在同川各村游行，并烧香磕头，祈求雨水普降，保佑风调雨顺。游行完了，再把神轿送回到槐荫村。迎神队伍路经北社东，在歇马店休息打尖。如此年复一年，路途遥远，人们劳苦不堪。万历年间，在李氏家族李三畏主持下，在北社东村建起一座"龙王宫"，正殿三间，殿内塑造"龙宫圣母"坐像与侍女像三尊。檐下悬匾题："灵雨飞岩"，明柱上的对联：龙神无私八十三村胥托命，圣母有灵五都人士尽滋生。在圣母殿前各建山门、过庭三间。山门正面是大戏台。寺院西有一处院子，房屋十余间，叫"歇马店"，是僧人居住的地方。每年伏日，同川八十三村半（辛安北部半村），按十二相，分成十二大组，每年一组，称"社主"。社主带供品、社火队、戏剧等，到"龙宫圣母歇马店"，开展供神活动。伏水会前要召开议水会。每年四月初一，社主集中到歇马店，研究当年的伏水事宜。"取水"是一项很隆重的内容。各社主分头去名山大河取水，有尧元山、将军山、紫金山、藏山、龙尖山、漆郎山、五峰山、崞山及滹沱河之水，分装成十二瓶，存放在殿内，以备伏水节供神用。伏水庙会一般是三天。届时，先列队抬着神轿游街，最前面的是两只马锣开道，接着是"肃静""回避"牌，旗伞执事有黄罗伞、各色旗帜，执事有"立瓜""卧瓜""朝天蹬""蛇矛""斧钺"等；再接着是八音乐队高奏"大得胜"；最后是大鼓雷鸣的社火队，演员们身穿铠甲，手执兵器，耀武扬威，威风凛凛；再后是二人抬神轿，有"龙母""龙王"；最后是"对子马"，由青年穿盛装，身背"大印""圣旨"

等，各骑高头大马。队伍长达半华里。游行完后，列队鱼贯进龙王宫跪拜，称"饮马"。圣母像前摆放一溜供桌，上供油炸面食、猪头、整鸡、鱼等共十六盘碗；十二瓶"神水"也供桌上。社主们跪地念词求平安。祭完神后，将十二瓶神水倾倒于地，意为甘霖降地，五谷丰登。社火队在广场演完后，戏台上戏剧开场，多是名角剧团，远自五台、崞县等地均来赶会。① 同川八十三村半的伏水庙会，不仅意味着一个较大范围的祭祀圈的形成，也意味着一个村落共同体的形成。

（二）祈雨习俗影响

1. 改变着百姓的日常生活

伏水会的举办使百姓的生活日趋丰富，祭神活动可以帮助人们减少忧虑，增强信心，伏水戏则成为百姓释放心灵、愉悦性情的盛宴。男性多为伏水会的组织者，女性参与伏水会的程度虽然远不如男性，但仍是伏水会的积极参与者。清末民初境内大部分女性仍然生活在严格的封建礼教束缚之下，活动范围仅限于家庭之内，大门不出二门不迈，主要从事"主中馈、赡公婆、育子女"等家务劳动，甚至连家庭内的话语权也丧失，长期处于一种枯燥压抑的生活状态。但是在伏水会举办的日子里，女性可以不受封建礼教的束缚，自由地上街买东西，去戏场里看戏，到神棚前祭拜水神，许下自己的心愿。随着生活空间的搬移，女性终于可以暂时挣脱男性的压制和羁绊，找回平日里缺失的自我。神戏和各种杂耍玩艺，为女性提供了集中放松、尽情欢娱的机会。通过烧香拜祭，与神交流，使其情感得到一定的宣泄，内心获得一定的满足。男性群体作为伏水会的组织者和主要的参与者从中享受的生活乐趣更是全方位的。伏水会的水神信仰仪式具有很强的娱乐性，不仅采用了真正戏剧所采用的手法，而且也使百姓忘却现实社会，把百姓送到一个可以自由想象的世界里去，在那里可以完全放松自己。可以说这一仪式就是一种消遣活动，参加仪式的人尽情欢娱，开怀大笑。② 伏水会对百姓来说一改平时枯燥、单调、乏味的生活，使人们的身心得到愉悦、放松和修整，生活变

---

① 参见《北社东村志》第 14 章《村俗文化》，第 56—57 页。
② ［法］爱弥尔·涂尔干：《宗教生活的基本形式》，渠东、汲喆译，上海人民出版社 1999 年版，第 500 页。

得丰富多彩。

2. 影响着百姓的社会交往

"乡土社会的生活是富于地方性的。地方性是指他们活动范围有地域上的限制，在区域间接触少，生活隔离，各自保持着孤立的社会圈子。"[①]但有时这种孤立是可以被打破的，伏水会加强了百姓彼此间的接触和交流。百姓携带各种各样的供品涌向神棚，向水神述说着心中的愿望，同一"祭祀圈"内的百姓在与水神交流的同时也实现着人与人的交流。对共同信仰的水神的虔诚祭拜，拉近了彼此间的信赖和信任，而那些彼此间曾经有过矛盾和纠纷的百姓，在水神面前心态渐趋平和、宽容和理解，缓释着心中多年的不快，重构着乡村的社群关系。伏水会作为百姓的公共生活，在地缘、亲缘和业缘关系中起着重要的作用。特别是水神信仰仪式，作为一种融民俗性、宗教性、功利性为一体的"文化表演"，不仅产生了强大的吸引力，而且也拆解着乡土社会的"我—你"藩篱。男女老幼、远近亲疏以及乡绅百姓间平日的利益冲突和个性张力在这种表演中冰释了，人们的社会身份感和文化边界感也淡化了。那些曾因经济、社会利益而彼此冲突的"小共同体"（如家族、亲属群体）也消除了排斥、化解了矛盾，重新融入村社这个"大共同体"中。[②]信仰仪式改变了百姓的文化世界和交往世界。伏水会期间，家家户户都会把自己远方的亲朋好友请来，一起看戏，热闹热闹，顺便联络感情。百姓会准备豆腐、凉粉、粉条、肉食类。除此之外，还会用炸山药、炸豆腐、炸丸子等丰盛的美食招待远方的亲朋。伏水会使平时不走动的远方亲戚走动起来，长久不联系的朋友借此机会也开始谋面交往开来。伏水会是人际交往的平台，重塑着百姓的关系世界。

三 泼水习俗

境内庙会上的泼水习俗，实属北方少见的民俗事象。而最具代表性和典型性的是宁武马营村的泼水习俗。

---

① 费孝通：《乡土中国 生育制度》，北京大学出版社 1998 年版，第 9 页。
② 高长江：《民间信仰：和谐社会的文化资本》，《世界宗教研究》2010 年第 3 期。

（一）泼水习俗产生背景

1. 生态环境是泼水习俗形成的基本条件

美国著名的人类学家朱利安·斯图尔德（Julliard·Steward）创立了生态人类学理论。这一理论和传统生态学的"环境决定论"不同，它认为文化与生态环境密不可分，二者相互影响，相互作用，互为因果。具体而言，它认为文化是在逐步适应当地环境的过程中形成的；在一种文化中，总有一些文化特征受环境因素的直接影响大于另一些文化特征，即"文化核心"①。"也就是说，生态环境不同，其文化也会存在差异，尤其是那些作为核心的文化特征，差异就更为明显。而这些文化特征，即文化核心，在某种程度上正是其相应文化的代表，是区别于其他文化的标志。"②

泼水习俗之所以能在马营地区形成，这与马营地区的生态环境有密切联系。"马营村坐落于马营海南三公里、琵琶海南一公里。马营海古称天池，今称马营海，位于宁武县西南二十公里处东庄公社境内。马营海和元池相邻，世代相伴，形似鸳鸯，有雌雄二海，或公海二海之称。天、元二池水四季充溢，清澈透明，常年不涸。天池湖群湖面海拔为 1954 米，水面积 0.8 平方公里，约有北京北海的二倍；水深 10 米，最深处达 14 米；常年积水量 800 余万立方，湖区温度冬季平均摄氏 20 至 25 度左右，故不觉太冷；夏季最高不过 26 至 27 度左右，也不觉热。"③ 马营海和它周围的公海、鸭子海、琵琶海等湖泊，一起构成了一个罕见的高山湖泊群体。我国古代重要典籍《山海经》《水经注》中，对天池均有记载，言其"阴霖不溢，阳早不涸、清如镜"④。自古至今，有不少人慕名而来，游览天池。据记载：北齐皇帝高洋、北齐后主高纬、魏孝文帝等都游过天池。⑤ 隋唐时期，天池已经成为皇家的游览胜地，隋炀帝杨广在天池周围依山傍水，修建了一座"汾阳宫"，每年他都要至少来汾阳宫避暑一次。

① 夏建中：《文化人类学理论学派》，中国人民大学出版社 1997 年版，第 22—23 页。
② 杨新：《中国与缅甸泼水节习俗比较研究》，硕士学位论文，云南大学，2011 年。
③ 王树森：《宁武县志》，宁武县印刷厂印，1985 年，第 101—102 页。
④ 郦道元：《水经注》，华夏出版社 2011 年版，第 32 页。
⑤ 王树森：《宁武县志》，宁武县印刷厂印，1985 年，第 102 页。

可见，自古以来，马营海都受到人们的青睐。它不仅是避暑之地，而且还拥有丰富的水资源。"琵琶海，位于马营海南一华里处的山巅，海拔较天池高出十几米，水深4米，面积0.6平方公里。"① 因为形状像琵琶而得名，是马营村村民所说的另一处水源。泼水习俗之所以能在马营村形成，与其濒于水边，便于用水的生态环境息息相关。正是由于马营村濒水而居的生态环境，才为泼水习俗的形成提供了基本条件。

2. 农耕经济是泼水习俗形成的物质基础

泼水节由一种比较单纯的习俗，发展成为一种较为完善的节日文化，需要有相互依附的经济载体和特定的地域文化相互促进，否则将难以完成。② 马营村的农业经济和农事活动规律，是促使泼水习俗形成的物质基础。

马营村（见图17）属于温带大陆性气候，农作物一年一熟，春种秋收。该村位于海拔1954米的分水岭（汾河和与恢河的分水岭）山巅之上，年平均气温4—6℃，无霜期110—130天，年平均降水量在515—600毫米之间，处于山区与河谷之间的缓冲区，沟壑纵横，水土流失严重。再加上容易发生旱灾，使得马营村的农业产量极不稳定。③ 恶劣的气候条件，加上农业发展的需要，在"靠天吃饭"的农耕经济中，人们充分认识到水的重要性，从而敬畏水、重视水。

3. 民间传说是泼水习俗形成的文化土壤

传说唐朝初期，汾阳宫改为牧监之后，朝廷派来一个头目管理马营村这一牧马点，此人姓名不得而知，只知道人们叫他马监。他来到马营以后，自认为自己得到朝廷委派，身份高贵，于是就在当地作威作福，打骂牧兵，巧取豪夺，欺男霸女，将周围几个村子折腾得鸡犬不宁，百姓敢怒不敢言。人们对他恨之入骨，都在背后骂他是"瘟神"。

有一年的大年初一，"瘟神"喝醉酒后感到有点口渴，于是就跑到一户人家的水缸里喝水，不想竟掉到了缸里，手下的军士赶紧将他捞起来，放在马鞍子上控水，可是直到将肚里的水控尽，"瘟神"也没有活过来。

---

① 王树森：《宁武县志》，宁武县印刷厂印，1985年，第102页。

② 施之华：《傣族泼水节探析》，《民族艺术研究》1994年第1期。

③ 王树森：《宁武县志》，宁武县印刷厂印，1985年，第55页。

图17　宁武马营村

军士们就草草给他做了一具棺材，由于他平时经常打骂军士，所以他死后，军士们没有为他举行任何祭奠仪式，大家一起决定将他埋葬在河对岸。可是，当送葬的队伍刚刚走到河中央时，本来很结实的冰却突然塌陷下去，军士们总算死里逃生，这具马监的尸体却被河水冲得不知去向。

村里的人们听说"瘟神"死了，都奔走相告，敲锣打鼓，鞭炮齐鸣，纷纷出来庆贺。人们请来了戏班子，有人还吹起了八音，有人打上清水，将"瘟神"住过的家冲了又冲，扫了又扫。被"瘟神"侮辱过的姑娘、媳妇们互相往对方身上泼清水，用以表示驱邪；被"瘟神"驱赶过的牲畜身上也要泼水，用以表示免除疾病。经过这么一次彻底的清扫和泼洒，人们的心情舒坦了，环境也清新了。从此以后，当地村民在每年的正月初十都要垒旺火、响大炮、请鼓班、唱大戏、请佛神、送瘟神、互相泼水、祈求平安。

（二）泼水习俗事象

1. 正月初十"送瘟神"

每年正月初一时，家家户户都早早地起床梳妆打扮，穿上新衣服，把家里的"恶煞"① 扫起来攒着，等到初十那一天（初十是正日）的时候各家把攒的"恶煞"都倒进村中央（即佛圣殿和戏台中间）的一个类

① 恶煞，即垃圾。

似马鞍的铁斗里。人们从初一上午就开始打扫庙宇，请戏班子、请鼓手、礼佛敬神。从初二开始，村民们在会首的组织下，准备送"瘟神"的道具，即做马鞍，用五色纸粘贴五个瘟神①，初十这天，村民们同样起得很早，起床后，先清扫家里的"恶煞"，接着把牛、羊、鸡、猪等畜禽撵到村中央被泼水后，牛羊才出坡。据说，这天给牲畜泼了水，净了身，牲畜一年当中不得病。同时家家户户将事先清扫的"恶煞"，连同从大人小孩棉衣中拽出的一撮棉花一并放进村中央马鞍型的铁斗里。接下来由村中的几位老者把供品（四碗素菜、一盘画得花花绿绿的馍馍）和纸黏的"瘟神"放在桌子上，放铁炮，开始祭祀。人们陆续从事先准备好的一只水桶里取些水和米带回家倒进水瓮里，然后返回原场地，从事先备好的水桶中拿起水瓢相互泼水，打闹嬉戏，尽情狂欢。寒冷的天气，很快使现场地面结了一层层薄薄的冰，有人滑倒了，爬起来继续泼水。人们认为谁身上泼水最多就驱邪最净、祈福最多，所以，大人小孩一起上阵，每个人不被泼成落汤鸡，绝不肯罢休。大约中午时分，泼水活动告一段落，人们也祭拜完毕，便组成浩浩荡荡的送"瘟神"、除"晦气"队伍，从村中央场地出发，前面是鼓班开路，并由一位长者端着纸扎马鞍，内置纸扎"瘟神"，另一人端着供品，在众人的簇拥下送到村西头最低的一段河槽，即当年"瘟神"落水被冲走的地方，叩上三个响头，响三个大铁炮，"瘟神"被点燃送走，送瘟神活动结束。②

2. 五月二十七"祈雨、灭蝗"

农历五月二十五至二十九，以"祈雨、灭蝗"为主题再次举行泼水活动，五月二十七为正日，同样要垒旺火、请鼓班、唱大戏、送瘟神、互相泼水、请佛敬神。不过这次增加了请玉皇大帝和龙王爷的内容，以期泼水净身、求神祈雨。

泼水之前还要举行盛大祭奠仪式，活动围绕着马营村村中央的佛圣殿展开。殿内具体供奉着释迦牟尼、文殊菩萨、普贤菩萨、观音菩萨、玉皇大帝、龙王等佛教、道教、民间神像等组合，众人拜佛、敬神、泼

---

① 在一个形似马鞍、主体为黄色的花边纸裱糊的敞口空斗上面分东南西北中粘贴五个"瘟神"，中间的"瘟神"较大，"瘟神"的头是用鸡蛋彩绘的，五色纸粘身子。

② 张伦伦，73岁，宁武马营村人，2012年6月24日采访记录。

水、净身、祈雨、祛邪气、送瘟神，以及祈求幸福平安、风调雨顺，体现了晋北民间的多神信仰文化。

（三）泼水习俗文化意涵

1. 自然崇拜

自然崇拜，就是先民将自然物和自然力人格化或神圣化，把它们视为具有生命、意志和伟大能力的对象加以崇拜，是原始宗教的一种表现形式。自然崇拜的产生与生产力水平的低下有很大的关系，一方面大自然给人类提供赖以生存的物质基础和条件，另一方面又给人类带来灾难。自然崇拜便是这一矛盾的产物。

马营村先民生活的自然环境，"海拔较高，气温较低，年平均降水量在五百一十五至六百毫米之间，旱灾、蝗灾频发，威胁着人们的生命安全"①。"由于对大自然的种种现象得不到合理的解释，同时又感觉到自身的无能为力和对大自然的依赖，在他们看来，大自然一定是某些超能力的神灵在主宰，所以才变得如此强大和变幻莫测。因而，就把自身的愿望寄托于大自然，这样就形成了对自然的崇拜。"② 这些崇拜包括对天、地、日、月、星、山、石、海、湖、河、水、火、风、雨、雷、雪、云、虹等天体万物及自然变迁现象的崇拜。"每到重大的节日，他们都会举行盛大的祭祀神灵活动，尤其对水神的崇拜更甚。泼水节期间的各项活动也往往与水有着密切的联系，而泼水这一行为更显示了人们对水寄予的重托。水是万能的，它可以为人们洗去一切灾难，带来幸福、吉祥。"③

而五月二十五至二十九的泼水习俗，"标志着季节的更替，四时的代序，天气即将由旱季进入雨季，由农闲进入农忙时期，从中也反映了人们对以太阳为中心的四季变化的认识，以及由此产生的各种自然崇拜"④。

---

① 王树森：《宁武县志》，宁武县印刷厂印，1985 年，第 55 页。
② 张春燕：《传统与现代——民族旅游业开发中的泼水节》，硕士学位论文，中央民族大学，2009 年。
③ 同上。
④ 金毅：《民族节日的深层文化结构探微》，《广东民族学院学报》（社会科学版）1988 年第 2 期。

2. 神灵崇拜

神灵崇拜是指人们对幻想中具有人格和意志的，能够主宰某一领域或世界的超自然体的崇拜。神灵的形象源于生活又高于生活，寄托着人们不同的愿望和企盼。

对神灵的祭祀，实际上是人类对生活压力的一种适应，并在节日中集中表现出来。马营村民对佛道两教及民间神像的崇拜，正体现了村民们的神灵崇拜。清末民初，由于交通不便，马营村村民很少能走出村子。在佛教、道教传入以后，当地百姓结合自己的需要，把佛教和道教的神像与当地百姓的民间宗教所供奉的神像结合起来，形成马营村独特的神灵崇拜。而且，在他们看来，自然界的一切生物都有灵魂，谷有谷魂、树有树魂、水有水魂等。在传统的农业社会中，雨水、谷物等直接关系着庄稼的好坏，也就关系着人们的温饱和生存。因而，对神灵的祭祀就依据季节的变化、农事活动规律进行。如为了赶走干旱、祈求雨水充沛，会举行祭祀雨神、水神的仪式；为了作物少受蝗虫之灾，会举行灭蝗的仪式等。在马营村，这两项仪式是同时举行的。

3. 求吉纳福

古人火烧龟甲或兽骨，根据裂纹的走向预测吉凶，也有人用蓍草测问吉凶。但是无论是用龟甲兽骨还是蓍草，测问者只能被动地接受“上天”的指示，而无法表达自己的愿望。佛教传入中国以后，与中国的道教、儒家文化相结合，拥有了深厚的文化土壤。人们崇奉神佛，“无非欲得其神通，受人供养，使势成于我，利归于我”[①]。从此，人们可以通过献祭、叩拜、祷告的方式向神佛“诉说”自己的愿望，其中主要的愿望之一就是求吉纳福。

马营村民将自己的求吉纳福愿望寄托于每年两次的泼水活动。如人们之间互相泼水和在牲畜身上泼水，都寄予了民众祈求吉祥幸福的心理。对寺庙中佛教和道教诸神的供奉，也是为了得到神灵庇佑，实现自己的愿望。

4. 祛邪消灾

祛邪消灾的心理是道教思想在民间流布的表现。人们认为，各种鬼

---

① 张荣华：《功利主义在中国的历史命运》，《复旦学报》（社会科学版）1987 年第 6 期。

怪在年节时纷纷出洞，四处作恶，所以会在春节期间驱鬼、辟邪。

钟馗是道教中的驱鬼之神。相传，唐玄宗在梦中见一个大鬼捉小鬼，大鬼自称是钟馗，他在生前应武举未中，所以决定死后灭鬼。唐玄宗醒来后，让画家吴道子画钟馗像，传播于民间。从此，民间在传统节日期间都会挂钟馗像，以驱赶鬼怪，保卫平安。

马营村的祛邪消灾心理更多的是与道教在此地的传播以及关于泼水习俗的传说有关。如泼水活动正式开始后，人们会在村中央供奉的代表"瘟神"的纸人面前叩头，取"让瘟神自动离开"之意。活动期间，人们只能口言"好事"，而不能说人们认为不吉利的话。这本身就是一种趋利避害，追求好运，远离厄运、灾难的心理。

马营村泼水习俗作为传统的节日文化，与广大村民的生活息息相关，具有坚实的群众基础，经过不断的传承和演变，已经成为一种"惯习"保留在民众的记忆中，影响着民众的行为方式及生活理念。

四　自溺习俗

（一）自溺习俗事象

境内庙会上还有一种以自残方式表达对神灵虔诚的自溺习俗。如静乐巾字山庙会的挠刀习俗就是一种典型的自溺习俗。

巾字山位于静乐县婆娑乡境内，绝顶处状如巾字，因名。① 其半山腰伸现一座平台，巾字山寺庙就坐落其上，犹如一座天然的悬空寺。据古碑文记载，此寺是为纪念列国时晋国名将先轸、狐偃所建，初称"灵施庙"，宋宣和六年始敕封"显应侯"龙王。

巾字山寺庙的主体建筑是正殿（即先轸庙）。殿宇气势宏伟，华丽壮观。殿内尊像栩栩如生，造型技巧，超凡绝伦。壁画构思深邃，绘图臻熟讲究。有各路神仙聚会图、天公神将朝圣图、龙王雷公云雨屏。画面人物神韵逼真，线条流畅舒展，堪为画坛珍品。此外还有狐神庙、玉帝庙、观音庙、关帝庙、牛王马神庙等。山下有泉一泓，祈雨即霖，有求必应。

巾字山庙会每年举办两次，即农历正月二十、六月初八，以六月初

---

① 静乐县志编纂委员会编：《静乐县志》，红旗出版社 2000 年版，第 594 页。

八庙会最为隆重。一般于六月初七晚上起会，六月十二中午闭会，会期五天。初七早晨巾字山山门次第打开，中午，正殿殿门在良辰吉时开启，请主神巾字山爷爷；初八迎接四面八方上香的村民和慕名而来的香客和游客。巾字山庙会由大神沟村、北枪杆、大会村、宽滩村、漫岩村、长湾村、范家沟、柳子沟、石城村、娑婆村十村负责举办，剩余的其他上砚湾、上阳寨、下阳寨、堡子会、南枪杆、对九村、横泉村、新旺庄村、西沟村、官地村等村庄以唱愿戏的方式出钱帮助举办，不参与具体事务。

　　巾字山庙会有一特殊的民俗事象——挠刀习俗。"刀"是用红布捆绑三把切草刀的刀刃而成的三脚架。切草刀是境内乡民用来切喂牲口草的工具，基本每户农家都有一口。切草刀由刀床、刀刃、刀贯三部分组成，可以灵活拆卸组装。切草刀大者一米六、七，小者一米二、三，刀刃比刀床稍短。刀刃有一定的讲究，最好使用陈年老刀，刀必须开刃，如不开刃即便是陈年老刀也不能使用。据村民们讲，巾字山"爷爷"（巾字山主神）不认不开刃的刀，刀不锋利便不能消灾解难，孩子虽有神灵保佑，但终究不能顺利成长。为防刀刃不够用，有时候村民还得通过关系到邻村借刀刃。如果刀刃仍不够用，村民便采用折中的办法，采用三把木刀刃制作"刀"，据说这也是得到巾字山"爷爷"的启示后才敢这样做。刀刃准备好就可以去巾字山请示巾字山"爷爷"，"孩子今年十二岁了，六月初八要挠刀上山还愿，请神灵恩准"。请示后便开始制作"刀"。"刀"由长者（一般是爷爷奶奶）来制作。刀刃先用红洋布一个个裹起来，裹布有讲究，先从刀柄处开始，把红布系在刀刃柄上，要结成死结，然后一层一层挨住裹起来。红布裹的厚度要使得刀刃不会伤害到挠刀者。刀刃做好后就可以装"刀"了。刀刃锋利的一端要向外，用红布条把三把刀刃绑成三脚架，要绑得结实，避免在挠刀途中散架伤人。"刀"做好后要放在家里面干净安静的地方（一般为粮房）供起来，增加"刀"的灵性。"刀"的整个制作过程体现了长辈对晚辈的关爱。

　　挠刀者皆为刚满十二岁的孩子，并且是在出生前或出生后在巾字山"爷爷"那里许过愿，祈求神灵保护。许愿后，出生的孩子不论是男孩还是女孩便要留辫子，男孩子一般是一根很细的小辫子（至今在巾字山周边村落仍可以见到此俗）。到十二岁的时候在农历六月初八巾字山庙会期间挠刀上山还愿。由于经济落后，医疗卫生条件差，年少夭折者居多，孩子出生后存活率非常低。如民国八年（1919），全县出生人口402人，其中男240人，女162人，出生率3.8%；死亡人口570人，其中男286人，女284人，死亡率5.4%，自然增长率-1.6%。[①] 为了让孩子存活下来，村民们在无助的情况下只能寄托于神灵的保佑。如果孩子存活下来，十二岁时便在家长的陪同下于农历六月初八（巾字山庙会正日子）挠刀上山还愿，供奉礼品（麻花、寿桃、水果等）、上香、燃放爆竹、出钱唱愿戏等。挠刀是很有讲究的，挠刀的孩子于早晨五点左右起床，洗漱完毕后穿好新衣服，不能吃早饭，因此在前一天晚上会吃很多。准备完毕后，便请刀。孩子跪在院子中间，由长辈请刀，把刀请出来后挂在孩子的脖子上，孩子不穿鞋光着脚挠着刀站起来便向着目的地巾字山行进。鞋是绝对不能穿的，不论路况多么差，路多么难走，孩子必须挠着刀走完全程，中途可以休息，但"刀"不能拿下来。光着脚和不卸刀据说是以示真诚。巾字山周边地区的道路大都是用沙子和鹅卵石铺成的，要过好几次河（碾河），光着脚走路的艰难程度可想而知。一般人走下来，三十多华里的路会使脚血肉模糊。为了能在中午十二点前登上巾字山，以及长辈心疼孩子，部分长辈等孩子挠刀出村口后会让孩子挠着刀骑驴。但无论如何，挠刀上山必须由孩子亲自完成，长辈也不再会帮忙，因为这是巾字山"爷爷"的地界，弄虚作假会被惩罚。巾字山"山岩褶皱断裂剥蚀，峥嵘起伏，石笋突出"，上山只有一条羊肠小道，到处是突出的石笋，荆棘漫山遍野，稍不慎就会伤脚或被荆棘划破皮肤，可见是何等的艰辛、困难！而十二岁的孩子挠着四十多斤重的刀刃光着脚上山，路人见了都会感到心酸。但是，令所有登山赶会的香客、游人感到惊讶、诧异、神秘和心生敬畏的是挠刀的孩子一路走来再爬上巾字山，他（她）们的脚却没有任何的损伤，这些都给巾字山披上了一层层神秘的面纱。挠刀上到半山腰也就到达目的地，因庙宇就修建在半山伸出的一座平台上。孩子挠着刀进入正殿，跪在神像前的香案下，由寺庙住持在告慰巾字山"爷爷"后，口念神秘语言把刀请下来，放在香案上，拿出剪刀把

---

① 静乐县志编纂委员会：《静乐县志》，红旗出版社2000年版，第104页。

孩子头后面留了十二年的小辫子剪掉，孩子起身接过住持手中的香上香，再跪下给巾字山"爷爷"磕头；而后住持给孩子几块供奉给巾字山"爷爷"的供品，孩子便象征性地吃点，放入口袋，住持说一些吉利的话语，孩子再跪下给方丈磕头谢恩。与此同时，随同来的家长买了爆竹在寺庙的院内燃放。刀便供在香案上，等着下一个还愿的孩子挠刀进入大殿，刀便拿下来，仪式完成，还愿结束。挠刀仪式完成后，家长便带着孩子逛庙会，家长在这天会毫不吝啬地给孩子买想要的吃的、喝的等平日里孩子不敢要的东西。当然孩子也不会要太多，因为他（她）很懂事，知道家里的情况。午后巾字山大戏台上戏唱完，家长便带着孩子回家，挠刀的孩子回到家里会不厌其烦津津乐道地向家里的长辈、同辈以及平日里的同伴讲述其挠刀的经历，展示其得到的宝贝。

（二）禁与非禁

庙会与习俗相互渗透和交织，庙会是民俗集中展示和传承的载体或者窗口。但庙会民俗中也存在着一定的陋俗。如祭拜神灵、迷信天命、占卜看相、看风水、赌博等，特别是自溺习俗，地方官员下令予以禁止，但社会习俗一经形成便具有相对稳定性和重复性，要想予以禁止，是较为艰难的事情。《清光绪志》有"禁止陋俗示"："为严禁陋俗，以端风化事：照得为善锡福，作恶降殃，此千古不易之理。惟在诚心致敬，反躬修省，方可挽回；并非以毁形破肤，谄媚神明，而即能获福者。近访闻得有酬神还愿一事，出乎常情之外，甚为诧异。如每岁三月二十八日，本城泰山庙及西北乡岱岳殿，五月初五日城隍庙，五月十三日关帝庙，多有因父母疾病，许愿酬神：或男女顶带行枷，手足系镣铐者，或有祖背挂钩，拖带铁索，伤及皮肤者；更有妇女拜道，亦如男子者。殊不知身体发肤，受之父母，不可毁伤，如此行径，已违圣教；而且纵令妻女赴庙烧香，更觉亵渎神明，实为有伤风化。查律载：'若有官及军民之家，纵令妻女于寺观神庙烧香者，笞四十，罪坐夫男；无夫男者，罪坐本妇。寺观神庙住持及守门之人，不为禁止者，与同罪。'等因，遵奉在案。今忻属既有此等陋俗，自应禁革查拿；但积习已久，合亟先行出示晓谕，为此，示仰州属一应人等知悉。嗣后如有因病许愿者，止许虔备香楮，诚心叩谢，永不许男女拖绳拜道，负枷带钮。倘敢故违，除将该犯及妇女夫男重处外，定将该庙住持及守门人，一并按律治罪，决不宽贷。各宜凛遵母违。"① 定襄县知县李洴在任之时曾下令禁止夜戏，他说："为严禁夜戏以正风俗事：照得出作入息，明动晦休，人生之常理也，作无益而害有益，废时失事，莫甚于戏。乃定襄近来风俗，夜以继日，惟戏是耽，淫辞艳曲，丑态万状，正人君子所厌见恶闻，而愚夫愚妇倾耳注目，乐道喜谈，甚至僧俗杂沓，男女混淆，风俗不正，端由于此。如此匪为，本应立拏首事，枷以示众，但未谆谆示戒，遽行严惩，恐近于苛，为此预申严禁，通行晓谕，夫养夜之间，风清人静，而箫板之声无远不闻，此后再敢有藐刑玩法，仍蹈故辙，定即锁拏首事，枷号于戏场，蒲月责放，不论富贵贫贱，有干此禁，一概不容。"② 上述禁令不仅禁止自溺现象，男女一同祭祀看戏也在禁止之列。一些正统人士认为男女混杂，与传统礼制不合，只会导致社会风气的败坏，无益于人心之稳定，故需立即禁止。有关方面的史籍记载很多。比如"定襄……至祀典所载诸神，城乡各庙皆有供奉，四时不绝，但皆成演剧大会，伤财废业，荡人心志，非美俗也，宜急变之"③。类似记载还有："迎神赛会，不干例禁，至于天旱祈雨惟当竭诚以祷，果得降雨，亦惟牲醴告虔而已。乃襄俗，每年祈雨得雨，有装扮社黩杂剧，以送神者，按户摊钱，所费不支，不思旱至祈雨已属歉收，又枉耗民财，是歉之中又歉也。恶俗相沿，一二人为之倡，而众莫敢违，是不可不禁也。"④

　　但严禁措施并没有收到多少实效，无论是对诸神的敬拜，还是对庙戏的热爱，都是为了满足民众精神的需求和对休闲娱乐的渴望。当然也与民众的信仰有着紧密的联系。从政府角度看，面临禁与不禁的两难处境。禁源于各种担忧，不禁是其本质使然。祭神之事是进行社会教化的重要形式，政府不仅不愿意完全取消祭神活动，有时还会积极介入相关的祭神事宜中。一切皆以现实生存状况和统治需要为出发点。而从民众来说，多年的乡风民俗已成为其生活的一部分，不管是良风美俗还是陋习恶俗都已在地化，融入民众的生活，恶习陋俗的废除并不是那么容易

---

① 忻州市地方志编纂委员：《忻县志》，中国科学技术出版社1993年版，第679页。
② 光绪《定襄县补志》卷一一《艺文》。
③ 光绪《定襄县补志》卷二《方舆》。
④ 同上。

的事情，尤其是庙会上的自溺习俗，尽管对人的身体造成较大的伤害，但民众还是代代沿袭着，因为民众坚信他们从神灵那里得到的，要远远大于他们付出的。

可见，年复一年的庙会既是民众生活的重要组成部分，又以其生活性丰富着当地的民俗文化。庙会的组织习俗主要呈现的是庙会的组织运行实态及功能，庙会的消费习俗则重在分析各色人群在庙会上的消费偏好，消费水平影响着庙会的商贸化程度。庙会期间的各种习俗事象进一步彰显了晋北庙会的区域性特征。区域庙会是传统民俗中的地方性文化标志，也是研究区域社会的重要视角。

第 六 章

庙会与地方秩序

庙会的全民性特征，主要是由庙会参与主体的广泛性而决定的。各阶级、阶层在庙会中扮演着不同的角色。不同角色及其互动交流共同建构着地方社会秩序。庙会作为地方社会的重要组成部分，它参与着地方社会的结构过程。既持久延续着有等级的社会，又不断密封着不同层级的社会成员之间的裂痕。庙会在地方社会秩序建构中的作用同样不容忽视。

第一节　庙会与乡村精英

一　乡村精英构成

关于乡村精英的定义，不同学者给出了不同的答案。王汉生认为"农村社区（行政村、乡和镇）的社区精英，即在社区中负有领导、管理、决策、整合功能的、有重要影响的人物"①。贺雪峰则认为"农村社会中的一些具有强烈自我意识且具有某方面特长或善于交际或经济收入较高的村民，便顺理地成为村庄精英"②。乡村精英也有体制内精英与体制外精英之分，以及乡村政治精英、经济精英和文化精英之分等。本书中的乡村精英特指的是在传统庙会中拥有一定文化、组织、经济和社会资源的人，即所谓德高望重的人，乡民一般把他们称为"总会首""会

---

① 王汉生：《改革以来中国农村的工业化与农村精英构成的变化》，《中国社会科学季刊》（香港）1994 年秋季号。

② 贺雪峰：《村庄精英与社区记忆：理解村庄性质的二维框架》，《社会科学辑刊》2000 年第 4 期。

首”等。

现存的忻府区杨胡村北殿（也叫岱岳殿）正殿左侧的碑文（碑阴）①
上有关于会首的记载：

总领人：段永隆

总领账目人：安克文　安人龙　刘金仁　贾绍武

起会：杨胡邦　东高邦　沙滚邦　野场邦　刘家庄　石家庄

会首：

汉旗：刘建极　刘学全　安士英　安定宇　王大金　刘飞龙

　　　常天仁　杨登科　段克敏　宋朝开　宋朝珍　王必明

　　　王清山　刘福全　姚光成　安永兴　安靖西

胡旗：李天兴　张　焕　王致忠　王腾龙　安泰元　安德宏

　　　安士科　安有银　刘永清　常振中　王银山　安文尉

　　　安立身　刘在忠　刘智金

碑文中记载的“会首”大多为杨胡、石家庄、沙凹等村人，在村里
享有较高的社会地位和经济地位；抑或在村里担任一定的职务，为人正
派、做事公道，受人尊敬；抑或在村里拥有较丰厚的地产，经常喜欢帮
助他人，在村民心中享有较高的威望，他们是庙会的实际领导者和组
织者。

二　乡村精英地位

（一）维护乡村社会秩序

清末民初，晋北庙会十分兴盛。忻县北殿庙会就是其中的典型代表。
北殿位于忻县奇村镇西部云中山下，供奉“五岳圣帝”。始建于大宋年
间，后因藏经阁失火，将大部分殿堂烧毁。明永乐十九年人们捐款重修，
到乾隆三十六年又重建正殿和卷棚。每年三月二十七由杨胡、石家庄、
沙凹三村轮流起会。庙会前后三天，四乡八镇民众齐聚这里，上庙进香

---

① 《重修卷棚记》，清嘉庆十九年，现存于杨胡村岱岳殿正殿的左侧。

祈福，交流农副产品，观看文艺表演，可谓人山人海。① 乡村精英在庙会中表现出了出色的组织和管理才能。

尽管在绵延数千年的历史长河里，皇权会不时将其触角伸入农村社会，但由村庄精英行使领导、管理、协调、仲裁、整合、组织②民间社会各项事务一直存在于村庄。可见乡村精英在乡村各项事务中扮演了重要角色，而庙会作为乡村社会民众的公共生活空间和集体行为，乡村精英在其中所发挥的作用不可小觑。

北殿庙会的会首由杨胡、石家庄、沙凹 3 村乡民共同推选，推选出来的人一般都是那些德高望重的人，也就是乡民口中所说的那些有头有脸的人。会首的首要职责就是将作为庙会活动主体的乡村民众组织起来，积极做好祭神准备。北殿主要供奉"五岳圣帝"，对其膜拜既是北殿庙会组织形成的前提，也是贯穿整个北殿庙会的核心。每年正式起会的前四五天，乡村精英就开始置办祭祀神灵所用的香纸、蜡烛、供馍等物品，并请寺庙看护人打扫所在寺庙，给神像披上神袍，打扮一新，等待俗民的敬奉，实现人与神的交流，满足贫困无助的乡民的各种诉求。

祭神是传统庙会中至关重要的大事。每届庙会上，祭神仪式都有固定的步骤，需要一些熟悉庙会日常事务且办事精干的人来组织和实施，而这些人一般就是由三村民众公推的会首。庙会上的祭祀活动通常都是在会首引导下完成，祭神活动从起会那天就开始，正会日（即农历三月二十七）最隆重。是日上午，来自四面八方的民众，在会首的引导下，在鼓乐声中，怀揣各种期盼到正殿（岱岳殿）去上供，会首们一边接待前来祭祀的民众，一边指引祭祀的民众上香和供奉。民众供奉的东西一般是面桃和水果等，会首会收回一部分供奉的食物，但收回的食物到最后都会全部散发给民众，民众吃上供奉神灵后的食物，寓意能够强身健体，交好运。紧接着烧香拜祭，并在庙院中点燃爆竹取悦神灵。拜祭的过程是三叩首，礼毕，会首还会安排专人负责添供上香。

① 丁世良、赵放：《中国地方志民俗资料汇编·华北卷》，书目文献出版社 1995 年版，第 841 页。

② 孙立平：《改革前后中国大陆国家、民间统治精英及民众间互动关系的演变》，《中国社会科学季刊》（香港）1994 年春季号。

格尔茨指出，人是悬挂在由他自己编制的意义之网上的动物。而所谓文化就是这样一些由人自己编制的意义之网，因此，对文化的分析不是一种寻求规律的实验科学，而是一种探求意义的解释科学。① 在北殿庙会祭神活动的背后，可以看到这样一张网，即由当地民众自己编织出来的意义之网。这张网的核心就是供奉"五岳圣帝"，他是当地民众的护佑神，保佑着一家常年的幸福平安与一方农业生产的丰收、人畜的兴旺发达。这张网中的关系就是民众与"五岳圣帝"之间的权利与义务关系。民众将现实生活中人畜平安、农业丰收等愿望寄托于神灵，从而建构起生活的希望；神灵接受信众供奉之后，自然要庇佑他们。通过每年举办的北殿庙会周期性地与神灵进行沟通，使这张网不断得到强化，民众的信仰世界和文化心理找到了可以存放的角落，民众的行为方式得到了相对的统一。② 乡村精英通过积极准备和引导民众祭神，成为当仁不让的领袖。不仅进一步固化了其在乡村社会中的威望和地位，而且有利于乡村社会的稳定与和谐，维护了乡村社会秩序。

（二）推动地方经济发展

庙会经费直接关系到整个庙会活动的运行。会首不仅积极带头捐钱，而且亲自去附近的村庄募捐（除组织庙会的三村外的其他村庄），民众则采取自愿的原则或多或少的出资，共同推进庙会的发展。

在现存的忻府区杨胡村北殿（岱岳殿）正殿左侧碑文③（碑阳）上记载着附近村民众的捐款情况：

胡杨邨：贾东阳	男	施银式两式钱	河家庄：张　海	男	施银壹两
白水邨：王门段氏	男	施银式两	加禾邨：陈明义侄	男	施银三两
城头邨：申珍儒	男	施银式两	左城邨：张大功	男	施银捌钱
屯尾邨：李　禄	男	施银三钱	大南陌：赵丹桂	男	施银壹两
小南陌：乔富昌	男	施银三两伍钱	洞玄庵：通枝心	男	施银壹两七钱

---

① ［美］克利福德·格尔茨：《文化的解释》，韩莉译，译林出版社1999年版，第5页。
② 魏阳竹等：《庙会：传承新态》，中央民族大学出版社2013年版，第259—261页。
③ 《重修卷棚记》，嘉庆十九年，现存于杨胡村岱岳殿正殿的左侧。

会首负责管理和合理使用会费。据张海龙回忆，庙会费用使用的主要原则是"以庙养庙"，大部分费用来自民众自愿的捐助，并没有官府的拨款，费用主要用于修缮寺庙、唱戏和祭神等，其中70%的费用用于修缮寺庙，如重修奶奶庙。庙会前捐助和布施所得费用，由三个村民众公推的会首负责统一管理，他们要计划各项活动的支出。在支出过程中，有一点特别需要指出，那就是乡村精英人物一定会把收来的钱登记入账，当地人称为庙会明细账册，账册上要由庙会上的会计清楚地登记捐款人的姓名及其捐款的数量，以及汇总后的钱的总数，并注明庙会上每项活动的开支情况。在每届庙会即将结束时由总会首汇总，算出庙会期间一切花销后的结余和亏空，并在寺庙中的神像前向民众说明，结余会费是不允许随意动用的。为了避免私自挪用会费情况的发生，乡民在公推会首的时候，就会推选其中一名善于计算和声望比较好的人来担任庙会的会计。① 庙会经费的合理使用和严格管理，有利于庙会的持续举办和规模的不断扩大。随着庙会规模的扩大，必然带来人流、物流，从而拉动当地经济的发展。

北殿庙会所在地域道路蜿蜒曲折，交通不便，附近村民们可以买卖交易货物的场所屈指可数，故一年一度的庙会为周围村庄的村民提供了难得的货物交易机会。

庙会贸易的交易活动多具临时性，通常在庙会正殿外的中心街道上，形成临时性、聚集性的商业街市，很多商家、众多商品都汇聚于此，使庙会期间的贸易竞争显得异常激烈，甚至出现众商家纷纷抢占地摊的现象。由杨胡、石家庄、沙凹三村轮流主办的北殿庙会，各路商家、摊贩大约有上百户，交易的商品种类齐全、功能各异。属于本村人的卖主只有少部分，而大多是外地商贩，他们获悉北殿举办庙会时，蜂拥而至，抢占摊位，搭建简易帐篷，吆喝声和叫卖声划破乡村的宁静与祥和："每当农历三月二十七正会来临的前几天，来自三村的会首开会商量和规划商贩的地盘，具体怎样规划每年几乎已成定制，就是以北殿为中心，主要在正对面的那条东西街道上。具体规划时，有位置和面积的限制，一

---

① 张海龙，66岁，忻府区杨胡村人，2017年7月20日访谈记录。

般规划成专门卖生产生活用品的、卖小吃的、卖玩具的等不同的板块，而如何规划依然是由会首们开会商量和决定。"①

各商家抢占摊位的现象，其实也从另一个侧面反映了庙会活动对乡村经济的刺激作用。在抢占地摊的过程中，商贩们总是想占一个好的地段，以便自家商品的销售，但由于会首提前进行的合理规划，才使这种抢占现象大为缓解，使庙会上的交易活动能够正常地进行。

"由于庙会的发展，形成了以满足人们日常生活和生产需要为主的综合性集市，围绕自然资源特定贸易形成的专业性集市和宗教祭祀活动形成的庙会集市，大大促进了城乡各地物资的交流和经济的发展。"② 北殿庙会吸引了许多外地人来此做生意，外地商最多时将近千人，摊位林立，街道行人云集，买卖之声不绝于耳。

会首负责维持商品交易市场秩序。庙市中的商人多以小摊小贩为主。有卖生产工具的，如木锨、木叉、扁担、镰刀、犁、锄头、铡刀等。有卖日用品的，如盆、瓮、锅、碗、碟、棒槌等。还有卖布匹的、卖小吃的，以及摇着货郎鼓贩卖针线脂粉之类物品的，也有磨剪子磨刀的、小炉匠、焊桶补壶的、钉碗补盘的，等等。另外还有出自名匠巧手的刺绣、剪纸、面塑、字画和形形色色的古董等。这些都为庙会增添了不少生产生活和文化气息。三个村的会首一般每天都要去庙市上管理商品交易活动，并对商贩收取一定的税钱，这些额外的收入便成了会费的有益补充，同时也会对商贩和民众间偶然产生的买卖纠纷进行调解。③

庙会虽以求神拜佛的宗教活动为其源头，但使庙会形成规模并经久不衰的决定性因素却是经济活动。④ 正是这些经济活动，使庙会以它独特的形式对乡村经济的发展起着促进作用。在以庙会为核心而形成的庙市活动中，乡村精英（会首）成为收取税费和管理庙市的主要负责人，他们把庙会和庙市交易融为一体，不断推动乡村经济的发展。

---

① 田金兔，74岁，忻府区杨胡村人，2013年4月29日访谈记录。
② 田昌安：《忻州集镇概览》，山西经济出版社2006年版，第167页。
③ 田金兔，74岁，忻府区杨胡村人，2013年4月29日访谈记录。
④ 聂凤峻、刘俊杰：《因势利导，发挥现代庙会的积极作用》，《民俗研究》1994年第1期。

（三）增强乡村社会活力

唱戏是庙会娱乐活动中一个历史较为悠久、最受人们喜欢的项目。民众之所以喜欢庙戏，主要在于传统的农业社会极端的缺乏娱乐，再加上农民平时农务繁忙，根本无娱乐可言，"惟庙会一事，在农村娱乐活动中，占有极重要的位置，故农民绝不肯轻易放弃"①。清末民初的晋北乡村社会，尽管民众一直被艰辛的生活困扰着，但民众从未因贫困而降低对庙会的热情，对这种现象，叶圣陶先生曾感慨道："一般人为了生活，皱着眉头，耐着性儿，使着力气，流着血汗，偶尔能得笑笑，乐乐，正是精神上的一服补剂。因为有这服补剂，才觉得继续努力下去还有意思，还有兴致。否则只作肚子的奴隶，即使不至于悲观厌世，也必感到人生的空虚，有些人说，乡村间的迎神演戏是迷信又靡费的事情，应该取缔。这是单看了一面的说法；照这个说法，似乎农民只该劳苦又劳苦，一刻不息，直到埋入坟墓为止。要知道迎一回神，演一场戏，可以唤回农民不知多少新鲜的精神，因而使他们再高兴地举起锄头。迷信，果然；但不迷信而有同等功效的可以作为代替的娱乐又在哪里？"② 庙戏可以重新唤起民众对生活的热情。

北殿庙会每年都有唱戏这一娱乐活动，唱戏可以增添庙会欢快和轻松的气氛，会首们于农历三月二十六就会将筛选的戏班子请过来，安排人手布置戏场，以及安排戏子们的食宿。每年一般都是唱七场戏，从三月二十六日晚上开始，一直持续到三月二十九日，每天上午从 10 点到 12 点一场，晚上 8 点到 11 点又一场，每天两场；庙戏的剧种多以山西北路梆子和晋剧为主，皆为脍炙人口的经典剧目，附近的村民，不论男女老少都会聚到戏台前来观看。戏台处于北殿的西北方向，是用石头和木头盖成，戏台左侧有一个小门，专供演员出场和入后台，戏台正下方，是一片很大的空地，供看戏的人们或坐或立。民众最爱看的剧目有《四郎探母》《穆桂英挂帅》等，而戏的剧目则主要是由三村会首一起商量并最终决定，当然会首的喜好与戏剧目的选取也有很大的关系；同时对唱戏水平有很高的要求，最低也必须是县级以上剧团演唱，以此来保证唱戏

---

① 郑起东：《转型期的华北农村社会》，上海书店出版社 2004 年版，第 165 页。
② 叶圣陶：《倪焕之》，人民文学出版社 1982 年版，第 96 页。

的质量。① 可见，庙会的娱乐活动也离不开会首的强有力组织。

"人一旦丧失了创造闲暇的精神力量，必会沦为烦闷无聊，然后'绝望'，这个'不眠不休'的姊妹也将一并乘虚而入。"② 因此，乡村生活需要一种在闲暇之时的文化生活。庙会这一民俗活动之所以能够经久不衰，主要就是因为它能够满足人们寻求精神寄托、心灵慰藉的需要，还能够给传统乡村社会单调枯燥的生活增添无限的乐趣，"尤其是庙会上的各种文化娱乐活动，让上至高官显贵、下至平民百姓都暂时忘掉了现实生活中的一切烦恼，置身于庙会上热烈而欢乐的氛围中，从而导致了'市之日，族族，行而观者六，贸迁者三，谒乎庙者一'"③。

会首组织娱乐活动，说明他们有一定的担当意识，正如杜赞奇所言，村庄领袖除了富有外，还必须担当起社会责任。④ 北殿庙会中的娱乐活动，除唱戏外，还有许多杂耍，诸如高跷、秧歌、挠掮、舞狮、赶毛驴、杂技、魔术等，丰富多彩，热闹非凡。这些杂耍也是由会首统筹安排，有序开展的。形式多样的娱乐活动对生活清苦的广大下层民众来说极具吸引力，因此，庙会期间，乡村的老少欣喜若狂，不远数十里群集蜂拥，前来观看。乡村精英组织庙会娱乐活动，为相对独立的个体乡民进行充分的接触交流提供了绝好的机会。乡民在相互交流中增进了彼此的友谊，产生强烈的归属感和认同感，从而增强了村域的向心力。庙会的娱乐活动实际上是人神交流、人神共娱的过程。通过此活动，使民众的精神面貌得以改善，自信与力量得以提升，个体的社会生活和心理本能得到调剂，贫乏的生活充满了希望，为乡村社会注入一定生机。

可见，乡村精英作为传统庙会的组织管理者和积极推动者在其中发挥了重要的作用。没有乡村精英，就没有人组织传统庙会；没有乡村精英，传统庙会就不可能顺利地开展。乡村精英通过自身拥有的经济、文化和社会资源，积极投身传统的庙会活动，成为村庄内具有较大影响的

---

① 刘亥兰，75岁，杨胡村人，2013年4月27日采访记录。

② [德] 约瑟夫·皮珀：《闲暇：文化的基础》，刘森尧译，新星出版社2005年版，第68页。

③ 邓春丰：《傅相祠庙会与乡村社会的精神》，《沧桑》2008年第3期。

④ [美] 杜赞奇：《文化、权力与国家：1900—1942年的华北农村》，王福明译，江苏人民出版社1996年版，第167页。

人物。通过传统庙会中重要角色的扮演，在政治、经济和文化等方面不断推动着乡村社会的发展。当然，在肯定乡村精英在传统庙会中所起积极作用的同时，也要注意其负面影响的存在。比如，有的乡村精英利用自身的社会和经济地位贪污会费、侵占庙产，损害了群众利益；滥建庙宇，使本来极有限的乡村社会资源更为缺乏；组织一些低档次庙会传承陈规陋俗，公然搞封建迷信活动；乡村精英作为村落内生的、世代相承的领袖，实为村落权力结构的核心，他们干扰甚至控制村政，势必影响村政建设和乡村文化发展等。因此。乡村精英一定要担当起建设乡村的重任，发挥好乡村领袖的作用。

第二节 庙会与草根民众

一 草根民众构成

草根民众是相对于乡村精英而存在的另一个群体概念。草根群众从人数上看大于乡村精英，是乡村人口的绝大多数，是乡村事务的主要参与者。庙会作为乡村重要的集体活动，其全民性的特点十分鲜明。乡村精英（总会首、会首等）是庙会的组织者和管理者，而草根民众是庙会的主要参与者。从地缘关系上看，草根民众参与庙会，已完全突破了村域概念，尽管庙会举办村的草根民众仍是庙会活动的最基本成员，但周边乡村中的草根民众也会不辞劳苦，纷纷前来参与。外村草根的介入不仅壮大了庙会的人员规模，而且由于他们带来的精彩文艺表演，使庙会活动锦上添花，更增强了其愉悦性；从血缘关系上看，凡是与本村有血亲关系的草根民众，包括嫁到外村的闺女和居住他乡的亲戚差不多都要放下手上的活计前来赶会，并借此唠唠家常和叙叙旧情；从事缘关系上看，庙会举办村的各行业草根如木匠、泥匠、小炉匠、医生、教师等都会将他乡的同行业人员邀请到本村，这些人顺势又将自己的亲戚朋友带来，形成庞大的庙会参与人群，凸显出草根民众在庙会中的主体性。

庙会是中国乡村社会中少有的全民性活动之一，不同职业、性别、年龄、民族、地域的草根民众，都参加进来，借助庙会文化的特有功能，满足其参与者多方面的需要。同时，草根民众在参与庙会活动的同时，增进了彼此间的友谊，营造了良好的区域氛围，从而产生强烈的归属感和认同感，既有助于区域凝聚力的形成，又对区域经济和文化的发展起到一定积极作用。

二　草根民众角色

从社会学的视角来看，角色是社会地位的外在表现，是人们的一整套权利、义务的规范和行为模式。① 庙会中草根民众的角色，即指草根民众在庙会中所处地位的外在表现及其一整套权利、义务的规范和行为模式。概括来讲，就是草根民众在庙会中的角色扮演。草根民众既是庙会祭祀活动的主体，又是庙会商品交易和各种娱乐活动的积极参与者。草根民众有权利也有义务参与庙会的祭神活动，从祭祀活动的一系列准备工作，到整个祭祀仪式的举行都离不开草根民众的参与。庙会上的商贸活动也体现了草根民众的主体性特征，庙会中的坐商大多为久居本地的草根商人，他们主要依靠自身的商业理念和从商经验，艰难地经营着自己的商铺和摊点。部分草根行商（即流动性商贩），则是通过设摊点或沿街叫卖把自己贩运或者自家产的物品兜售出去，既活跃了庙会市场，又增加了草根商人的收入。庙会上的娱乐活动既使草根民众苦闷的心灵得到释放，又将愉悦传递给其他草根，在人神交流、人神共娱中，使草根民众成为庙会活动的最大赢家。

庙会的特殊性质使得众多的草根民众参与其中，并使其在这一盛大的庙会中实现互动，而这一互动有利于乡村社会秩序的建构。② 庙会活动既是中国传统的民俗事象，又是中国的社会文化现象。草根民众中各色人等参与庙会，充分体现了庙会文化的包容性和整合性。草根民众在庙会这面旗帜下对乡村社会表现出异常的挚爱和亲近，日常生活中有矛盾的，会在神灵笼罩和群体行为频仍的日子里，摒弃前嫌，握手言好；在其他地域生存的同乡和邻村草根民众，从四面八方纷纷汇集到庙会举办村，缩短了不同社区的空间距离，消解着地缘关系，增强了乡村社会的凝聚力；另外，许多庙会传说体现了草根民众对清官的敬仰，通过集体

---

①　郑杭生：《社会学概论新修》，中国人民大学出版社 2003 年版，第 107—108 页。

②　侯杰、李净昉：《天后信仰与地方社会秩序的建构——以天津皇会为中心的考察》，《历史教学》2005 年第 3 期。

记忆形式调适着乡村社会的权力结构，对乡村社会秩序产生一定的影响。以忻县令归村庙会传说为例，据被访谈者介绍，此村庙会可追溯到遥远的晋国，有一个侯爷管理此地，他是一个爱民如子的好官，深受草根民众的爱戴和拥护，而当时的晋国正处在春秋争霸时期，战火不断，军饷劳役相当沉重，如遇年景好时，除去国家的租税外，还可凑合生活，可是有一年，天遇大旱，百姓种下的种子勉强发芽，好不容易长到夏天，可在最热的三伏天，老天爷就是舍不得下雨，百姓望着已被烤黄的庄稼，想着官家将逼迫着交租。身为父母官的侯爷看到这里，久久没有言语，过了几天他宣布，今年的地租全免了，并且还开仓放粮，赈济百姓。正在百姓大呼侯青天时，朝廷竟下令处死侯爷。侯爷死后，百姓为了纪念他，就请工匠用一块圆木雕刻成他生前的样子，由于忻县的令归村、游邀村和定襄的西河头村都想要他的雕像，没办法工匠就把圆木分为三段，刻成三个神像，三个村各拥有一尊神像，每年供奉。据说他死后当了天上司雨神。此庙会传说隐喻出草根民众对现实生活中地方官员的角色期盼，而乡村社会秩序的建构，不仅体现在草根民众的日常劳作和对乡村社会的不同贡献上，更主要的在于乡村社会必须要有一个能为百姓着想的地方好官。乡村庙会传说不仅传递着草根民众对所供奉的神灵，包括所敬仰人物的崇拜，也载负了草根民众对其生存空间的想象及在此基础上的乡村社会秩序的建构和对这种建构的维护。①

第三节　庙会与社群关系

一　村内关系

（一）精英与草根的交往

庙会是一个特殊的时空，它聚合了不同阶级、不同职业、不同背景的人。聚合的最大前提是当地民众对神灵的信仰，但同时聚合又加深了人们的族群认同观念。参加庙会的人们因为有共同的语言、信仰背景，所以彼此之间有天然的亲切感，庙会为他们提供了一个交流、聚合的场所。

---

① 岳永逸：《乡村庙会传说与村落生活》，《宁夏社会科学》2003 年第 4 期。

庙会是晋北民众生活中不可缺失的重要组成部分。在庙会举办的过程中地方精英发挥了重要的组织和管理作用。地方精英的具体职责包括：（1）筹措庙会资金；（2）买办猪羊、香蜡纸烛等祭祀物品；（3）确定庙会的规模；（4）请和尚和"吹打"（方言，也叫响器）兼管他们的吃住；（5）负责庙戏的联系和演出及戏班的吃住；（6）负责各项娱乐活动的组织和管理；（7）维持庙会所在地的社会治安等。精英阶层在庙会活动中的种种角色扮演，固化了其在地方社会中的地位，也使草根民众的精神诉求不断得以表达。

不过，地方精英在庙会活动中作用的发挥是离不开草根民众的积极参与的。比如在庙会经费筹集过程中，除了一些大商号捐资外，大多数村庄是按户摊派，也有的村庄是按照饲养牛、驴、骡马的种类和数量摊派。如前文中所提到的忻县吕令村瘟神庙会（也叫牛神会），在香火布施钱、商贩地摊钱不足以承担庙会费用的情况下，不足部分由村内饲养牛、驴、骡马的农户承担，牛为 1 股、驴为 0.5 股、骡马为 0.8 股。[1] 不管以哪种方式筹资，草根民众所起的作用都是不容忽视的。在庙会举办的各种活动中，草根民众更是投入了极大的热情，在庙会举办前的很长一段时间，他们就开始不分昼夜地编排节目了，甚至把自己家里的祖传道具和绝活都捐献和使出来。当然草根民众的一切活动是离不开精英阶层的组织和领导的。精英和草根一起传承着晋北的民俗民间文化，在互动交往中共同建构着晋北民众的物质和精神文化家园。

（二）草根与草根的交往

"在小生产条件下，小农经济活动是以家为单位的，'他们的生产方式不是使他们互相交往，而是使他们互相隔离'。"[2] 庙会活动的举办使他们冲破这种隔阻而走向融合。草根民众携着各种各样供品涌向寺庙，向神灵述说着各自心中的期盼，使同一"祭祀圈"内的草根民众在与神灵交流的同时也实现着人与人（即草根民众与草根民众）之间的交流。草根民众对共同信仰的神灵的虔诚祭拜，拉近了彼此间的信赖和信任，表达性需求得到满足。而那些彼此间曾经有过矛盾和纠纷的民众，在神灵

---

① 付宏亮，78 岁，忻府区吕令村人，2012 年 3 月 2 日采访记录。

② 朱小田：《传统庙会与乡土江南之闲暇生活》，《东南文化》1997 年第 2 期。

面前心态渐趋平和、宽容和理解，缓释着心中多年的不快，重构着地方的社群关系。由于庙会的神圣性和权威性地位，草根民众往往会倾力对待，借此重塑其在地方社会中的角色。多年留下的、平时舍不得吃的稀罕吃食、陈菜或酒缸新酿的米酒等拿出来请邻里品尝，邻里关系得以升华。"由于邻里之间的地缘优势，他们在长期的互动中形成了一种非常重要的信任机制"①，从而使社群关系更加稳固。此外，草根民众还共同参与庙会娱乐项目的编排和出演，在娱神娱人的同时，既获得心理的慰藉，又密切了彼此间的关系，形成更为广泛的网络式交往圈。特别是妇女群体，长期处于封建伦理纲常的压抑之下，人性受到严重扭曲。庙会为她们提供了一个"合理合法"地走出闺房，纵情娱乐的机会，不仅拓展了社群关系网，也使妇女群体的身心得到愉悦。

人类对于群体生活或社郊活动的需求是强烈的，但由于平时大半被限制在家庭里，特别在传统社会中，各种道德规范更加重这种限制，使人类本能遭到压抑。此外，中国传统社会中对男女交往的限制，也是对人类某种本能的压抑。又由于传统社会中人们为生活之重负所累，难得有闲暇时间、娱乐活动，这都迫使人们去创造各种机会去发泄。而赴庙祀求鬼神之助则成为男女老幼出门寻乐的正当借口。为使这种轻松愉快的机会不致昙花一现，人们便利用或创造神的生辰等日，使之成为某种庙会节日。在此期间，男女老幼可以无拘无束地摩肩接踵，尽情欢娱。②庙会的举办使居住在同一村社的人们之间的交往圈扩大，家族与家族之间的界限趋于模糊化，村落文化的同质性增强。

二　村际关系

（一）由亲缘关系带来的村际交往

"在中国，每个家庭都有一大群亲缘程度不等的亲戚。"③而庙会着实为远近村庄的乡民访亲问友提供了极好时机。每逢庙会，庙会所处之地

---

① 张敦福：《现代社会学教程》（第二版），高等教育出版社2009年版，第124页。

② 赵世瑜：《明清时期中国民间寺庙文化初识》，《北京师范大学学报》1990年第4期，第51页。

③ ［美］明恩溥：《中国乡村生活》，午晴、唐军译，时事出版社1998年版，第62页。

乡民都会盛情迎亲待友。亲朋好友（包括各种转折亲和远方朋友），特别是几世不走动的亲戚，借庙会之期，也走动起来。平时难以见面的亦均可会面，人们的感情更为亲近融合。"从外祖母起一直到自己的女儿，女儿的小姑，几乎走不动了的亲戚，因此也走动了起来。"① "例如女儿及姐妹出嫁以后，受封建礼教的束缚，见一面不容易，况且农家劳作繁忙，省亲看女，探亲访友既无闲暇也无机会，因而利用庙会之期，均可见面。"② 而演戏村的村民事先就忙乱地客气地到各村去接请自己的旧戚和新亲。③ 方方面面的亲戚到齐后，边吃饭菜边拉家常。若是彼此有啥过节，当面一说，大家一劝，彼此一笑，便和好如初了。整个庙会期间，社群关系呈现新的场景，村际间的往来陡然频繁，空间距离缩短，社群关系更加密切。

（二）由神亲关系带来的村际交往

神亲即神缘亲属，它是乡民群体之间以共同信奉的民间神灵为纽带而形成的一种虚拟的亲属关系。④ 如忻县吕令村每年农历二月初九举办瘟神庙会。笔者通过田野调查获悉，该村龙王庙供奉的龙王龙母与辛庄村（即现在的永丰庄村）龙王庙供奉的龙王有神亲关系。传说很久以前云中河泛滥，从上游冲下来两尊塑像，正好被辛庄人和吕令人看到，他们决定一家搬一尊塑像，但无论用多大力气，塑像却纹丝不动，于是烧香许愿道：你们虽归各村，但亲缘关系不断。之后两村各建龙王庙，辛庄龙王庙会定于每年农历七月二十七，是日，辛庄村人要用隆重的仪式将吕令村龙王塑像披红挂绿的请回，接受村民祭拜，并请龙王看戏。到农历八月十五前，吕令村人再将本村龙王请回。⑤

境内有关神亲关系的传说很多。据说，崞县下合河村与练家岗村是神亲关系，曹姑姑是练家岗村的娘家、下合河村的婆家，婆家田姓，上合河村是老娘家，因其生前广行善事，吃斋念佛，敬佛修庙修成正果，

① 臧克家：《社戏》，《申报》1931 年 4 月 17 日。

② 谢永栋、何建国：《近代华北庙会与乡村民众的社会交往——以山西平鲁大河堡村为中心的考察》，《兰州学刊》2010 年第 3 期。

③ 于恩：《庙台戏与畅台戏》，《申报》1934 年 5 月 6 日。

④ 王守恩：《山西乡村社会的村际神亲与交往》，《世界宗教研究》2012 年第 3 期。

⑤ 付宏亮，80 岁，忻府区吕令村人，2014 年 5 月 6 日采访记录。

坐化于练家岗庙内，其肉身即塑于该庙。每年农历二月，由练家岗村用二人抬的"爷爷楼"小轿十乘，将神像（木刻的神像在下合河村）请回娘家，来时下合河村好吃好喝接待娘家人。七月十六日，下合河村打着二面黄罗伞，抬着大轿、小轿，手执旗牌，水火棍，金瓜钺斧，朝天灯，前面四人鸣锣开道，前拥后合，从辛章村过滹沱河到练家岗村。到了村里，练家岗村也是好吃好喝接待，然后抬上神像从下社过滹沱河，路经下社、阳房、南阳三村，均有人沿途烧香叩拜，给接神的端茶送水，十分隆重。接神的人也分品级，养牛驴的拿"旗伞执事"，养骡马的方可抬大轿、小轿。大轿八人，抬神像两尊，小轿四人，抬神像一尊，五谷杂粮插在轿上。回村后将神像经河神庙进入孔圣人庙院内，供人瞻拜供奉，十七日游村一周，然后将神像送回庙内，"旗伞执事"放在正殿走廊左右。从十七日开始，在碳市戏台唱戏，村里组织高跷、社火，游街闹红火三天。① 另外，崞县神山村和班镇村也存在神亲关系。此神亲关系起源于麻线娘娘的传说，具体已在前文论述。村际间的神亲关系建构着村际间的世俗交往，进而影响到世俗生活的方方面面。

神亲关系背后体现出的仍是人与人的关系，是发生在不同村落间的交往关系。神亲关系实际上是由现实生活中的俗人来运行和实现的。"村际的神亲关系与世俗交往互为因果，相得益彰。"② 神亲关系建立在共同信仰的基础上，使村际关系进一步融洽。当然，神亲关系中也蕴含着乡土社会中的礼俗文化，共同构成民众生活的重要组成部分，延伸着民众精神生活的空间。

（三）由合作关系带来的村际交往

庙会有的是单村主办，但也有的是多村合办。如崞县的土圣寺庙会就是由周边的串道、卫村、麻港、南庄头、卫家庄、阎庄、大白水七村轮流举办，会期一般为五天至七天；忻县北殿庙会是由附近的石家庄、沙洼和杨胡三村轮流负责举办、组织和管理；代县赵武灵王庙会由代县赵家湾、韩家湾、探马石以及崞县上下长乐、刘家庄、白石等七村联合

---

① 苏如恒，70岁，原平市下合河村人，2017年7月17日采访记录。

② 李长莉、左玉河：《近代中国社会与民间文化》，社会科学文献出版社2007年版，第467页。

主办。最具特色的是前文提到的崞县同川八十三村半的伏水庙会，村落间的合作范围之广，达到境内庙会之最。不管是轮流主办还是联合主办，围绕庙会这一载体，村际之间产生程度不同的联系。轮流主办庙会的各村庄，尽管在具体工作上没有太多的联系，但由于同属于一个祭祀文化圈，民众具有大致相同或相近的思维方式、价值观念和生活品性，精神生活日渐趋同，村际间交往更有可能。联合主办庙会的各村庄，早早就开始了筹备工作，各村纠首聚合在一起谋划着具体的分工，或负责祭祀活动，或负责商品交易，或负责请戏班子，或负责各种街头表演以及庙会期间的治安等，各村之间自然形成一个组织文化共同体，民众的公共生活空间大大拓展，生活变得更加多姿多彩。

以上是从群体、村落两个维度观察分析庙会与社群关系的。地方精英和草根民众并非是对立的两极，而是有着一定的趋同性和认同。围绕仪式和地方社会的结构过程，精英与草根之间同时都扮演着主动者和被动者的双重角色，互观、互审、互构着对方，互为主体。① 村际关系是地方社会经常性关系。但相对于南方沿海地区来说，晋北社会是较为闭塞的，民众的交往范围很小，往往只限于一村之内，村际交往很少。马克思曾指出："小农人数众多，他们的生活条件相同，但是彼此之间并没有发生多种多样的关系，他们的生产方式不是使他们互相交往，而是使他们互相隔离。"② 费孝通也曾深刻地指出，传统的中国农村社区，是一个人们生于斯、死于斯的社会，甚至村与村之间的往来也很少。③ 封闭社会使民众对外界的人和事了解甚少。唯有庙会是民众与外界沟通的重要桥梁。庙会有利于社群关系的生成与发展。

---

① 岳永逸：《传说、庙会与地方社会的互构——对河北 C 村娘娘庙会的民俗志研究》，《思想战线》2005 年第 3 期。

② 《马克思恩格斯全集》，人民出版社 1972 年版，第 693 页。

③ 费正清：《乡土中国　生育制度》，生活·读书·新知三联书店 1985 年版，第 3—4 页。

第 七 章

庙会与社会变迁

清末民初是社会大变革和大转型时期，社会变革和转型必然会影响到社会的方方面面，包括作为民众重要生活空间的庙会。尽管庙会是人们一年中特殊节日社会活动的集中展现，但庙会带给人们的影响确是持久和深远的。区域庙会反映着区域社会政治、经济和文化的发展状况，它记录和书写着特定区域社会的历史。庙会是区域社会变迁的晴雨表。

第一节　庙会与政治调适

一　政治空间功能淡化

"功能主义主张，社会是由相互依存的部分构成的有机整体，各部分对整体发挥功能、满足整体的需要。"① 按照功能主义的理论取向，在对庙会的研究中必然要考虑庙会的构成部分和各部分对庙会整体的作用，以及各部分自身的发展状况。庙会的政治空间、经济空间、文化空间功能共同构成庙会公共生活空间功能，政治空间的功能变化是其研究的内容之一。古代社会，庙会与王朝政治措施的联结较为紧密，尤其是朱明王朝。朱元璋在造神方面超过历代君主，皇家的大事要告庙，发生战争、营造房屋、自然灾害时，都要敬神祭庙。其目的就在于用庙会来束缚人民，使"民有所惧"②。清末民初，随着社会的转型变革，庙会政治空间

---

① 郑杭生：《社会学概论新修》，中国人民大学出版社 2003 年版，第 29 页。
② 高有鹏：《庙会与中国文化》，人民出版社 2008 年版，第 55—56 页。

功能逐渐淡化，庙会更多展现的是民众的生活场景。庙会的祭祀活动，尽管一定程度上也反映了国家的在场，但主要是民众宗教生活的缩影。当然，庙会空间功能的淡化，并不意味着国家政治意识对庙会干预的减弱；相反，由于政权的更替，社会控制的需要，国家对庙会的政治影响力一直存在。

二 民间权威消解

境内庙会向来是民众共同参与的传统盛会，是城乡社会尤其是乡村社会最为重要的集体活动方式。乡村精英运用其拥有的经济资源或文化资源，凭借自身具备的组织筹划才能和其他处理协调等能力，赢得了乡民对他们的领导地位和办事权威的一致认同，进而把在庙会活动中建立的权威，扩展到与乡民经济领域的合作、政治和社会生活的整合中去，把分散的处于"原子化"状态的乡村社会居民聚合在他们周围，使乡村社会群体在更广的范围内，在这一盛大活动中实现互动，在互动中增强乡村社会凝聚力和向心力，有利于乡村社会秩序的构建。

事实上，许多的庙会传说通过乡民的集体记忆形式保存着一些对乡村精英的劝诫，在一定程度上消解着民间权威。如河曲马家塔村五月初五有一个"叫雨"习俗，"叫雨"为当地的习惯说法，即祈雨。"叫雨"必须要按照祖辈流传下来的固定路线（马家塔→瓷窑沟→向阳坡→狗儿窊→巡镇→桃山→吕家塔→榆皮窊→中邓草塔→山庄头→碓臼塔→南塔→马家塔）进行，出发到返回要十天左右。开庙门以后，有"三不"忌讳：一不吃荤；二不吃饭（外村的饭）；三不"调皮"（当地方言，即调戏妇女的意思）。清末民初，有一年天遇大旱，眼看着刚刚出苗的庄稼马上就要旱死了。马家塔村会首马占财、张裕财急忙会同瓷窑沟村会首张进财召集了村里二三十个人，准备开始一次"叫雨"。他们打开庙门，从黑龙爷庙请出神灵，抬着黑龙爷坐上轿子，举着祈雨黑龙幡旗，拿着叫雨杆子，由马占财、张裕财和张进财三个能说会道口才非常好的会首唱着叫雨调子，踏上了求雨路。这一次"叫雨"从他们出发的第二天，天空就开始阴云密布，眼看天气一天比一天阴沉，似乎马上就要下雨了。最后一天走到南塔村时，开始出现星星雨滴。大家都乐坏了，心想黑龙爷太灵验了，队伍里有人甚至开始嚷嚷着回去一定要过会唱戏，好好地酬谢黑龙爷。忽然走在队伍前面的马占财看到一个妇女迎面走了过来，长得非常好看（即漂亮），趁着高兴劲就上去调戏了两句。谁知话音刚落，下着的雨就开始停了，一会儿竟然云也散开，太阳又出来，火辣辣地炙烤着大地。大家一致认为这一次是犯了忌讳，惹怒了黑龙爷，决定必须惩戒马占财才能抵消这次的罪过。要求马占财必须在黑龙庙前跪着暴晒三日。结果，马占财跪满三日后，人们期待已久的甘露终于降临了。① 此庙会传说，有两个层面的意义，一方面体现了以马占财为代表的会首是民间神圣权威的代表，"叫雨"必须由他们组织、领导甚或亲自参与；另一方面也意味着民间权威的式微。一旦违背了神意，犯了忌讳，会首也同样必须接受惩戒。会首与平民之间实际是领导和被领导的等级不平等，但在神灵面前，这种有等级的不平等被神灵的力量实现了权力的均等。等级和平权同时出现在庙会习俗中，正是民间权威消解的结果。

第二节　庙会与经济变化

一　传统消费观变异

传统消费观提倡节俭，实际上，在清末民初落后的生产力发展水平下，民众的购买力普遍较低，日常生活所需的食和用基本靠传统的劳作解决，很少用钱购买。庙会上的敬神费用和待客费用则成了民众必需的消费支出。平时省吃俭用的民众在庙会期间出现消费偏好，因为在民众心中，神灵是必须要敬奉的，现实生活中的苦乐和富穷都是由神灵掌控着。人们对神灵越虔诚，敬奉的越多，从神灵那里得到的就会越多，也就越有可能得到神灵的保佑和庇护，敬神消费成为庙会必需的消费。招待亲友是庙会的另一大消费行为。清末民初，庙会是境内民众期盼的狂欢节，几乎家家户户都要把远近亲戚和朋友邀请来赶会，尽管其中有不少是碍于情面，因为中国是人情社会，庙会期间没有亲戚朋友，当地人就会认为该人家人缘不好，就会在乡里乡亲中很没面子。被请的人心安理得地被主人家招待着，花费了民众不少的积蓄，甚至使其家庭背负债

---

① 马玉田，66 岁，河曲县马家塔村人，2012 年 5 月 9 日采访记录。

务。但这种畸形的消费，并未因民众的无奈和无助而终结，反而是代代沿袭。而对于自家的小孩，家长也会破例给一些零钱，让孩子买一些平时舍不得吃也吃不到的食品。庙会消费偏好很显然是地域社会亚文化决定的，它在很大程度上影响着传统的消费观念和行为。

二 经济结构多元化

庙会的兴盛，吸引了大量商人在寺庙周围和中心街巷摆摊设点，从而也吸引了周边和邻村的居民前来购买。人们在庙会上一方面趁机购买日常生产、生活所需物品，另一方面则利用庙会推销自家生产的器具及农产物。这就使传统的经济结构发生了变化，人们不仅种植粮食，同时也做些小买卖，并且伴随着自然经济的逐渐解体，农产品日趋商品化，经营商业的人越来越多，改变着传统社会单一的经济结构。比如，为了满足祭祀人群的祭神需要，除了从外地购置一些香、烛、纸等祭祀用品外，人们也试图利用当地廉价的原料，以家庭作坊的形式进行小规模的生产。庙会上商贸交易的或多或少的利润，也刺激着不少人开始从事除农作物种植之外的其他行业的生产，像制香、酿酒等。传统的单一的经济结构开始逐渐向多元化的经济结构转型。

第三节 庙会与文化传承

一 中西文化共存

信仰是庙会的核心要素，庙会则是信仰最高端的仪式。"佛教和道教作为中国传统宗教的重要组成部分，是传统社会信仰的主角。"[1] 佛教庙会和道教庙会在境内占有相当的比例。但清末民初，由于以基督教和伊斯兰教为代表的西教在中国逐步站稳了脚跟，对传统宗教形成前所未有的挑战和冲击，传统宗教信仰的渐趋衰落与西教信仰群体的日益壮大，使庙会呈现中西文化共存的现象。民众既受传统宗教信仰的影响，又与西教信仰糅合在一起。庙会的中西文化共存更主要地体现在庙会主体特别是信众的信仰世界中。

---

[1] 赵英兰、贾小壮：《民国时期信仰态势嬗变之缘由》，《社会科学战线》2015 年第 2 期。

西教在民初得到快速传播，成为与传统宗教共存的重要信仰形式。基督教传教士努力调整与中国传统文化的关系，增强中国民众对西教的认同感，使教徒大幅度增加。比如 1912 年，基督教从太原传入定襄，本县信天主教者有数百人。① 据 1919 年统计，繁峙有天主教徒 1234 人。② 同时基督教还在境内兴办各类学校和育婴堂，如在繁峙县设教会学校 5 所、育婴堂 1 所等，③ 以扩展西教在城乡的影响力。当然，西教信仰的发展也与民国政府的宗教信仰政策有关。民国肇始，南京临时政府颁布的《中华民国临时约法》规定"人民有信教的自由"，这从法律上保障了传教活动的合法性，使西教在中国得以传播。民众在信仰传统宗教的同时，也开始信仰西教。对民众尤其是百姓来说，不管是传统宗教，还是西教，也不管二者是否有融合的可能，只要能给自己带来"好处""实惠"，就信奉。可见，清末民初的社会大变革引起了包括宗教在内的意识形态的变化，从信仰层面则体现了庙会的中西文化共存性。

二　传统与现代并陈

无论是什么时候的庙会都是传统与变异的统一体。清末民初，庙会一方面继承了传统文化的诸多内容，如烧香、还愿等；另一方面也融入许多现代化的因子。

由于科举制的废除、封建王朝的覆灭及南京临时政府破除迷信的政策，使民间信仰发生了一些新的变化，诸神信仰和迷信活动出现"式微"倾向。新文化运动的开展，又使民主与科学成为时代的最强音，人们逐渐认识到迷信污浊社会、蛊惑人心的弊端，应该加以破除，民间信仰中的现代化因素逐步增长。但民间信仰在中国有着深厚的生存土壤，并已植根于民众的内心深处，再加上诸神与迷信的混杂，使其不可能在短期内发生显著变化，需要一个长期的过程。对神灵的敬奉仍是庙会的最主要内容，大凡赶会的民众都会把烧香、还愿当作最神秘的事情去完成。但是，随着经济的发展和庙会的发展，人们对神灵的崇拜程度会逐渐减

---

① 定襄县志编纂委员会：《定襄县志》，中国青年出版社 1993 年版，第 538 页。
② 繁峙县地方志编纂委员会：《繁峙县志》，今日中国出版社 1995 年版，第 456 页。
③ 同上。

弱，庙会对人们意识形态的影响作用也会逐渐变小。

有效的文化传承对于构建社会记忆，增强文化认同和凝聚社会力量有着重要的促进作用。人为地割裂传统信仰与现代文明的关系是不可取的，"国家的现代化建设并不是使用现代理性去消灭宗教，而是允许民间社会宗教纳入到现代文化中去"①。传统庙会作为一种非物质文化遗产，既不能完全视之为历史的遗留物，也不能不看到蕴含于其中的传统文化基质有效存留的当代意义。② 应该合理吸取和保留传统文化的元素，使之反映传统乡村庙会的基本特征，全方位、多角度地体现老百姓自己的传统节日，使庙会真正体现晋北社会的历史底蕴，实现传统社会与现代人文精神的有机结合。

第四节　庙会与教育发展

一　庙会与学校教育

（一）庙产兴学

清末，随着"新政"在各地的举办，对资金和场所的需求日益增大。民国时期，中央政府和地方政府空有庞大的外壳，财政十分匮乏，难以满足新政的需求。一些有识之士和官绅为了解决新政所需要的资金和场所的问题，把目光转向了传统社会各地林立的寺庙及雄厚的寺院经济。

1901 年，清政府下诏兴办新学。张之洞在《劝学篇》中提出："天下之学堂以万数，国家安得如此财力以给之。""今天下寺观，何止数万，都会百余区，大县数十，小县十余，皆有田户，其物业皆由布施而来，若改作学堂，则屋宇田产悉具，此亦权益而简易之策也。"③ 之前，1898年康有为在《请饬各省改书院淫祠为学堂折》中也认为应该在各地普遍设学校，废止淫祠，以推广教育，以培养人才，主张将乡邑淫祠改变为

---

① 朱炳祥：《村治权力与仪式变迁——以周城白族火把节威力对国家与社会关系的围观考察》，收入《人类学与当代中国社会——人类学高级论坛会议论文集》，2002 年；徐杰舜，周建新：《人类学与当代社会》，黑龙江人民出版社 2003 年版，第 221—233 页。

② 张祝平：《论乡村传统民间仪式的当代再造》，《西北民族大学学报》2014 年第 4 期。

③ 张之洞：《劝学篇》，上海书店出版社 2002 年版，第 41—42 页。

学堂，以其公产作为学堂经费。[①] 康有为和张之洞可谓庙产兴学的始作俑者。而且科举制度的废除，阻断了仕宦之途和社会流动，阻隔了给下层人士搭建的向上流动的通道，所以许多官绅子弟就转而迈入新式学校，接受新式教育，也活跃了社会流动。1906 年，清政府下诏批准《奏定劝学所章程》，允许地方各省可以随意抽取寺庙财产。民国各届政府也都依照惯例沿用这一政策，民众也积极响应政府创办新式学校的号召。

1915 年北洋政府颁布"管理寺庙条例"，将管理寺庙的权力交于地方，在全国范围内掀起了"庙产兴学"的风潮，[②] 大量的庙宇被用来做学校，或者义学，或者社学。比如保德县有社学四处，西门内一所即在土地庙内，匾曰"育才"[③]；定襄县"各乡村社学即在各寺观内"[④]；1915年，静乐模范小学在县城马王庙创办；1916 年，在城内的城隍庙设立第一所国民小学，学生共 80 多人，分 3 个班；1917 年，在县城八蜡庙设立了当时全县规模最大的城关国民小学（3 个班，100 多学生）；1919 年，岢岚县视学主持，在城内文庙开办师范讲习所，开始培训小学教师；1921 年，在城内万家巷药王庙，创办了岢岚县第一所女子高等小学校，学生 20 多人[⑤]；1922 年，张树帜在崞县文殊庄云庙院建立国民初小，有校舍 20 余间，操场、校园共占地 10 余亩。此校师资水平高、教学设备齐全、教学手段先进，是全县第一流的初级小学。

民国初年，境内的国民学校是出于村经费，内容分为五项，而第二项就是寺庙庙产、演戏、赛会等。这项经费是新式学校建立的一个很大的来源。大约占全部新式学校经费的十分之三。

"庙产兴学"在碑刻中也有记载，比如《南头村和善文村立约建学碑》记载："学堂屋宇乃前清时延庆寺旧基也，此寺创自唐代，由唐而下，叠次修补，每倚南头智家庄两村赞助。至民国初年，屋宇雕塑一例坍塌，爰集三村人士改建崇善学校，修未半截，智家庄董事智祥瑞等不耐烦劳，独向南头推让，而南头村董王五成等接收后，甫经年余，生有

---

① 转引自耿敬《"庙产兴学"运动及佛教界的回应》，《五台山研究》2003 年第 2 期。
② 赵英兰、贾小壮：《民国时期信仰态势嬗变之缘由》，《社会科学战线》2015 年第 2 期。
③ 康熙《保德州志》卷一《社学》。
④ 雍正《定襄县志》卷二《建置志》。
⑤ 岢岚县志修订编纂委员会：《岢岚县志》，山西古籍出版社 1999 年版，第 8 页。

异心，日对善文村董肆行口角，陡起讼端，经在城教育科员宋君咸宜孟君望梅秉公留处，公同议就，特将旧寺产物提给南头村钱贰佰仟文，又给该村西庙场一处，以斩唐及前清两村累世葛藤，后余寺产一切悉归善文一村，作为造修学堂经费，并资善文学生流水款项，当即共和立据，订明刻石，以期永远无朽。"① 虽然庙宇变为学校，庙产兴学是政府的政策使然，是官员意志的体现。但也从另一个侧面反映出佛教本身的衰微。从兴办新式学校来看，民国经济困难，庙产兴学符合现实需要和大多数人的利益。当然，这其中也不乏有的地方借着兴办新式学校的名义大肆破坏寺庙，掠夺寺庙财产，逐僧毁佛，严重侵犯了僧人对寺庙财产的经营权和民众信仰自由的权利。但是另一方面客观上也极大地推动了佛教自身的改革。寺庙与僧道为了保护庙宇和庙产做了许多积极的努力。比如，成立佛学会、联合僧侣成立全国性的佛教团体、摒弃一些不适应民国社会的迷信学说、诉诸法律保护寺产和僧人等。从国家与社会关系的视角来看，废庙兴学是官方对寺庙空间的改造，但由于寺庙分布的广泛，且与民间信仰密切相关，官方改造并非易事。

可见，废庙兴学的阻力主要来自民间。废庙兴学之前，寺庙和学校并非相互对立，相反书院董事还组织修缮寺庙。如从咸丰二年到同治九年，即公元 1852 年到 1870 年，相距十八年，五峰山各寺庙经风雨剥蚀而破损。同治九年组织修缮寺庙的并不是寺院的住持，而是书院董事和纠首一起组织募捐。修缮的寺庙有上下佛殿、观音殿、罗汉殿、伽蓝殿和禅舍。为了表彰这次募捐和出力修寺的人士，人们在同治十二年立了一通碑。碑文如下：

重修五峰山各庙碑记②

五峰山者，峥之名境也，寺曰："寿宁"，神为圣母。其创建与重修久已，勒之贞珉不必再述。迄今代远年湮，风雨剥蚀，庙宇渐及损坏，书院董事及各村纠首等，复谋所以更新之。奈工程浩大，

① 山西省忻州市政协文史资料委员会编：《忻州文史·古碑文录之三》，内部资料，2009年，第 913 页。

② 《重修五峰山各庙碑记》，同治十二年，现存原平市五峰山寿宁寺。

独力难成，于是同治九年，四方募化，共得金赀以前有余吊，将上下佛殿、观音殿、罗汉殿、伽蓝殿以及禅舍等，或补或修，而庙宇顿觉生色。要非好善君子协力助缘，安能共襄盛事？阅三载落成。仅举事之巅末，以志补修云尔。

　　崞邑儒学附学生员　刘恺　杨希震谨撰并书丹

　　纠首　书院董事　辛庄村　井沟村　南头村　野庄村

　　木匠　赵怀怀　刘化绪　泥匠　苏杰繇　石匠　郭大亮

　　画匠　弓喜羊　王海　张如成　张淑翰　住持　张蟾宫

　　大清同治十二年岁在癸酉阳月谷旦勒石

　　这种看起来十分矛盾、冲突的现象，实际上反映的是寺庙与学校似相离又不相离的关系。寺庙是宗教活动场所，其公有性使之成为兴办新式教育最初的理想场地，境内不少乡村学校起初都是在寺庙内兴建的。

　　（二）庙会与学生

　　首先，庙会作为人们祭祀、崇拜神仙的平台，在很大程度上影响着人们的价值观。在宗教势力的影响下，一方面，人们认为人的生死是由天或者神仙掌握着，婚姻也是由神仙做主，这一切在人降临到世间前就已经注定的。另一方面，在这种错误的价值观的指导下，人们不重视教育的发展，学生接受或者不接受教育都是无所谓的，人的力量是无法与神灵的力量相抗衡的。其次，城乡庙会，学生是重要的参与者。教书先生对此也有考虑，为了在庙会期间不影响学生上课，干脆采取让学生放假的办法。"倘若教书先生是个死心眼而拒绝放假的话（这种情况通常不会发生，因为他自己同样想去看戏），情况也没有分别，因为他将发现自己被所有的学生抛弃在学堂里。"[①] 这正如民间所言："自古以来，寺上过会时，村子中没有人不去的。"学生在庙会期间四处转悠，就像今天的多数老人对庙会的记忆来源于其儿时的经历一样，今天的庙会也将通过他们新奇的眼睛留下印象。[②]

　　学生参与庙会最主要是源于文昌信仰。文昌神主管人间文教风化，

---

① ［美］明恩溥：《中国乡村生活》，陈午晴、唐军译，中华书局 2006 年版，第 43 页。

② 岳永逸：《行好：乡土的逻辑与庙会》，浙江大学出版社 2014 年版，第 277 页。

特别有庇佑读书人科考成功的功能，各地都建有文昌庙。如偏关文昌庙
"在城西守府街，明正统十四年（1449）建"①。为了表达士人对文昌神
的敬奉之心，文昌庙内开始修建戏台。

对文昌的祭祀一般为二月初三，即文昌神的诞辰日，乡民为之献戏，
举办文昌庙会。如忻县麻会西门建有文昌阁（其下面有水道），每年收秋
完后，要给文昌爷唱一台戏②；崞县"（二月）初三日，各祭文昌，师生
肃拜"③。由于文昌神与各地教育的内在关系，明清时期，乡里民间的义
学、社学、书院等教育场所，大都设在文昌庙内，或由文昌庙改建。既
可以节省开支，又可以接近主管教育之神，因此得到广泛推广。④ 文昌庙
为学校的兴办提供了重要的场所，文昌庙会的举办既有利于改善地方文
教风俗，也使读书人得到精神的保佑和心理上的满足。

二　庙会与社会教育

社会教育有广义和狭义之分。广义的社会教育，是指一切社会生活
影响于个人身心发展的教育；狭义的社会教育则指学校教育以外的一切
文化教育设施对青少年、儿童和成人进行的各种教育活动。本书采用广
义的社会教育含义。庙会作为民众生活的重要组成部分影响着个人的身
心发展，反过头来，社会教育的发展程度也影响着庙会的发展。这也就
是说庙会和社会教育之间存在一定的内在联系。前文强调了庙会祭祀的
教化功能，其实庙会的社会教育功能也较为明显。祭祀是城乡庙会的核
心，几乎每一个"赶会的"人都要参与庙会祭祀，庙会祭祀不仅是实现
人神交流的重要途径，更是人们传承祭祀礼俗的行为过程。祭祀礼俗尽
管与封建迷信混杂，但仪规化的祭祀强化着人们的规矩意识，固化着人
们的行为模式。当然，从侧面也提高了神明在民众中的威望。民众认为
神能主宰人世间的一切，神既能保佑善人、好人得到想得到的，也会惩

---

① 卢银柱校注：《偏关志》［民国四年（1915）版］，增补整理本，中国文史出版社 2007
年版，第 60 页。

② 史建安，60 岁，忻府区麻会村人，2015 年 4 月 4 日访谈记录。

③ 光绪《续修崞县志》卷一《风俗》。

④ 段建宏：《戏台与社会——明清山西戏台研究》，中国社会科学出版社 2009 年版，第
191—192 页。

治做坏事的恶人，所以人们在神灵面前总是小心翼翼，生怕做了惹神灵不高兴的事，使个人和家族成员受到惩罚。于是在庙会举办期间，人们说脏话、骂人或者打人的事件明显减少，先前的邻里纠纷、个体矛盾也在悄悄地发生变化，人们之间互动的频率加快，消解着彼此间的隔阂。这些都是庙会的社会教育功能所带来的结果。当然，随着社会教育水平的提升，社会成员素质的普遍提高，也推动了庙会的健康持续发展。

三　庙会与家庭教育

庙会分村庙庙会与家庙庙会，村庙庙会是以全村人供奉的神明为祭祀的主神，整个村落包括附近村落形成一个边界较为模糊的祭祀文化圈，民众从村庙庙会中受到的教化与教育附着在每个村民身上。家庙庙会承担了部分家庭教育的功能。家族是放大了的家庭，每当初一、十五时，全族人都会聚到家庙（祠堂）内。家庙庙会的主要活动内容就是祭祖。如忻县董村在郝树屏等人的倡导下于民国七年（1918）创建郝氏家庙的"敦伦会"（见图18），并制定敦伦会章程。据《郝氏家族史》记载：此会，继先祖德教，关爱族人，齐家族之众，加强管理，教育、培养提高族人素质，忠国守法，奉守祖训：人生"三事"的教导，以德报宗，端正为人，发展事业，养护人生。

敦伦会是郝氏家族管理会，郝氏是忻县独一无二的先进家族，以德教养，学文习武，耕读经商，忠国守法，发愤图强，文明高尚，成为礼仪之家，震动了周围毗邻。县长彭赞璜亲临本会，检阅其详，顺口表彰，并将此会的章程报省府备案，又授其匾文"孝友睦姻"。郝氏家族每年的正月初一和七月十五都要集体拜祖。族人于腊月三十就要清扫家庙内外，贴对联、挂彩灯、垒旺火、吊字楼、上供献、安神位。初一早晨庙内击鼓、鸣钟，灯火齐明，鞭炮连声，迎接祖神。随后郝氏族人都去家庙拜祖祭宗。族人按辈排列在院内，依次拜叩祖先，并互相祝福，共度年节。七月十五族人在本村东门外的始祖坟前，举行隆重的祭祖活动。祭场设有祭台，供品齐全，三牲整供，香纸焚旺，鼓乐齐鸣。敦伦会会长郝树屏宣读祭文毕，青童学士唱祭歌："大哉始祖，贤德洋洋；典型优哉，穆穆煌煌；九泉一滴，三上焚香；左钟右馨，敬奉先亡；笙管修扬，共奏升平；我祖视听，宏宏决战；始祖作古，五百余载；早有窀穸，妥有茔前；灵居在堂，奉祀诚虔；依孙报德，拜跪为先；始祖有灵，来格来馨……"这天全族都在庙上吃一顿团圆饭，以知"一祖分四门莫为生生见远"的要求。① 郝氏家族的祭祖活动强化了家族意识，增强了家族的凝聚力。可见家庙庙会在家庭教育方面同样具有不可替代的功能。

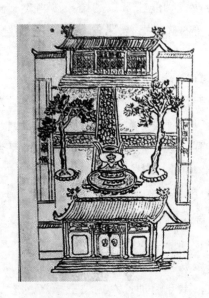

图 18　郝氏家庙敦伦会示意图②

综上所述，庙会是一定时期政治、经济、文化和教育发展的反映。清末民初，晋北庙会呈现出时空性和结构性的变化。这种变化一方面使传统社会较为稳固的政治权力结构出现松动、消费意识发生变异、经济结构向多元化方向发展；另一方面由于西学东渐，中西方文化、传统和现代化的关系再次成为庙会难以规避的问题，庙会与学校教育、社会教育和家庭教育存在割不断的联系。庙会通过对社会多领域的影响进而影响社会的变迁，庙会成为人们研究区域社会、探寻地方社会变迁规律的重要考量。

---

① 山西省忻州市董村郝氏家族史编辑委员会：《郝氏家族史》，内部资料，2003 年，第 41 页。

② 来源于《郝氏家族史》，内部资料，2003 年，第 17 页。

结　　语

　　庙会是集神灵祭祀、商品交易、休闲娱乐、社会交往等于一体的综合性社会现象，又是民众生活的重要组成部分。庙会的产生与农耕文明密不可分，庙会的发展既受到社会政治、经济、文化和意识观念的影响，又直接影响着民众的物质生活和精神生活。清末民初是社会大转型大变革的时期，社会的转型变革必然影响到庙会的发展和变化。晋北特殊的自然地理环境和人文环境，特别是受到五台山佛教文化的影响，庙会彰显出不同于其他地域的特征，成为民众心目中的节日盛宴，成为区域社会重要的文化地标。

一　晋北庙会的主要特征

　　晋北庙会较为显著的特征可以概括为分布的密集性、内容的交融性、形式的多样性。

　　1. 分布的密集性

　　主要体现在时空结构上。从时间上看，几乎月月有会。如忻县董村从农历三月到八月，每月都要过庙会。三月奶奶庙会，四月文昌庙会，五月小院子庙会，六月北寺庙会，七月西老爷庙会，八月东老爷庙会，九月龙王庙会。从空间上看，差不多村村有会，光绪年间崞县北乡共 45 村，有庙会的 43 个村。① 比如黄珥村二月初二龙王庙会、茹岳村四月初八楼烦寺庙会、西桥村五月十三关帝庙会、唐昌村六月二十四靖王庙会、邵家寨七月二十四魏征庙会等。如此密集的庙会，一方面说明晋北有着

---

① 查阅光绪《续修崞县志》和田野调查所知。

庞大的信仰人群，因神灵信仰是庙会的核心；另一方面由庙会带来的庙市成为传统集市的补充，在一定程度上也促进了农产品的商品化，刺激着地方经济的发展。而民众通过不断地"赶会"，虚幻、漂泊的灵魂找到了存放的空间，枯燥乏味的生活开始变得丰富多彩。

2. 内容的交融性

主要体现为神圣与世俗的交融。古代庙会以祭祀为主，辅以商贸和游艺等。清末民初晋北大多宗教型庙会开始逐渐向商贸型庙会和娱乐型庙会转变。甚至有的庙会宗教活动只是个缘由，庙会期间，以交易各种生产生活用品为主。前文中提到的骡马大会、小猪会、圪栏会、羊会等就是因交易某种固定物而形成的特殊庙会。同时，庙会为十里八村的乡民相聚一起，昼夜狂欢，提供了绝好的机会。民众看庙戏、玩杂耍，使多年苦闷压抑的心理得以缓释，并将对现实美好生活的追求和热爱尽情地释放。庙会的神圣性源自晋北民间信仰的文化土壤，而世俗性则更多是现实生存需求的本能反映。二者的交融正是社会转型发展的必然结果。

3. 形式的多样性

通常的庙会形式是许愿、还愿、交易物品、唱庙戏、玩社火。清末民初的忻、定、崞一带的庙会又增加了独具特色的摔跤比赛。三县境内，但凡有庙会，必然要搞摔跤挠羊赛。当地有俗谚"赶会不摔跤，瞧的人就少，唱戏又摔跤，十村八村都来看热闹"。摔跤比赛往往使庙会的人数猛增，既强身健体，又愉悦身心。由于境内十年九旱，庙会期间多有祈雨习俗，多村轮流主办的伏水会就是龙王信仰在地化的体现。而泼水习俗是晋北庙会独有的民俗事象，送瘟神、祛邪消灾的心理为晋北庙会增添新的活动形式。晋北庙会形式的多样性拓展了民众的公共生活空间，使庙会经久不衰，更具有生命力。

二　晋北庙会的当代价值

（一）增强社会的凝聚力

庙会的组织和参与者几乎涉及社会的各个阶层，庙会使民众越过血缘和地缘的界限一起涌向特定的时空，其中起关键作用的是共同的神灵信仰，以及对寂寞苦闷生活的离弃和对美好生活的向往。庙会期间乡民会拿出平时节省的吃食招待亲朋，嫁出去的女儿携子带夫要回到娘家，甚至平时永不走动的亲戚也走动开来。不仅同一村落不同宗姓之间加强了联系，而且村际之间的交往也日趋频繁。个体和个体之间原有的隔阂和矛盾也因庙会而消除和化解，庙会的聚合性功能由此可见一斑。现代社会由于生存空间的无限扩大，个体间的分散力十分明显，人们共同体意识有所淡化。充分利用传统庙会的聚合功能，增强社会的凝聚力和向心力。

（二）促进商贸市场的繁荣

庙市是出现于庙会节日的特殊市场，它是对传统集市的重要补充。庙会期间，随着大量祭祀人群的出现，大小商家（包括一些临时商人）一起涌向庙会举办地。出售的物品有生产工具、生活用品、各种小吃、各类玩具，以及民间工艺品等，"赶会"的人们会拿出平时的有限积蓄进行消费。传统社会，人们一年的购物需求基本上就是在庙会期间完成的。值得注意的是，有这样一个特殊群体，当地称为"赶场"人，他们一年四季活跃在庙会上，一个村赶完会立即又移到另一个村，不间断地穿梭于各村的庙会。由于庙会所卖物品的价格一般低于日常，人们皆乐于购买。除了钱物交换外，还有物物交换，庙市不仅满足了人们基本的生产生活需要，而且也促进了商贸市场的繁荣。当今政府正是认识到庙会的经济功能，加强对庙会的管理，特别是庙会商贸市场的管理，进而拉动地方经济的发展。

（三）有利于规范社会行为

教化民众是传统庙会的一大功能。人们信仰的神灵中有庇佑百姓的宗教神、俗神、自然神，有名臣清官，还有能工巧匠祖师等，在祭祀神灵的同时，也把神灵人格化作为学习的榜样。由于对神灵的敬畏，在一定程度上也规范着社会成员的言行，人们认为在神灵面前说脏话是对神灵的不敬，做恶事将会受到神灵的惩罚，尽管这些认识毫无科学依据，但人们却普遍这样认为，这就产生了一定的行为约束作用。而庙会上的各种戏剧表演，也都承载着教化和规范社会的职能。日常生活中有矛盾、有结怨的人们由于庙会的举办也相互忍着，庙会过后，彼此的怨气也就消减殆尽。庙会期间吵嘴打架、不遵守乡规民约的人数明显减少。在今天的精神文明建设中，应该发挥好传统庙会的这一作用。

（四）丰富民众的精神生活

传统社会，民众常年辛勤劳作，不堪重负，只有在庙会上才能放松身心。庙会上民众的各种自编自乐的表演，不仅使民族民间艺术得以传承，也使民众享受到了庙会特有的快乐。民众把庙会看作是一年中最为隆重的节日，富裕人家，还为孩子们准备过庙会的新衣服，贫穷人家也要拆洗被褥、清扫家室，准备接待"稀罕"亲戚，这一切带给人们的都是不尽的喜悦和念想。庙会的各种娱乐活动丰富了民众的精神生活。当今社会，各种文化下乡确实受到百姓的欢迎，给乡村社会带来新的气象，但如果一味地依赖文化下乡，而不注意挖掘当地优秀的传统文化艺术，乡村的文化建设任务将会持久性的艰巨。传统庙会的一些表演形式深受当地民众喜爱，我们要尊重民众的意愿和选择。只有民众乐于接受的娱乐方式，才能使民众真正享受到精神大餐。

三　晋北庙会的现实保护

庙会既有正功能和显功能，也有负功能和潜功能。庙会始终与封建迷信混杂。人们为了祈求神灵的庇护，从神灵那里获得更多的好处，不惜耗费大量人力、物力于各种烦琐的祭祀仪式，并将未来的希望寄托在神灵身上，忽视自身的努力，靠神恩赐。乐天安命，不思进取。因循守旧，不思创新。更有甚者利用庙会复兴，广建庙宇，耗费巨资，侵占农用耕地。还有人利用庙会期间巨大的人流量，聚众赌博，行凶闹事，一时间搞得社会乌烟瘴气。这些现象对社会已造成明显的不良影响。更何况随着城镇化进程的加快，传统庙会已面临现代性的裂变。如何进行保护，需要全社会的共同努力。

（一）政府引导

首先在认识层面上，引导民众充分认识优秀传统文化在现实社会中的作用，以及传统庙会在动员民众、聚合人心、活跃市场、休闲娱乐等功能。通过座谈会、宣传栏、新媒体等渠道让民众了解庙会的文化内涵、社会意义、功能符号。在此方面笔者认为各级政府尤其是基层政府应该和专家学者联合，对传统庙会的认识不能仅停留在一般的了解上，要深刻认识传统庙会的现代转型给人们带来的变化，以及人们应以积极的心态应对这种变化。其次在行为层面上，引导民众利用庙会，传承优秀的民俗民间文化，增强对乡土社会的认同感，聚合社会力量，建设美丽家园。引导民众利用庙会期间人员的集中优势发展商贸经济；利用庙会所在地的灵山秀水，发展旅游业；利用庙会集中进行的文艺展演，让民众心理得到欢愉。

（二）民间自觉

保护传统庙会，仅仅依靠政府的力量还远远不够，必须形成民间保护庙会的合力。民间要自觉传承优秀传统文化，自觉保护、发展传统庙会。将传统庙会的精华、民间俗信和封建迷信区分开来。自觉抵制庙会上的各种不良行为，如聚众赌博、酗酒斗殴等。庙会作为一种社会风俗，在千百年的发展进程中沉淀、凝结出自己特有的文化特性——感恩祈福、营造祥和，彰显人们对美好生活的期盼。庙会在促进商品交流、活跃民间文化、丰富民众生活等方面的作用十分明显。地方精英在庙会中要扮演好筹备、组织、管理、服务等各种角色，与民众一道传承庙会的优秀文化，充分挖掘庙会有利于现代化发展的因子，推动地方经济社会和文化的发展。

忻州各县的主要庙会

月份	庙会名称	时间	举办地	所在县	备注
正月	海潮庵庙会	初八	旧县城南门外东百步	河曲	
	弥佛洞庙会	初八	石城村背后的黄河绝壁	河曲	
	城关庙会	十三	城关	岢岚	
	灯营会	元宵节	城关	保德	
	马神庙会	元宵节	城关	代县	
	灯游会	元宵节	城关	河曲	
	元宵节会	元宵节	城关	繁峙	请戏班对台演出
	灯游会	元宵节	小偏头村南	偏关	主要活动于沿黄河一带的村庄：天峰坪、关河口、黑豆埝、梨园、小偏头等，以及城关、老营、窑头、大石洼等乡村
	焰火会	十六	青石村	定襄	
	龙灯会	二十	桥头	保德	
	东关古会	二十五	东关	保德	

续表

月份	庙会名称	时间	举办地	所在县	备注
二月	史家岗庙会	初二	史家岗	崞县	
	砂河庙会	初二	砂河	繁峙	
	古灯会	初二	县城	偏关	
	春龙会	初二	芳兰村	定襄	
	瘟神庙会	初九	吕令	忻县	
	西天和庙会	二月十五	西天和	五台	
	河口、石咀、大石庙会	十九	河口、石咀、大石	五台	
	观音阁庙会	十九	全县村镇	代县	普遍举行
	白衣殿庙会	十九	城北关河东岸	偏关	
	圪栏会	十九	砂河	繁峙	
	建安庙会	二十七	建安	五台	
三月	苏子坡、西雷庙会	初三		五台	
	北极佑圣真君庙会	初三	城关	代县	本县每年最盛大的一次古庙会
	柳杆会	初三	南兰台	定襄	
	东冶庙会	初八	东冶镇	五台	
	敬神会	初八	公主村	繁峙	
	关帝庙会	初十	县城南关	河曲	
	上庄庙会	十二	上庄	崞县	
	谢神会	十五	柏家庄、下永兴村	繁峙	
	钟楼寺庙会	十七	王家庄	崞县	由王家庄、安家庄、弓家庄、泥河等村轮流主办
	峨口庙会	十八	峨口	代县	
	城关庙会	十八	城关	繁峙	
	奶奶庙会	十八	城关、砂河、石佛寺	繁峙	

续表

月份	庙会名称	时间	举办地	所在县	备注
三月	普度寺庙会	十八	阳明堡	代县	
	郝庄庙会	十八	郝庄	崞县	
	子干庙会	十八	子干村	崞县	
	停子头庙会	十八	停子头	崞县	
	娘娘庙会	十八	丰润	静乐	
	都庄庙会	二十	都庄	崞县	
	东楼、董村、南曹张庙会	二十一	东楼、董村、南曹张	忻县	
	东冶庙会	二十一	东冶	五台	
	阎庄庙会	二十三	阎庄	崞县	
	白家庄庙会	二十三	白家庄	崞县	
	北殿庙会	二十七	云内口	忻县	
	季庄庙会	二十七	季庄	定襄	
	岱岳殿庙会	二十八	岱岳殿村	河曲	也称"天齐会"，为山区一大盛会
	小猪会	二十八	作头村	繁峙	
	南殿庙会	二十九	庄磨西北	忻县	
	东岳庙抢抱娃娃会	二十八	陈家梁	保德	
四月	漆郎会	初一	季庄	定襄	
	福田寺会	初一	系舟山南麓	忻县	由韩沟、岩峰、鸦儿坑、水峪、西张、韩岩、木芝、东张八村轮流主办
	碧霞圣母庙会	初四	金盘村	代县	
	独担山庙会	初四	独担山	忻县	城南10公里处
	寿宁寺会	初六	五峰山	崞县	
	土圣寺会	初七	水油沟	崞县	由串道、卫村、马港、南庄头、卫家庄、阎庄、大白水七村轮流主办
	浴佛会	初八	县城东陲雷轰尖山的白佛堂	定襄	

续表

月份	庙会名称	时间	举办地	所在县	备注
	寺沟、南寺庙古会	初八	南寺庙与寺沟	偏关	圣母节
	楼烦寺庙会	初八	茹岳	崞县	
	香山寺庙会	初八	辛家坪	河曲	
	花佛塔抱娃娃会	初八	杨家湾	保德	
	磁窑沟庙会	初八	磁窑沟	偏关	五年一会 俗称："小万人会"
	护宁寺庙会	初八	县城西二十五华里	偏关	
四月	赵武灵王庙会	初八	紫金山	代县	由赵家湾、韩家湾、探马石以及崞县上下长乐、刘家庄、白石等七村联合主办
	雷鸣寺会	初八	东寨	宁武	旧日在雷鸣寺处
	护城楼庙会	十四	县城	河曲	旧日五月初五
	三官庙会	十四	巡镇	河曲	俗称纯阳庙会
	奶奶庙会	十七	南北大常	崞县	南北大常轮流组织
	娘娘庙会	十八	阳方口	宁武	暖水湾娘娘庙
	东寺庙会	十八	东寺	宁武	
	二马营古会	十八	二马营	宁武	
	奶奶庙会	十八	大营	繁峙	
	阎郎殿抱娃娃会	十八	路家沟	保德	
	龙湾古会	二十八	龙湾	五台	蒋坊乡主办
五月	惠济寺会	初一	练家岗	崞县	
	城隍庙会	初一	城关	忻县	初一至初九
	端午节会	初五	县城、义井镇	神池	本县最大的古会
	娘娘滩庙会	初五	娘娘滩	河曲	
	玉皇阁庙会	初五	城北	河曲	现已改成四月十四庙会
	瘟神庙古会	初五	郭家滩	保德	
	火神庙会	初五	城关	代县	由城内钢、铁、银炉行业联办
	石洞宸古会	初五	迤西村	偏关	以游"溪洞流山"为主

续表

月份	庙会名称	时间	举办地	所在县	备注
	东秀庄	初五	东秀庄	五寨	
	太子寺庙会	初八	腰庄、东马坊二村之间	静乐	
	关帝庙会	初九	城关	忻县	初九至十三
	老爷磨刀会	十三	宏道	定襄	
	大虫岭古庙会	十三	大虫岭	偏关	关帝庙
	新堡灌沟寺庙会	十三	新堡	宁武	
	关帝庙会	十三	南关	河曲	50 年代终止
	关帝庙会	十三	城关	代县	
	关帝庙会	十三	城关	五寨	
	伏水会	初伏	河边	定襄	
五月	城隍庙古会	十五	城关	保德	
	黄堂庙会	十五	游邀	忻县	十五至十八
	兴国寺庙会	十七	城关	忻县	十七至十九
	五台城古会	十七	县城	五台	原为祭祀城隍爷
	北斗庙会	十八	城西	代县	
	定河台驴祠庙会	十八	定河村	宁武	
	云空寺庙会	十八	白龙殿村	偏关	
	龙王庙会	十九	董村	忻县	十九至二十二
	虎鼻村会	十九	虎鼻村	神池	
	线娘娘会	二十	神山	崞县	
	帝君庙古会	二十五	大黄坡	保德	
	三岔古会	二十五	三岔镇	五寨	二十三至二十七
	黄堂庙会	二十六	令归	忻县	二十六至二十九
	韩家楼庙会	二十六	韩家楼	五寨	
六月	县城庙会	初一	城关	繁峙	
	佰强庙会	初一	佰强	繁峙	
	大营镇庙会	初一	大营	繁峙	
	刘家梁会	初三	刘家梁	崞县	
	城关庙会	初三	城关	保德	
	东关庙会	初六	东关	岢岚	

月份	庙会名称	时间	举办地	所在县	备注
六月	八角镇庙会	初六	八角镇	神池	
	龙王庙会	初六	东关	保德	
	麻个村会	初六	麻个村	忻县	
	婆娑庙会	初六	婆娑	静乐	
	骆驼山古会	初六	骆驼山	偏关	
	张裕庙会	初六		偏关	
	张仙庙会	初八	东关	代县	
	丰润庙会	初九	丰润村	静乐	
	曹家村庙会	初九	曹家村	偏关	
	大庙山古会	十一	曹家村	偏关	奶奶庙
	赵武灵王庙会	十二	赵村	代县	
	泰山庙会	十三	崞阳城	崞县	
	马营海古会	十五	马营海	宁武	
	关帝庙古会	十五	康家滩	保德	
	天柱山庙会	十五	城关	静乐	
	峨岭庙会	十五	五台县的大柏、小柏及代县康角沟三村联办	五台	原为祭祀玉皇大帝
	燕山寺庙会	十五	燕家村	岢岚	
	老营和长安镇古会	十八	老营、长安镇	偏关	
	山寨古会	十八	山寨	宁武	
	杏岭子、大武州庙会	十八	杏岭子、大武州	五寨	
	大郎庙会	十八	赤泥洼	静乐	
	云空寺庙会	十九	白龙殿村	偏关	
	白衣殿庙会	十九	关河东岸	偏关	
	太子庙会	二十	城东赤土沟	代县	
	黄松沟洞洼庙会	二十四	黄松沟	宁武	
	悬空寺古会	二十四	烈堡村	神池	
	明灯山古会	二十五	明灯山	偏关	龙王庙
	莲花会	二十六	中霍	定襄	
	宁化古会	二十八	宁化	宁武	

月份	庙会名称	时间	举办地	所在县	备注
七月	捞儿会	初一	留晖	定襄	
	赵杲观庙会	初一	中解	代县	
	净居寺庙会	初二	丰润	静乐	
	河神庙古会	初二	马家滩	保德	
	金洞寺庙会	初二	西呼延村1公里的龙门山脚下	忻县	东、西呼延和西沟三村筹资主办
	香纸会	初七	神山	定襄	
	文殊庙会	十三	西南贾	崞县	
	河神庙会	十五	县城西门外	河曲	
	孤魂滩会	十五	孤魂滩	河曲	
	迎神赛社会	十五		代县	由潘家庄、上曲、阳阁三村联办
	挠羊会	十八	北林木	定襄	
	七月二十二古会	二十二	原平城	崞县	龙王庙会
	龙泉寺庙会	二十四	邵家寨	崞县	
	西瓜会	二十五	五花城堡	河曲	
八月	秋报龙神庙会	初二	阳明堡、中解	代县	
	秋报龙神庙会	初八	口子村	代县	
	关帝庙会	十五	县城南关	河曲	50年代终止
	城关会		城关	宁武	九月初为交流会
	重阳节庙会	初九	镇西卫	五寨	
	吕祖庙会	十四	窑洼	保德	
	韩家楼庙会	十五	韩家楼	五寨	
九月	万人会		白衣殿	偏关	始于1601年 每十年一次
十月	羊会	十日	蒋村	定襄	交易以羊为大宗
十二月	雪山会	初八	峨口	代县	

田野调查提纲和图片

1. 庙会的名称、举办的具体时间和地点？

2. 庙会的规模（人数、活动范围等）？

3. 庙会的分布和类型？

4. 庙会的组织者（构成、身份、地位）？

5. 庙会的参加者（本村、周围村子、本地、外地、本省、外省）？

6. 庙会参加者的性别结构、年龄结构？

7. 庙会的经费（来源、使用、管理），以及捐款者的基本情况？

8. 本地庙会是否具有典型性？周围是否有同类型的庙会存在？其分布状况？

9. 围绕庙会的传说？

10. 庙会是一村主办，还是多村轮流主办？

11. 寺庙修建的时间，有无建庙和修庙的碑刻？如有，请抄录之。

12. 一个村落，有多少寺庙，分别建在村子的什么位置？都举办庙会吗？

13. 你所调查的村落寺庙，与周边村落寺庙有无关系？是什么关系？庙会期间有无互动？

14. 寺庙平时如何管理？有住庙人或僧人吗？他们如何生活？经济收入的主要来源是什么？庙会期间的收入与他们的收入有无关系？

15. 寺庙田产的基本情况、管理及其收入与庙会有什么关系？

16. 特定的区域内（如山、河等）有哪些寺庙？这些寺庙之间有无关系？举办庙会时相互之间有无互动的祭祀活动、与村落之间有无互动？

17. 女性有无参与庙会的组织工作？

18. 庙会举办时间与寺庙诸神之间有什么关系？

19. 庙会的活动内容（按时间顺序列出庙会从筹备到结束的全部过程）？

20. 传统庙会活动是否受到外来宗教及其信徒的影响？结果如何？

21. 庙会所在地的海拔高度（平川或山区）？

22. 庙会所在地的气候条件？

23. 庙会所在地的山脉、河流？

24. 清末民初庙会所在地自然环境较前有何变化？

25. 庙会的举办对当地自然环境起了积极作用？还是消极作用？具体说明之。

26. 政府对举办庙会的态度？

27. 社会各阶层对举办庙会的态度？

28. 庙会所在地社会是否安定？有无战乱？

29. 清末民初人们受教育程度、文化素养？

30. 清末民初民众的生活状况（较前社会各阶层的收入和消费情况）？

31. 政策与制度层面对庙会的影响？

32. 约定俗成的乡规民约对庙会的影响？

33. 男女性别差异在庙会上有何体现？

34. 庙会上祭祀的神灵类型？

35. 是单祀庙会，还是多祀庙会（即寺庙里供奉的是单个神灵，还是多个神灵）？

36. 在祭祀对象中有无主次之分？

37. 人们对神灵的整体崇拜程度，以及最崇拜的是什么神灵？

38. 什么时候崇拜什么神灵？

39. 人们对神灵的崇拜是否与农事、战乱有关？关系如何？

40. 各种神灵的功能？是否随时发生变化？

41. 一神一能，还是一神多能？

42. 寺庙中的神灵塑像是否具有不同民族的特色？

43. 庙会上的法事活动怎样进行？

44. 法事活动的组织者是什么人？

45. 法事活动的参与者的身份、地位、人数？

46. 祭祀物品有哪些？怎样祭祀（家族、家庭、个人）？

47. 祭祀物品的来源？

48. 祭祀活动怎么许愿？许什么愿？怎么还愿？有无还愿的实物（如碑文）？

49. 祭祀人群中的性别和年龄问题？

50. 善男信女在庙会期间祭祀神灵时求神保佑的内容？

51. 庙会期间香火钱收入情况如何？寺庙中主要神堂各自收入情况？

52. 庙会期间的祭祀活动与日常祭祀有什么区别？民众怎样看待这一问题？

53. 有无香会等祭祀组织？

54. 庙会中祭祀的神灵与佛教、道教或其他宗教有何关系？

55. 庙会期间的商铺、数量、商品类型、收益？

56. 庙会期间的消费人群（年龄、性别、本村、外村、本地、外地、本省、外省）？

57. 庙会期间各阶层的消费状况，以及与平时消费有何不同？

58. 庙会兴盛和衰落与地方经济的关系？

59. 庙会期间固定商铺和流动商铺在管理、经营的商品种类和效益等方面的区别？

60. 清末民初庙会的经济活动较前有何变化？

61. 庙会期间的经济活动对社会造成的影响？

62. 庙会分布与区域商业集镇？

63. 庙会的商贸活动对区域商业集镇的影响？

64. 庙会与日常的农事活动有冲突吗？为什么？

65. 庙会期间，本村居民与外地人参与哪些商业活动？各自的收入如何？

66. 寺庙经济对庙会的举办有何影响？庙会的举办是否促进了寺庙经济的增长？

67. 庙会期间有何娱乐活动？由谁组织？参与人群（性别、年龄、文化程度、地缘关系、人数）？

68. 外地杂耍游乐主要来自何地？

69. 庙戏的剧种、剧目各是什么？观看庙戏的人群特征？

70. 庙戏对人们有何教育意义？

71. 各阶层（包括学生）参与庙会娱乐活动的方式？

72. 娱乐活动是否收费？怎样管理？

73. 庙会期间娱乐活动是否反映宗教的世俗化现象？有何反映？

74. 庙会与家族、家庭关系？

75. 庙会与人际关系（朋友型、爱情型、亲情型、权利之人际关系、贸易之人际关系）？

76. 庙会与村际关系、省际关系？

77. 庙会期间打架斗殴现象是否减少，或者说民风是否好转？

78. 庙会是否增强了社会凝聚力和社会认同感？

79. 庙会上的民俗事象？

80. 庙会对民俗文化圈形成的影响？

81. 庙会中的陋俗？

82. 庙会与当地的文化水准有无关系？

83. 庙会怎样影响当地的教育？

84. 庙会怎样传承当地的文化？

85. 庙会怎样影响人们的价值观（生死观、婚姻观、劳动观、政治观、消费观和审美观等）？

86. 庙会是否影响当地的建筑风格？

87. 庙会是否增强了人们的文化认同感？

88. 庙会怎样固化精英者的社会地位？

89. 庙会怎样促使官、民的互动？

90. 庙会怎样调整传统的经济结构？

91. 庙会怎样影响传统消费观念的改变？

92. 庙会与文化结构的运行？

93. 庙会怎样体现传统与现代的并存？

94. 庙会怎样影响人们意识观念形态的变化？

田野调查图片

定襄小南邢调研

忻府区金洞寺调研

原平土圣寺调研

原平魏家庄虸蚄殿调研

参考文献

一　著作

1. 《马克思恩格斯选集》，人民出版社 1971 年版。

2. 《列宁全集》，人民出版社 1996 年版。

3. 高有鹏：《庙会与中国文化》，人民出版社 2008 年版。

4. 高有鹏：《中国庙会文化》，上海文艺出版社 1999 年版。

5. 高有鹏：《民间庙会》，海燕出版社 1997 年版。

6. 曹荣、华智亚：《民间庙会》，中国社会出版社 2006 年版。

7. 高有鹏：《沉重的祭奠：中原古庙会文化分析》，河南大学出版社 2000 年版。

8. 高占祥：《论庙会文化》，文化艺术出版社 1992 年版。

9. 赵世瑜：《狂欢与日常——明清以来的庙会与民间社会》，生活·读书·新知三联书店 2002 年版。

10. 甘满堂：《村庙与公共社区公共生活》，社会科学文献出版社 2007 年版。

11. 梁肇堂：《山西庙会》，山西经济出版社 2001 年版。

12. 魏阳竹等：《庙会：传承新志》，中央民族大学出版社 2013 年版。

13. 张汉林：《中国庙会大观》，工商出版社 1995 年版。

14. 段玉明：《中国寺庙文化论》，上海人民出版社 1999 年版。

15. 顾颉刚：《妙峰山》，上海文艺出版社 1988 年版。

16. 刘锡诚：《妙峰山：世纪之交的中国民俗流变》，中国城市出版社 1996 年版。

17. 宋孟寅等：《庙会文化研究论文集》，甘肃人民出版社 1994 年版。

18. 刘慧：《泰山庙会》，山东教育出版社 1999 年版。

19. ［法］劳格文：《赣南地区的庙会与宗族》，国际客家协会、海外华人协会、法国远东学院 1997 年版。

20. ［法］劳格文、科大卫编：《中国乡村与墟镇神圣空间的建构》，社会科学文献出版社 2014 年版。

21. 王兆祥：《中国古代庙会》，台湾商务印书馆 1998 年版。

22. 朱小田：《吴地庙会》，南京大学出版社 1994 年版。

23. 朱小田：《在神圣与凡俗间：江南庙会论考》，人民出版社 2002 年版。

24. 金泽：《中国民间信仰》，浙江教育出版社 1990 年版。

25. 乌丙安：《中国民间信仰》，上海人民出版社 1996 年版。

26. 乌丙安：《中国民间神谱》，辽宁人民出版社 2007 年版。

27. 马书田：《中国民间诸神》，团结出版社 1997 年版。

28. 赵世瑜：《信仰的坐标：中国民间诸神》，海南出版社 1993 年版。

29. 宋兆麟：《巫与民间信仰》，中国华侨出版公司 1990 年版。

30. 高丙中：《中国民俗概论》，北京大学出版社 2009 年版。

31. 钟敬文：《民俗学概论》，文艺出版社 2005 年版。

32. 罗曲：《民俗学概论》，中国社会科学出版社 2010 年版。

33. 钟敬文：《钟敬文学术论著自选集》，首都师范大学出版社 1994 年版。

34. 乔润令：《山西民俗与山西人》，中国城市出版社 1995 年版。

35. 郑振满、陈春声：《民间信仰与社会空间》，福建人民出版社 2001 年版。

36. 岳永逸：《灵验·磕头·传说：民众信仰的阴面与阳面》，生活·读书·新知三联书店 2010 年版。

37. 岳永逸：《行好：乡土的逻辑与庙会》，浙江大学出版社 2014 年版。

38. 侯杰、范丽珠：《世俗与神圣：中国民众宗教意识》，天津人民出版社 2001 年版。

39. ［日］滨岛敦俊：《总管信仰——近世江南农村社会与民间信仰》，研文出版 2001 年版。

40. ［英］王斯福：《帝国的隐喻：中国民间宗教》，赵旭东译，江苏人民出版社 2009 年版。

41. ［英］马林诺夫斯基：《文化论》，费孝通译，华夏出版社 2002 年版。

42. 王铭铭、王斯福：《乡土社会的秩序、公正与权威》，中国政法大学出版 1997 年版。

43. 王铭铭：《走在乡土上——历史人类学札记》，中国人民大学出版社 2003 年版。

44. 王铭铭：《社会人类学与中国研究》，生活·读书·新知三联书店 1997 年版。

45. 郭于华：《仪式与社会变迁》，社会科学文献出版社 2000 年版。

46. 刘晓春：《仪式与象征的秩序》，商务印书馆 2003 年版。

47. 费孝通：《乡土中国与乡土重建》，风云时代出版公司 1993 年版。

48. 费孝通：《江村经济——中国农民的生活》，商务印书馆 2005 年版。

49. 费孝通：《美国与美国人》，生活·读书·新知三联书店 1985 年版。

50. 王铭铭：《村落视野中的文化与权力——闽台三村五论》，生活·读书·新知三联书店 1997 年版。

51. ［美］杜赞奇：《文化、权力与国家：1900—1942 年华北农村》，王福明译，江苏人民出版社 2010 年版。

52. ［罗马尼亚］米尔恰·伊尼亚德：《神圣与世俗》，王建光译，华夏出版社 2002 年版。

53. 王晓丽：《中国民间的生育信仰》，社会科学文献出版社 1999 年版。

54. 马书田：《中国人的神灵世界》，九州出版社 2001 年版。

55. 张岂之：《中国思想史》，西北大学出版社 2001 年版。

56. 董晓萍：《田野民俗志》，北京师范大学出版社 2003 年版。

57. 杨庆堃：《中国社会中的宗教：宗教的现代社会功能与其历史因素之研究》，范丽珠译，上海人民出版社 2007 年版。

58. 冯俊杰：《戏剧与考古》，文化艺术出版社 2002 年版。

59. 刘德龙主编：《民间俗信与科学文化》，山东教育出版社 2002 年版。

60. 顾希佳：《祭坛古歌与中国文化》，上海人民出版社 2001 年版。

61. 仲富兰：《中国民俗文化学导论》，浙江人民出版社 1998 年版。

62. ［美］基辛：《当代文化人类学概要》，浙江人民出版社 1986 年版。

63. 张建新主编：《定襄民俗文化志》，中国文史出版社 2006 年版。

64. 陈秉荣：《保德民俗》，三晋出版社 2011 年版。

65. 政协保德县委员会编：《保德名胜》，三晋出版社 2010 年版。

66. 刘喜才编：《河曲民俗》，中国文联出版社 2008 年版。

67. 山西旅游景区志丛书编委会：《五台山志》，山西人民出版社 2003 年版。

68. 陈秉荣：《林涛遗俗》，三晋出版社 2008 年版。

69. 崔峥岭：《偏关民俗文化》，山西人民出版社 2009 年版。

70. 薛艺兵：《神圣的娱乐：中国民间祭祀仪式及其音乐的人类学研究》，宗教文化出版社 2003 版。

71. 费孝通：《美国与中国》，生活·读书·新知三联书店 1985 年版。

72. ［法］爱弥尔·涂尔干：《宗教生活的基本形式》，渠东、汲喆译，上海人民出版社 1999 年版。

73. ［美］乔治·桑塔亚纳：《宗教中的理性》，北京大学出版社 2008 年版。

74. ［德］韦伯：《儒教与道教》，洪天富译，江苏人民出版社 1995 年版。

75. 郑立柱：《华北抗日根据地农民精神生活研究》，人民出版社 2014 年版。

76. ［美］加德纳·墨非等：《近代心理学历史导引》，林方等译，商务印书馆 1980 年版。

77. 《华北学研究丛书》编委会：《齐一丁纪念文集》，电子工业出版社 2004 年版。

78. ［英］马林诺夫斯基：《文化论》，费孝通译，华夏出版社 2002 年版。

79. 冯和法：《中国农村经济资料续编》，上海黎明书店 1935 年版。

80. 政协忻府区委员会编印：《忻州古城史话》，内部资料。

81. 张鸣：《乡土心路八十年》，上海三联书店 1997 年版。

82. 郑起东：《转型期的华北农村社会》，上海书店出版社 2004 年版。

83. 叶圣陶：《倪焕之》，人民文学出版社 1982 年版。

84. ［美］明恩溥：《中国乡村生活》，午晴、唐军译，时事出版社 1998 年版。

85. ［美］克利福德·格尔茨：《文化的解释》，韩莉译，译林出版社 1999 年版。

86. 陶思炎：《应用民俗学》，江苏教育出版社 2001 年版。

87. 仲富兰：《现代民俗流变》，上海三联书店 1990 年版。

88. 蔡秀清、钱永平等：《社火·社戏从娱乐神到娱乐人的智慧》，中央民族大学出版社 2008 年版。

89. 李银河：《生育与村落文化》，中国社会科学出版社 1994 年版。

90. 夏建中：《文化人类学理论学派》，中国人民大学出版社 1997 年版。

91. 魏阳竹等：《庙会：传承新态》，中央民族大学出版社 2013 年版。

92. 郑起东：《转型期的华北农村社会》，上海书店出版社 2004 年版。

93. ［德］约瑟夫·皮珀：《闲暇：文化的基础》，刘森尧译，新星出版社 2005 年版。

94. 刘侗、于奕正：《帝京景物略》，上海古籍出版社 2001 年版。

95. 郑杭生：《社会学概论新修》，中国人民大学出版社 2003 年版。

96. 张敦福：《现代社会学教程》（第二版），高等教育出版社 2009 年版。

97. 李长莉、左玉河：《近代中国社会与民间文化》，社会科学文献出版社 2007 年版。

98. 段建宏：《戏台与社会——明清山西戏台研究》，中国社会科学出版社 2009 年版。

99. 徐杰舜、周建新：《人类学与当代社会》，黑龙江人民出版社 2003 年版。

100. 沈长云：《赵国史稿》，中华书局 2000 年版。

101. 续俊谦、石效忠主编：《七岩山传》，定襄文化研究会，2001 年。

102. 田昌安：《忻州集镇概览》，山西经济出版社 2006 年版。

103. 顾颉刚：《苏州史志资料笔记》，江苏古籍出版社 1987 年版。

104. （汉）赵岐：《十三经注疏》，北京大学出版社 1999 年版。

105. （北魏）郦道元：《水经注》，华夏出版社 2011 年版。

106. （清）徐松辑：《宋会要辑稿》，中华书局 1957 年影印版。

107. 《中国地方志集成·山西府县志辑》，凤凰出版社 2005 年版。

108. 山西省忻州市政协文史资料委员会：《忻州文史资料》，内部资料，2009 年。

109. 薛麦喜：《黄河文化丛书·民俗卷》，陕西人民出版社 2001 年版。

110. 丁世良、赵放：《中国地方志民俗资料汇编·华北卷》，书目文献出版社 1989 年版。

111. 承载：《春秋谷梁传译注》，上海古籍出版社 2004 年版。

二 论文

1. 小田：《"庙会"界说》，《史学月刊》2000 年第 3 期。

2. 小田：《近代江南庙会经济管窥》，《中国经济史研究》1997 年第 2 期。

3. 小田：《近代江南庙会与农家经济生活》，《中国农史》2002 年第 2 期。

4. 小田：《民间记忆方式与社群关系的成长——以一个江南乡村庙会为例案的跨学科考察》，《史学理论研究》2003 年第 4 期。

5. 小田：《庙会仪式与社群记忆——以江南一个村落联合体庙会为中心》，《文化研究》2003 年第 3 期。

6. 赵世瑜：《明清时期华北庙会研究》，《历史研究》1992 年第 5 期。

7. 赵世瑜：《明清时期中国民间寺庙文化初识》，《北京师范大学学报》（社会科学版）1990 年第 4 期。

8. 赵世瑜：《明清华北的社与社火——关于地缘组织、仪式表演以及二者的关系》，《中国史研究》1999 年第 3 期。

9. 赵世瑜：《中国传统庙会中的狂欢精神》，《中国社会科学》1996 年第 1 期。

10. 赵世瑜：《明清时期江南庙会与华北庙会的几点比较》，《史学集刊》1995 年第 1 期。

11. 赵世瑜：《庙会与明清以来的城乡关系》，《清史研究》1997 年第 4 期。

12. 刘铁梁：《村落——民俗传承的生活空间》，《北京师范大学学报》（社会科学版）1996 年第 6 期。

13. 刘铁梁：《村落集体仪式性文艺表演活动与村民的社会组织观念》，《北京师范大学学报》1995 年第 6 期。

14. 刘铁梁：《作为公共生活的乡村庙会》，《民间文化》2001 年第 1 期。

15. 岳永逸、王雅宏：《掺乎、神圣与世俗：庙会中物的流转与辩证法》，《世界宗教文化》2015 年第 3 期。

16. 岳永逸：《乡村庙会传说与村落生活》，《宁夏科学》2003 年第 4 期。

17. 岳永逸：《传说、庙会与地方社会的互构——对河北 C 村娘娘庙会的民俗志研究》，《思想战线》2005 年第 3 期。

18. 岳永逸：《村落生活中的庙会传说》，《文化研究》2003 年第 2 期。

19. 岳永逸：《传统民间文化与新农村建设——以华北梨区庙会为例》，《社会》2008 年第 6 期。

20. 岳永逸：《革"弊"? 中国人神敬拜的礼俗辩证》，《民俗研究》2016 年第 4 期。

21. 赵倩、岳永逸：《华北三皇姑的传说体系与层累生成》，《民俗研究》2014 年第 6 期。

22. 王学文、岳永逸：《嬗变的醮会：河北赵县豆腐庄皇醮会调查报告》，《民俗研究》2009 年第 1 期。

23. 岳永逸：《磕头的平等：生活层面的祖师爷信仰——兼论作为主观感受的民俗学》，《中国农业大学学报》2008 年第 3 期。

24. 岳永逸：《宗教、文化与功利主义：中国乡土庙会的学界图景》，《云南师范大学学报》（哲学社会科学版）2015 年第 2 期。

25. 岳永逸：《庙会》，《民间文化论坛》2015 年第 6 期。

26. 岳永逸：《家中过会——中国民众信仰的生活化特质》，《开放时代》2008 年第 1 期。

27. 习五一：《近代北京庙会文化演变轨迹》，《近代史研究》1998 年第 1 期。

28. 郭松义：《论明清时期的关羽崇拜》，《中国史研究》1990 年第 3 期。

29. 赵旭东：《中心的消解：一个华北乡村庙会中的平权与等级》，《社会科学》2006 年第 6 期。

30. 李刚、郑中云：《明清陕西庙会经济初探》，《西北大学学报》2001 年第 2 期。

31. 李富华、陈纪昌：《明清以来雁北地区主要庙会综述》，《晋阳学刊》2007 年第 3 期。

32. 孙云峻：《济阳求子习俗》，《民俗研究》1991 年第 3 期。

33. 岳谦厚、郝征春：《传统庙会与乡民休闲——以明清以来山西庙会为中心的考察》，《山西大学学报》2009 年第 1 期。

34. 谢永栋：《近代华北庙会与乡村社会精神生活——以山西平鲁为个例》，《史林》2008 年第 6 期。

35. 谢永栋、何建国：《近代华北庙会与乡村民众的社会交往——以山西平鲁大河堡村为中心的考察》，《兰州学刊》2010 年第 3 期。

36. 陈春声：《正统性、地方化与文化的创制——潮州民间神信仰的象征与历史意义》，《史学月刊》2000 年第 1 期。

37. ［美］韩书瑞：《北京妙峰山进香之旅：宗教组织与圣地》，《民俗学研究》2003 年第 1 期。

38. 王守恩：《山西乡村社会的村际神亲与交往》，《世界宗教研究》2012 年第 3 期。

39. 袁爱国：《泰山东岳庙会考识》，《民俗研究》1988 年第 4 期。

40. 罗明成：《妙峰山香会的世俗价值》，《民俗研究》1996 年第 2 期。

41. 吴效群：《妙峰山：北京的香会组织及其政治活动》，《民俗研究》1998 年第 2 期。

42. 吴效群：《北京妙峰山碧霞元君信仰研究》，《民俗研究》2002 年第 3 期。

43. 刘晓春：《非狂欢的庙会》，《民俗研究》2003 年第 1 期。

44. 吉发涵：《庙会的由来及其发展演变》，《民俗研究》1994 年第 1 期。

45. 张士闪、张佳：《"常"与"非常"：一个鲁中村落的信仰秩序》，《民俗研究》2009 年第 3 期。

46. 张士闪：《村庙：村落叙事凝结与村际关系建构——冀南广宗县白刘庄、夏家庄考察》，《思想战线》2013 年第 3 期。

47. 乔南：《浅析清代山西农村集市及庙会》，《山西财经大学学报》2008 年第 3 期。

48. 谢永栋：《近代华北庙会与乡村社会精神生活——以山西平鲁为个案》，《史林》2008 年第 6 期。

49. 刘晓静、马知遥：《城市化进程中文化遗产的稳态维持及变动》，《东岳论丛》2013 年第 4 期。

50. 刘扬：《近代东北民众日常生活与寺庙文化》，《文化学刊》2009 年第 5 期。

51. 王建光：《张力与裂变：地方性视野中的庙会文化及其转型》，《华南农业大学学报》2011 年第 3 期。

52. 赵旭东：《以国家名义重新书写乡村文化：以河北两庙会为例》，《河南社会科学》2009 年第 6 期。

53. 丁德超：《近代时期豫西北农村庙会市场研究》，《古今农业》2008 年第 2 期。

54. 吴孟显：《清至民国晋南庙会市场研究》，《山西师大学报》2008 年第 3 期。

55. 周雪松：《茜草峪柳沟寺庙会的个案调查——关于村落民间信仰研究》，《理论前沿》2013 年第 10 期。

56. 秦燕、郝保权：《社会转型时期西部农村的庙会组织——以陕北地区为例》，《北方民族大学学报》2009 年第 2 期。

57. 赵新平：《新时期山西乡村庙会探微——以忻州地区为例》，《山西师大学报》2010 年第 2 期。

58. 赵新平、王忠：《清末民初晋北庙会对乡村经济社会的影响——以河曲树儿梁、山庄头等四村为例》，《忻州师范学院学报》2013 年第 2 期。

59. 赵新平：《庙会与乡村经济发展——以晋北大白水村为例》，《晋阳学刊》2009 年第 3 期。

60. 蔡丰明：《城市庙会：人性本质的释放与张扬》，《学术月刊》2011 年第 6 期。

61. 刘丽、韩向明：《山西南中北风俗与区域性差异》，《晋阳学刊》2000 年第 3 期。

62. 苑利：《华北地区祈雨仪式中的男性社会组织》，《西北民族研究》2003 年第 3 期。

63. 行龙、张万寿：《近代山西集市数量、分布及其变迁》，《中国经济史研究》2004 年第 2 期。

64. 高长江：《民间信仰：和谐社会的文化资本》，《世界宗教研究》2010 年第 3 期。

65. 李永菊：《庙会的文化功能分析》，《湖北社会主义学院学报》2003 年第 6 期。

66. 华智亚：《地方政府与乡村庙会——以河北省为中心的考察》，《民俗研究》2012 年第 5 期。

67. 高有鹏、孟芳：《简论庙会文化的基本功能与基本特征》，《河南师范大学学报》1995 年第 6 期。

68. 施之华：《傣族泼水节探析》，《民族艺术研究》1994 年第 1 期。

69. 金毅：《民族节日的深层文化结构探微》，《广东民族学院学报》（社会科学版）1988 年第 2 期。

70. 张荣华：《功利主义在中国的历史命运》，《复旦学报》（社会科学版）1987 年第 6 期。

71. 王汉生：《改革以来中国农村的工业化与农村精英构成的变化》，《中国社会科学季刊》1994 年秋季号。

72. 贺雪峰：《村庄精英与社区记忆：理解村庄性质的二维框架》，《社会科学辑刊》2000 年第 4 期。

73. 孙立平：《改革前后中国大陆国家、民间统治精英及民众间互动关系的演变》，《中国社会科学季刊》1994 年第 3 期。

74. 聂凤峻、刘俊杰：《因势利导，发挥现代庙会的积极作用》，《民俗研究》1994 年第 1 期。

75. 崔蕴华：《从娱神到娱人——北京节令庙会与说唱艺术关系研究》，《中国政法大学学报》2009 年第 4 期。

76. 侯杰、李净昉：《天后信仰与地方社会秩序的建构——以天津皇会为中心的考察》，《历史教学》2005 年第 3 期。

77. 赵英兰、贾小壮：《民国时期信仰态势嬗变之缘由》，《社会科学战线》2015 年第 2 期。

78. 张祝平：《论乡村传统民间仪式的当代再造》，《西北民族大学学报》2014 年第 4 期。

79. 耿敬：《"庙产兴学"运动及佛教界的回应》，《五台山研究》2003 年第 2 期。

80. 刘志琴：《礼俗文化的再研究》，《史学理论研究》2005 年第 1 期。

81. 李慧伟：《中国传统礼俗文化及其在近代的变迁》，《贵州文史丛刊》2009 年第 2 期。

82. C. Fred Blake、冉凡：《纸钱的符号学研究》，《广西民族大学学报》（哲学社会科学版）2005 年第 5 期。

83. 朱炳祥：《村治权力与仪式变迁——以周城白族火把节为例对国家与社会关系的微观考察》，《人类学与当代中国社会—人类学高级论坛会议论文集》2002 年 5 月 13 日。

84. 谢永栋：《清代至民国山西平鲁的庙会与乡村社会》，硕士学位论文，山西大学，2007年。

85. 刘霞：《明清时期山东庙会研究》，硕士学位论文，山东师范大学，2006年。

86. 李燕：《江南的民间庙会与村落生活——以浙江省金华市岭下朱观音庙会为个案》，硕士学位论文，浙江师范大学，2009年。

87. 辛灵美：《民间信仰与村落生活研究——以井塘村的香社组织为例》，硕士学位论文，山东大学，2005年。

88. 张月琴：《清末民初大同北部堡寨聚落的民间信仰》，硕士学位论文，山西大学，2008年。

89. 王丹：《许真君信仰的祭祀圈与信仰圈》，硕士学位论文，中南民族大学，2011年。

90. 王海霞：《晋北古村镇佛教信仰与民众生活研究》，硕士学位论文，山西大学，2012年。

91. 王雨：《伍元龙信仰与村落生活研究——以江头村为例》，硕士学位论文，广西师范大学，2007年。

92. 曹珊珊：《民间信仰与地方社会——以山东鄄城信义大庙为中心的调查研究》，硕士学位论文，山东大学，2010年。

93. 林献忠：《赵国发展战略研究》，硕士学位论文，华中师范大学，2007年。

94. 杨新新：《中国与缅甸泼水节习俗比较研究》，硕士学位论文，云南大学，2011年。

95. 张春燕：《传统与现代——民族旅游业开发中的泼水节》，硕士学位论文，中央民族大学，2009年。

96. 王新民：《民间信仰与民众生活研究——以陕西岐山的田野调查为例》，博士学位论文，中央民族大学，2011年。

97. 奂平清：《华北乡村集市变迁与社会结构转型——以定州的实地研究为例》，博士学位论文，中国人民大学，2005年。

三 地方志、碑文

1.（光绪）郑继修等修，邢澍田纂：《定襄县补志》，光绪六年刻本。

2.（乾隆）魏元枢、周景桂纂修：《宁武府志》，乾隆十五年刻本。

3.（咸丰）常文遴、阿克达春纂修：《续宁武府志》，咸丰七年刻本。

4.（康熙）王克昌修，殷梦高纂：《保德州志》，康熙四十九年刻本。

5.（乾隆）王克昌原本，王秉韬续纂修：《保德州志》，乾隆五十年刻本。

6.（光绪）吴光熊修，史文炳纂：《岢岚州志》，光绪十年刻本。

7.（康熙）何显祖修，袁锵珩纂：《岢岚州志》，康熙十一年刻本。

8.（同治）金福增修，张兆魁、金钟彦纂：《河曲县志》，同治十一年刻本。

9.（康熙）周三进纂修：《五台县志》，康熙二十六年刻本。

10.（光绪）徐继畲纂修，孙汝明、王步墀续修，杨笃续纂：《五台新志》，光绪九年续修刻本。

11.（乾隆）邵丰鍨、顾弼修，贾瀛纂：《崞县志》，乾隆二十五年刻本。

12.（光绪）赵冠卿、龙朝言修，潘肯堂纂：《续修崞县志》，光绪八年刻本。

13.（乾隆）方应清、吴重光纂修：《代州志》。

14.（光绪）俞廉三修，杨笃纂：《代州志》，光绪八年刻本。

15.（道光）吴其均纂修：《繁峙县志》，道光十六年刻本。

16（光绪）何才价修，杨笃纂：《繁峙县志》，光绪七年刻本。

17.（雍正）王时炯原本，王会隆续纂修：《定襄县志》，雍正五年增补本。

18.（光绪）崔长清等修，谷如墉纂：《神池县志》，光绪六年修，民国抄本。

19.（乾隆）周人龙原本，窦谷邃增订：《忻州志》，乾隆十二年刻本。

20.（光绪）方戊昌修，方渊如纂：《忻州志》，光绪六年刻本。

21.《五台山志》，山西人民出版社 2003 年版。

22.《宁武县志》，中华书局 2013 年版。

23.《宁武县志》，宁武县印刷厂印，1985 年。

24.《神池县志》，中华书局 1999 年版。

25.《繁峙县志》，今日中国出版社 1995 年版。

26.《原平县志》，中国科学技术出版社 1991 年版。

27.《河曲县志》，山西人民出版社 1989 年版。

28.《河曲县志》，中华书局 2013 年版。

29. 《五台县志》，山西人民出版社 1988 年版。

30. 《静乐县志》，红旗出版社 2000 年版。

31. 《五寨县志》，人民日报出版社 1992 年版。

32. 《忻县志》，中国科学技术出版社 1993 年版。

33. 《岢岚县志》，山西古籍出版社 1999 年版。

34. 《保德县志》，山西人民出版社 1990 年版。

35. 《偏关县志》，山西经济出版社 1994 年版。

36. 《偏关志》（整理本），中国文史出版社 2007 年版。

37. 《偏关志》（增订本），中华书局 2013 年版。

38. 《代县志》，书目文献出版社 1988 年版。

39. 《定襄县志》，中国青年出版社 1993 年版。

40. 《宁武旧志集成》，巴蜀书社 2010 年版。

41. 《大建安村志》，中国地方志出版社 2012 年版。

42. 《石氏族谱》，内部资料，2012 年。

43. 《郝氏家族史》，内部资料，2003 年。

44. 《宏道镇志》，内部资料，2009 年。

45. 《创建观音殿碑记》，乾隆二十七年，现存于保德县杨家湾镇故城村观音殿门外。

46. 《重修蟾蜍寺碑记》，乾隆三十五年，现存于上韩村蟾蜍寺院内。

47. 《重修代郡高村观音寺碑记》，时间不确定，现存于代县刘家圪洞观音寺。

48. 《重修八柳树堡关帝庙碑记》，乾隆五十年，现存于偏关县八柳树关帝庙内。

49. 《桃子山重修碑志》，光绪二十九年，此碑现存于静乐县桃子山大郎庙。

50. 《重修潮润公碑记》，康熙四十九年，此碑现存于静乐县桃子山大郎庙。

51. 《五峰山重修碑记》，咸丰二年，现存于原平市五峰山寿宁寺。

52. 《重修贯坪洞庙碑记》，同治二年，现存于偏关县城东 15 里处、贯坪与王家坪村后 2 里交界处的山峰石洞神庙内东侧。

53. 《修白衣殿庙碑记》，宣统三年，现存于偏关县城北白衣殿庙内。

54. 《寓龙洞碑记》，光绪十三年，现存于偏关县老营镇大河湾村北二公里处的寓龙洞中。

55. 《重修城隍庙碑记》，光绪三十三年，现存于偏关城北白衣殿庙内。

56. 《重修后土圣母庙碑序》，乾隆三十年，抄录自石盆村后土圣母庙遗址。

57. 《重修佛殿碑记》，雍正十年，现存于土圣寺大雄宝殿前廊。

58. 《龙华会碑记》，咸丰二年，此碑现存于偏关县城北白衣殿庙内。

59. 《大清光绪十年募化重修》，光绪十年，现存于忻府区东楼村洪济寺。

60. 《重修五峰山各庙碑记》，同治十二年，现存于原平市五峰山寿宁寺。

后　记

　　本书是在近年来深入忻州十四个县市（区）的 130 多个城乡进行田野调查搜集的数十万文字资料和数百张图片资料的基础上完成的。本书得到教育部人文社会科学研究规划基金项目"清末民初晋北庙会与地方社会"（项目批准号 11YJA770070）资助，本书是该项目的最终成果，我首先向该单位表示感谢！

　　2007 年在我完成《1912—1928 山西乡村生活研究——以崞县为例》的著作后，就逐渐将研究的重点集中到晋北民众生活的重要组成部分——庙会，围绕晋北庙会先后主持和完成了山西省社科联课题和山西高校人文社会科学研究项目。随后，又成功申报了教育部人文社科基金项目和国家社科基金项目。

　　由于地方文献中有关庙会的记载极少，因此该课题研究的最大困难就是资料缺乏，于是田野调查就成为课题研究的重要的突破口和主要工作。我和课题组成员利用节假日进村找庙、找碑刻、找访谈对象。为了获得符合历史真实的访谈资料，重访、再访某乡村（也包括城镇）是常事。记得有一次在乡下调研，为了等一个访谈对象一直等到晚上 10 点，当时车上还坐着 84 岁的老父亲和 79 岁的老母亲，访谈结束回到家中已是深夜 12 点多。每次田野调查都十分辛苦，但每次的收获又带给我充实和满足。

　　在本书即将付梓之际，我想对帮助过我的各位致以真诚的谢意！

　　首先要感谢南开大学的王先明教授、南京大学的李玉教授，对我的书稿提纲和书稿进行了认真的审阅并提出了宝贵的修改意见和建议，使我深受启发，受益匪浅。我的硕士导师山西大学岳谦厚教授对我课题研究的思路、结构和方法都给予悉心指导，他的独特视角、严谨治学对我帮助很大。

感谢课题组的王福应、潘慧生、李常生三位副教授和赵淑清博士，他们或与我一起深入民间搞田野调查，或帮我搜集和整理资料。其中潘慧生老师提供了摔跤方面的部分资料，使我感受到集体的力量和同事的友谊。也感谢原平著名的收藏家温峰著提供的部分珍贵照片。

感谢我所指导的各位本科生和研究生，他们有的随我进行田野调查，有的帮我搜集资料，还有的帮我核对注释和校正错别字及标点符号。其中本科生段鹏飞、李锦艳、王春雨、王春燕、王忠、岳文飞、刘丹、梁红霞、高丹在资料搜集方面出力不小。研究生许炎奇更是付出了较大心血，帮我查找资料、核对注释和标点符号，使我有更多的时间进行宏观层面的思考和修改。

感谢所有接受过我采访的城乡居民。包括退休教师、干部以及农民，他们大多为老年朋友，年龄最长的 92 岁。他们热情地接受了我的采访，坦诚地回答我的问题。如果没有他们提供的口述资料，我的研究就不可能顺利开展。

感谢我的家人，上至 80 多岁的老父老母，下至刚刚大学毕业的儿子。老父老母担心打扰我的工作，经常是拿起电话又赶紧放下，打电话还得动脑筋选时间。我的爱人为了让我有更多的精力进行课题研究，从繁忙的工作中挤出时间承担了很大一部分家务。姑娘和儿子看到整日忙碌的我，十分懂事地干着超乎其年龄段的各种事务。家人的理解和支持，是我战胜困难、不断前行的动力。

最后，我还要感谢中国社会科学出版社的各位先生们，尤其是宋燕鹏编审为本书出版做了大量工作。感谢忻州师范学院的领导和同事们的关心和帮助，感谢所有帮助过我的朋友！

由于本人才学和能力有限，加之所涉资料不够全面，书中还有诸多不能令人满意之处，欢迎学界同人批评指正。

赵新平

2017 年 8 月